21世纪高职高专国家示范院校工学结合系列教材

现代管理学
原理与应用

（第四版）

XIANDAI GUANLIXUE
YUANLI YU YINGYONG

叶小明　缪兴锋　编著

Modern Management
Principle and Application

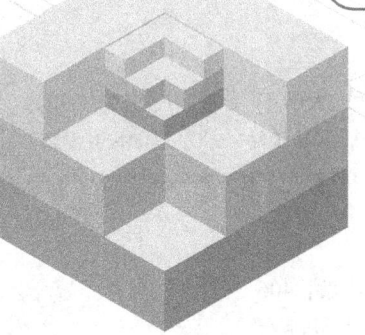

华南理工大学出版社
·广州·

图书在版编目（CIP）数据

现代管理学原理与应用/叶小明，缪兴锋编著．—4版．—广州：华南理工大学出版社，2011.1（2019.3重印）
(21世纪高职高专国家示范院校工学结合系列教材)
ISBN 978-7-5623-3095-0

Ⅰ.①现…　Ⅱ.①叶…②缪…　Ⅲ.①管理学－教材　Ⅳ.①C93

中国版本图书馆CIP数据核字（2010）第137971号

总 发 行：华南理工大学出版社（广州五山华南理工大学17号楼，邮编510640）
　　　　　营销部电话：020-87113487　87110964　22236386　87111048（传真）
　　　　　E-mail：scutc13@scut.edu.cn　　　http://www.scutpress.com.cn
责任编辑：吴兆强
印 刷 者：虎彩印艺股份有限公司
开　　本：787mm×960mm　1/16　印张：18.5　字数：406千
版　　次：2011年1月第4版　2019年3月第14次印刷
印　　数：42 000～43 000册
定　　价：29.00元

版权所有　盗版必究

第四版序言

XIANDAIGUANLIXUEYUANLIYUYINGYONG

> 在人类历史上，还很少有什么事情比管理学的出现和发展更为迅猛，对人类具有更大和更为激烈的影响。
>
> ——著名管理学家彼得·德鲁克

自从出现人群组织，管理也就产生了。管理是人类各项活动中最重要的活动之一。从某种意义上说，企业管理者是社会责任的受托者；负责任的企业经营者不仅要为企业内部的股东与员工利益服务，而且要为外部的相关利益群体，诸如供应商、客户、债权人、所在社区乃至全社会的其他成员谋求福利。管理学是研究各种社会组织中管理活动的一般运动规律的科学，管理所涉及的学科内容相当广泛。不同的组织和组织中不同的管理者处理的问题和方法是不同的，作为管理者仅掌握一方面的知识是远远不够的，只有具备广博的知识才能对各种管理问题应对自如。在高等教育大众化的今天，作为高等职业教育的老师，我们有责任让学生学到对他们人生发展最有价值的管理知识与理念。

本次教材修订是根据国家示范性高等职业院校叶小明教授重点教学成果《高职院校公共基础课改革的研究与实践》的理念，按照教育部"提高教学质量、推行工学结合、以就业为导向"等要求，课程定位是让管理的重心下移，让管理的根基着地，让管理的学习务实。所以我们的初衷不只是推出一本教材，更是推行一门改革创新后的管理学课程。其目的在于让这门课得以广泛推广，让更多学校的学生从中受益，让国家示范院校切实起到示范性院校建设的作用。

然而非常遗憾的是，在本书第四版修订之际，在国内外市场上被闹得沸沸扬扬并由此引发了甚至是对整个中国食品工业信任危机的"三鹿毒奶粉"事件刚刚过去，中国企业家的社会公德、责任心甚至良心也因此而受到公众和媒体的拷问。有感于此，我们对企业伦理与社会责任进行了许多思考。本版修改对相关内容做了大量改写和补充，重点突出如下特点：

(1) 从用人单位的需要出发，重新定位教学目标

现有管理学教材基本上万变不离其宗，大多是从学科体系出发，对管理者角色进行较高层次的定位；对管理重心按照几大职能进行把握。而本书是从用人单位的需要出发、从学生的职业发展出发，将管理重心下移。①能够顺利融入工作和生活中的团队；②参与管理好一个团队，能够对自己进行较为有效的管理；③通过拓展学习适应未来的工作环境，可参与或直接管理整个企业。

(2) 从高职学生的实际出发，进一步改革教学方法

本书开篇以最贴切的"管理名言"、"开卷有益"、"管理启示"、"引导案例"导入；中间辅以"小案例"、"思考题"、"小训练"、"小知识"等加以学习和理解；结尾则以案例分析进行训练与练习；最后以管理链接进行思维和眼界的拓展。修订后的内容从学生的职业发展特点出发，提供一种提高学生职业素养和职业能力的解决方案，无论是内容体系还是编写形式都进行了变革，切实做到了理论够用、重在实践，学以致用、学有所成。

(3) 从人才培养的目标出发，重置教学内容

高职层次的管理学教学目标是为了培养一线生产管理的高技能人才。因而教学内容必须以人才培养目标为导向进行重置。管理学科涉及的领域、范围、层面以及内容非常广泛，本书不主张求大求全，而是旨在以管理的基本知识为基础，以管理基础理论、管理职能、管理方法和管理实务为主线，突出理论与实践相结合，让每个学生以自己为对象进行自我管理，以宿舍为对象进行团队管理，以班级或社团为对象进行模拟企业或组织的管理，整个教学过程体现做中学、学中做。在此基础上，走出去，深入企业，请进来，传授经验；努力做到工学结合。

《现代管理学原理与应用》（第4版）由叶小明、缪兴锋共同编著。叶小明教授提出了修订的教学改革理念，策划了该书的编写目的和大纲；缪兴锋负责编写和统稿；管理工程系魏国平老师，青年教师刘鹏、叶枫参加了本书案例资料的收集等编写工作；全书内容审核、定稿工作由叶小明教授

完成。

　　本书第4次修订后不仅适用于新时期高职高专学生，也适合应用型本科院校、成人高校的经济管理类专业的老师和学生以及企业的管理人员使用。为了配合教学的需要，我们还制作了每章的电子课件，若有教学需要请与作者联系：E-mail：muse21cn@gdqy.edu.cn。这也是本书区别于其他管理学教材的特色之处。责任编辑吴兆强的联系为：QQ362992115。

编　者
2010年5月

第三版序言

> 将合适的人请上车，不合适的人请下车。
> ——管理学者 詹姆斯·柯林斯

地球是一切生命的摇篮，在地球上从烈日炎炎的赤道到冰雪覆盖的南北两极；从广阔无垠的沙漠到一望无际的海洋；从莽莽的原始森林到水草茂盛的热带草原；从高耸入云的群山之巅到一马平川的富庶平原，处处都有生命活动的踪迹。但千百年来，由于人类对大自然认识和理解的局限，在利用自然、改造自然的活动中，给人类创造了高度发达的物质文明的同时，也给地球带来了创伤，造成了许多有限的自然资源的浪费。因此，管理是人类最基本的社会实践活动之一，是社会化大生产的必然产物，是人类社会生存和发展的必不可少的活动。大到一个国家的治理，小到一个家庭及个人生活的料理，处处都离不开管理。从某种意义上讲，我们每个人都是管理者，每个人都需要学习管理知识。

中国古代儒家提出的"修身、齐家、治国、平天下"的管理思想既表明了管理由近及远的层次，也说明了管理的领域范围，小至个人，大到国家，都需要管理。任何组织（集体）的活动都需要管理，而管理工作除需要认识和研究自身的特殊性外，更需要遵循一些共同的原理和规律。管理学作为管理学科体系中的基础学科，其主要任务就是要研究管理活动的一般规律，总结出管理工作的一般理论、基本原理、一般方法和手段等，并使读者能正确地运用这些原理和方法，指导管理实践，提高管理的有效性。

管就是管人、管财、管物和管目标；理就是理体制、理关系。管和理密不可分，它渗透到政治、经济、社会、军事、科技、文化和生活等方方面面。

管理学作为管理学科体系中的基础学科,其主要任务就是要研究管理活动的一般规律,总结出管理工作的一般理论、基本原理、一般方法和手段等,并使读者能正确地运用这些原理和方法,指导管理实践,提高管理的有效性。在现实生活中,每一个人都既是管理者又是被管理者,因此,学习和研究管理学不仅对企业家、政府官员,而且对一般管理人员和作业人员同样具有重要的现实意义。

管理学至今还是一门年轻的学科。管理科学的研究最早是随着工业化大生产的发展从企业内部的作业方式开始的,若以泰勒(F. W. Taylor)的名著《科学管理原理》(1911年)以及法约尔(H. Fayol)的名著《工业管理与一般管理》(1916年)为管理学诞生的标志,那么现代意义上的管理学至今不过经历了近90年。90年来,管理学有了长足的进步与发展,管理学的研究者、管理学的学习者、管理学方面的著作文献等均呈指数级数上升,显示了作为一门年轻学科勃勃向上的生机和兴旺发达的景象。

我国从1978年改革开放之后才全面引入西方的管理理论,然而就在这短短的30年时间里,人们对管理决策、运筹思想观念的变革,对资源配置与评价研究的进展已远远超出了人们的预料,管理理论发展研究的各种新思想、新理论、新模型与新方法呈现出万紫千红的新景象,犹如"忽如一夜春风来,千树万树梨花开"。

管理学的许多规律和特性,特别是在市场经济条件下,具有中国特色的管理学还需要不断去认识和深入探讨。也许对那些初次接触管理学的理论和方法的读者感到有些陌生,面对一些新的概念、新的预测、决策公式和演算感到茫然。

这是因为"不识庐山真面目,只缘身在此山中"。正如波尔曾说:"如果谁第一次学习量子力学时,不觉得糊涂,那么他就一点也没有懂。"因此,对于从学校到学校的初读者,应该是"糊涂难得",而不应该是"难得糊涂"。

但是"只要功夫深……"多读上几遍,并加以思考,就"能解其中味"了;若再尝试去应用,相信还会有"会当凌绝顶,一览众山小"的感觉了。

对管理学的理论和方法、模型与应用的研究是一件珍贵的艺术品。科学研究的本质是"求真",科学研究的价值是"行善",科学研究的艺术是"审美"。因而科学研究总是追求"真、善、美"。但要在管理学的应用中完全体现出"真、善、美",对我们来讲,其难度好比"蜀道难,难于上青天"。

不过受到国学大师王国维所指出的做学问者必须经历过三种境界——"昨夜西风凋碧树,独上高楼,望尽天涯路"、"衣带渐宽终不悔,为伊消得人憔悴"、"众里寻他千百度,蓦然回首,那人却在灯火阑珊处"的启迪和鼓舞。

我们终于以"咬定青山不放松"的决心完成了《现代管理学原理与应用》这本书的第三版,并奉献给广大读者,以了却我们的心愿。通过本书的"抛砖引玉",使管理学发展分析与评价、模型与应用的研究能"更上一层楼"。

本书在继承和发扬前人优秀成果方面,借鉴了国内外著名院校管理学教材体系,实行能力项目案例导入、理论讲述、项目案例总结的新型编写结构。

在编写时力求增加现代管理学发展的最新理论,为了加深学生对管理概念的理解,提高学生分析问题、解决问题的能力,采用这种案例导入法可以提高学生应用管理原理、解决实践问题的能力。本书在内容上兼顾了新课程职业教育标准的知识要求,为了配合教学的需要,我们还制作了每章的电子课件,若有教学需要请与作者联系:E-mail:muse21cn@ gdqy. edu. cn。这也是本书区别于其他管理学教材的特色之处。

编　者
2008 年 6 月

第二版序言

> 唯一持久的竞争优势，就是比你的竞争对手学习得更快的能力。
>
> ——壳牌石油公司　德格

人类进入20世纪以来，在世界范围内日益广泛地学习、探索和推广科学的管理方法，极大地推动了人类社会的发展。人们愈来愈重视社会各个领域和人类各种活动中存在的管理问题，形成了各种管理活动。凡是一个由两人以上组成的、有一定活动目的的集体就都离不开管理，管理是一切有组织的活动中必不可少的组成部分，是凝聚着人类智慧极为重要的社会经济资源，是人们共同劳动的客观需要，是有意识、有目的地协调人类社会及其各种组织活动的永恒主题。

管理学是一门独立的学科，有它独立的研究对象。马克思说：一切规模较大的直接社会劳动或共同劳动，都或多或少地需要指挥，以协调个人的活动，并执行生产总体的活动——不同于这个总体的独立器官的运动——所产生的各种一般职能。可见，简单来说，管理就是社会群体的协调活动。这里所谓的社会群体是特指以社会化的方式或者分工协作的方式从事各类活动的群体。

管理学是一门历史性的学科，从侧重物的生产效率，到注重人的因素，到强调环境的重要性，一直到认为组织应当变"正确地做事"为"做正确的事并正确地做事"、变阶段性变革为持续性变革、变线性思维为非线性思维等，管理理论始终处在历史发展的过程之中，具有动态和汇聚的性质。

管理学是一门综合性的学科。在许多国家，不仅从事实际管理工作的人和管理学家在研究管理理论，而且一些心理学家、社会学家、人类学家、经

济学家、生物学家、哲学家、数学家等也都从各自不同的背景、不同的角度，用不同的方法对现代管理问题进行研究，这一现象带来了管理理论的空前繁荣，同时出现了各种各样的学派。通过对各种管理理论和学派的了解可以看出，管理学的产生本来就是多种学科的学者共同努力的结果，正是由于多种学科的交叉融合才使得管理学得以不断开拓前进，发展成为一门综合性的边缘学科。

管理学又是一门很不精确，并且还没有形成统一认识的应用性学科。管理学学派林立，没有哪一种学说能一统天下。因此，不能简单地接受某一种学说，或者接受已有的学说，要解放思想，不受现有的各种学术观点的束缚，用自己的眼睛来看世界，对现实中出现的新情况、新问题作出自己的判断，从而不断地去丰富和发展管理理论和方法。

管理学具有完整的系统性。管理学所具有的系统性是以由管理的各大职能所形成的管理系统为基础的。管理过程作为一个系统，它在更大的系统中与其他相关系统有输入和输出的关系，这是管理系统的开放原则。对内，管理过程的内部要素既存在有机的联系，又必须是环环相扣、首尾相接的整体，以形成闭环的回路，保证内部多环节畅通、功能作用得以充分发挥，这就是管理系统的相对封闭原则。各种管理理论和学派尽管观察角度各不相同，但基本上都能形成大体完整的系统化知识体系。

管理科学是管理者有效地从事管理工作的理论武装，是开发管理资源的理论指导和知识结晶，并引导人们更好地开发运用各种资源，把知识变成财富，以造福人类社会。管理科学内容极为丰厚，范围也极广。摆在读者面前的再版《现代管理学基础与应用》仅是浩瀚的管理学科中的一门基础学科、开篇之作，或者说只是全面深入地学习掌握管理科学的入门向导。

管理的目的是使企业达到预定的目标，管理的本质是协调。而伦理道德也有协调、激励、教育的功能，因此对管理来说，伦理道德是其内在的要求。本书十分重视管理实践和案例教学，同时也注重管理理论的新发展，因而，在第二章管理思想演变这部分内容中加入了管理伦理内容，研究伦理道德可以使管理理论更好地服务于管理实践。

情、理、法三者的结合在管理水平的决定上起着重要的作用。"比较"研究方法在管理研究中的应用是不可避免的。我们在衡量某一事物时一定是以另一事物作为参照物来进行的。通过不同管理模式的比较研究，可以使组织内部的管理人员更准确地认识、定位各自所生活的环境和文化。西方，尤其是美国拥有创造性的管理思想和卓有成效的管理方法。但是日本经济的崛起，使人认识到各个国家和地区的不同环境和文化在管理中起着的作用不同。在本书的再版中，我们在第九章创新部分对美、日、中三个具有代表性的国家进行分析，从文化背景、管理特点两个方面阐述、分析、比较美国的管理、日本的管理、中国的管理、亚洲"四小龙"的管理等四种模式，比较情、理、法三者的作用以及管理未来发展的趋势。

同时本书在案例拣选方面更加注重中国的实际，引用我们生活中的案例来论证我们的观点。力求整篇文本语言简练生动，易学易懂，内容重点突出，系统性强，帮助读者更容易掌握管理学的基本内容。

编　者
2005 年 5 月

第一版序言

XIANDAIGUANLIXUEYUANLIYUYINGYONG

> 用人不在于如何减少人的短处，而在于如何发挥人的长处。
> ——著名管理学家 彼得·杜拉克

　　管理学是一门崭新的学科，也是一门发展较快、应用较广泛的学科。管理是社会化大生产的必然产物，是人类社会生存和发展的必不可少的活动。大到一个国家的治理，小到一个家庭及个人生活的料理，处处都离不开管理。从某种意义上讲，我们每个人都是管理者，每个人都需要学习管理知识。

　　管理科学的研究最早是随着工业化大生产的发展从企业内部的作业方式开始的，若以泰勒（F. W. Taylor）的名著《科学管理原理》（1911年）以及法约尔（H. Fayol）的名著《工业管理与一般管理》（1916年）为管理学诞生的标志，那么现代意义上的管理学至今不过经历了近90年。90年来，管理学有了长足的进步与发展，管理学的研究者、管理学的学习者、管理学方面的著作文献等均呈指数级数上升，显示了作为一门年轻学科勃勃向上的生机和兴旺发达的景象。

　　社会的进步，经济与科技的飞速发展，繁荣了管理及其研究，管理的作用越来越显著。今天，管理科学研究已涉及政府部门、国防、工农业、科学技术、教育、卫生、福利、公用事业等领域。可以说，当今任何行业都不可能离开科学的管理。社会主义的中国经过20多年的改革开放，虽然加快了我国参与经济全球化的进程，但我国还是一个发展中国家，尚未完全完成从计划经济向市场经济的过渡，经济体系中尚有许多竞争力薄弱的环节。特别是加入WTO，对于我国企业而言，既是挑战，又是机遇；既带来了生存的压力，也带来了改革以重获生机的动力，因而提高企业管理水平就成为世人注目的话题。与学习现代科学技术一样，掌握现代管理知识，是每个青年学

子打开通向新世纪成功的金钥匙。

管理思想、管理原理、管理方法的学习，管理能力的提高，作者认为应该是所有大专院校各个专业的学生所必须重视的，管理学这门学科应该成为各个专业的一门必修的课程。高等职业技术学院的学生对管理基础知识的学习和动手能力的提高更为重要。一个大学生不论是毕业后能更好地从事社会工作，还是较好地完成在校的学业，首先都要学会管理自己，其次是学会如何与他人合作及管理他人。管理自己与管理好一个组织，管理的原理都是相通的，但其管理水平和管理技巧的高低还有待于工作实践中的长期积累和摸索。

《现代管理学基础与应用》向读者介绍的内容，旨在让读者树立现代管理的思想观念，掌握与运用管理学的基本原理和方法，提高自身的管理素质，增强动手能力。本书就是在上述思想指导下编写的。作者在编著该书过程中，力求在内容体系方面，依照管理研究的最新职能秩序展开论述基本原理、基础知识，中间穿插实际应用较广的目标管理内容；在内容的侧重点方面，做到理论基础知识通俗易懂、全面够用，重点突出联系实际和技能的方法，最后归纳总结管理的基本方法和特殊管理方法；在编排方面，每章前安排预习案例，提出思考题；每章后布置案例和复习思考题，以供读者课后对知识的复习巩固。

《现代管理学基础与应用》由叶小明、缪兴锋共同编著。叶小明教授策划编写了该书的编写目的和写作大纲；缪兴锋负责编写和统稿；别文群参加了本书中计算机应用知识和数学理论公式推理、演算内容的编写工作。全书内容的修订、审核、定稿工作由叶小明教授完成。

本书总结了编者多年的研究成果，全书根据编者们在企业领导工作岗位的实践经验，结合当前国际经济形势特点以及管理学的发展趋势，针对在校大学生的理论基础和学生毕业后实际工作岗位对学生管理知识的需求特点编写。为了使该书在知识层面上达到系统全面，在编著过程也参考了国内外许多有关管理知识的书籍和文献，在此对有关作者深表谢意！本书既可作为普通本科或职业大中专院校师生的教材或参考用书，又可作为广大企业管理研究者和爱好者的参考用书。

由于经验不足，在编著过程中出现失误在所难免，我们期待同行及读者对本书予以批评指正。

编 者

2004 年 1 月

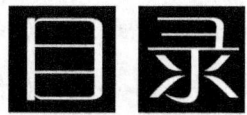

第一篇 基础篇

第一章 管理和管理学理论 (3)
第一节 管理的含义和特性 (5)
第二节 管理者的角色、技能和素质 (9)
第三节 管理学理论的形成和发展 (15)
第四节 管理学的研究对象和方法 (28)

第二章 管理环境 (33)
第一节 管理环境 (34)
第二节 组织文化 (39)
第三节 跨文化管理 (45)
第四节 管理伦理 (49)

第二篇 职能篇

第三章 计划职能 (61)
第一节 计划概述 (63)
第二节 计划的种类及其关系 (69)
第三节 计划编制工作的程序和方法 (72)
第四节 目标管理 (76)

第四章 组织职能 (84)
第一节 组织概述 (86)
第二节 组织结构设计 (91)
第三节 组织人员配备 (100)
第四节 组织变革 (105)

第五章 领导职能 (113)
第一节 领导与领导者 (116)

  第二节　领导理论与风格 …………………………………………（121）
  第三节　激励理论 …………………………………………………（133）
  第四节　沟通 ………………………………………………………（146）

第六章　控制职能 …………………………………………………（155）
  第一节　控制概述 …………………………………………………（157）
  第二节　控制模式 …………………………………………………（163）
  第三节　常用控制方法 ……………………………………………（173）
  第四节　对监控者的监控 …………………………………………（178）

第三篇　方法篇

第七章　管理方法 …………………………………………………（187）
  第一节　管理基本方法 ……………………………………………（189）
  第二节　管理技术性方法 …………………………………………（196）
  第三节　SWOT 分析方法 …………………………………………（202）

第八章　科学管理方法 ……………………………………………（211）
  第一节　决策方法 …………………………………………………（213）
  第二节　预测方法 …………………………………………………（227）

第四篇　实务篇

第九章　企业管理 …………………………………………………（245）
  第一节　企业与企业管理 …………………………………………（247）
  第二节　企业制度与改革 …………………………………………（252）
  第三节　企业生产管理 ……………………………………………（258）
  第四节　企业财务管理 ……………………………………………（267）

参考文献 ……………………………………………………………（275）

第一篇 基础篇

管理学原理与应用

　　管理活动自有人群出现便有之，与此同时，管理思想也就逐步产生。当你完成学业，走出校门开始你的职业生涯后，你要么是管理者，要么是被管理者。事实上，无论是在东方还是在西方，我们均可以找到古代哲人在管理思想方面的精彩论述。当人类进入 21 世纪后，对于那些计划进入管理者行列的人来说，管理知识的学习将构成你管理技能的基础，即使你不是一个管理者，也需要同管理者打交道，也可能承担某些管理职责。

　　本篇主要研究和介绍管理的基本概念、管理者的角色、技能和素质、管理环境、组织文化、跨文化管理和管理伦理等，解决"什么是管理"的问题。通过学习管理理论的形成和发展，掌握基本的概念和基本思想。我们的经验表明，通过学习管理，你能够对你上司的行为有更好的认识，对你所在组织的工作有更深刻的理解。我们的观点是，你可以不必渴望成为管理者，但你仍然可以从管理的课程中获得许多有价值的知识，以便促进你的职业发展。

第一章　管理和管理学理论

　　管理从思想上来说是哲学的，从理论上来说是科学的，从操作上来说是艺术的。

——《名人·格言》

　　管理者好比是交响乐队的指挥，通过他的努力、想象和指挥，使单个乐器融合为一幕精彩的音乐表演。

——【美】彼得·德鲁克

{ 学习目标 }

知识目标：
- 理解管理的含义和特性；
- 了解管理学几种较有代表性的观点；
- 掌握管理者的角色和理念；
- 掌握管理者的素质及评价；
- 了解管理学的研究对象和方法。

能力目标：
- 能运用管理的基本知识分析现实生活中的一些简单管理问题；
- 能对组织问题有敏锐的洞察力，定位自己要扮演哪些角色；
- 能应用管理者的理念有意识地培养自己的管理素质及管理技能。

{ 开卷有益 }

财主盖房

　　古时候，有个财主，非常有钱，但是有一个毛病，就是喜欢和别人比。有一次，他去另外一个财主家做客，看到人家住的是二层小楼，中间有楼梯衔接，土地的面积占用小，房子的空间却很大，而且比其他只有一层的房子气派。他心里开始琢磨了："这个房子可真漂亮啊，我比他有钱，为什么我不能盖一座小楼呢？"回到家后，他立刻召集手下人，找来全乡最好的工匠，命令他们以最快的速度盖成一座三层的小楼，并且答应

盖好后给工匠一笔可观的银子。工匠们这下可乐坏了，三下五除二就把地基挖好了。虽然是在盛夏，太阳直接照射在身上，但是工匠们心里明白，只要把这座三层小楼盖好了，可以得到财主很多钱，以后生活就会宽裕了，苦点累点也值。可是，就在这时，财主来视察，立即叫停："快停下，我不是让你们这么盖，我只要第三层，不要下面的两层。"这下可把工匠们难坏了，这种房子怎么盖啊？没办法，他们只好一哄而散，只留下财主傻呵呵地站在原地。

我们不难看出，财主让工匠盖的房子是一座"空中楼阁"，是根本不存在的。为什么这个财主会有这样奇特的想法呢？归根到底，他只看到事物成就的一面，而忽略了事物达到成就的过程。我们都知道，"皮之不存，毛将焉附"的道理，任何事物的发展都离不开扎实的根基，没有根基的事物，是漂浮不定的东西，它的生命力是不会长久的。

管理启示

（1）管理战略的管理启示：在企业管理中，管理层制定的战略目标一定要切合实际，盲目、空泛和不着边际的目标，容易使企业找不到方向，也容易使执行者无从下手。"这山望着那山高"是企业管理的通病。有相当一部分管理者，喜欢四处"取经"，将其他企业的辉煌点，作为自己企业的发展目标，根本没有考虑自身的条件，为此所付出的学费是很昂贵的。

（2）企业经营的管理启示：任何一个企业能够做大、做强，不是凭空设想出来的，而是脚踏实地、一步一个脚印走出来的。从资金到运作，从管理到市场，从销售到利润，从内部员工培养到与外界公关，这些无不与企业的命运息息相关，其中的任何一个环节出现问题，都将会给企业带来很大的损失，甚至是灭顶之灾。这就是所谓的"细节决定成败"。与对手竞争，不要不切实际地模仿，要从自身的条件出发，不断地出奇出新，这样才能占领市场，立于不败之地。

引导案例

代 价

中联公司成立于1992年，是经国务院批准注册的国有大公司。注册资金6亿元人民币。

公司组建伊始，高层领导不是按规律经营，客观地分析主客观环境，慎重地选择主业，制定正确的战略，脚踏实地地打好公司发展的基础，而是四处"招兵买马"，急速扩大规模。他们在全国各地迅速地注册公司，短短一年时间之内，注册二级公司20多个、三级公司50多个，四级公司更是遍布全国。在注册资金不到位、资金不足的情况下,本应采取重点战略,以求在部分项目上取得突破,打下基础后再进行扩张。然而,该公司却采取分散兵力、盲目扩张的方式。

几年过去了,偌大的一个公司,竟没有像样的主业支撑,没有知名的品牌挑台,再加上内部管理上的混乱,注定难逃失败的厄运。对其下属的子公司,既没有正确有力的经营战略指导,又没有有效的控制机制,结果,这些公司经营不力,与总公司的关系也极为不正常。挣钱的公司失去控制,不挣钱的公司却围着总公司要贷款、要担保;欠了债、惹了官司的公司,把官司推给总公司,致使总公司的财务部曾在一年之内被法院封了三次。由于盲目扩张,致使公司从1994年开始,资金周转困难,债台高筑,对下属公司的管理失控,陷入了全面危机。于是,国务院及主管部门下令该公司内部整顿,收缩战线,确定主导产业。但是已病入膏肓的中联公司已无力自救,1997年,国务院不得不派驻工作组,对该公司进行全面清理整顿。一个曾红极一时的国有大公司倒下了。

◆ 讨论题:
你认为中联公司失败的关键是什么?

自从出现人群组织,管理也就产生了。管理是人类各项活动中最重要的活动之一。

最初的时候,由于人类在面对大自然、面对自身的生存发展等诸多难题时,单个个体几乎无法应付,此时管理作为协调人群,使每个个体努力地工作,以便实现大家共同目标的活动就已经存在,而且成为成功的不可缺少的因素。

今日的人类已掌握了强有力的科学技术,人类在自然界、社会文化等方面的知识积累已十分丰富,人类在谋求自己的生存与发展方面已有很大的能力,甚至可以"克隆"人自己。但这并不意味着人群组织可以解散,管理可以变为个人管理自己时间和事务的一件事。事实上,工业化带来的分工可提高生产效率的概念已深入现今人类社会的各个领域。筹划未来、协调社会成员的行为、挑战新问题已成为人类社会进步的重要环节,这些更离不开管理。

何谓管理呢?

第一节 管理的含义和特性

管理是随着社会生产力和科学技术的发展而产生和发展的。人类进行管理的历史可以追溯到远古。综观国内外历史,无论是远在公元前200多年秦始皇命大将蒙恬"役四十万众"建造6 700公里的万里长城,还是公元前2800年前古埃及建造的金字塔;无论是战国时期李冰父子在成都岷江建造的都江堰水利工程,还是隋朝开凿的全长2 000公里的京杭大运河;无论是美国耗资20亿美元、耗时三年多制造出第一颗原子弹的"曼哈顿工程",还是投资360亿美元、400多万科研人员参加、历时八年、迄今世

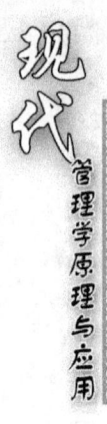

界上最大的"阿波罗登月计划"工程,都得有相应的组织管理。

一、管理的含义

管理活动自古有之。管理一词有"管辖"、"处理"、"管人"、"理事"等意,是指人们对一定范围内的人员及事务进行安排和处理,以期达到预定目标的活动。

管理是一种社会现象和文化现象,这种现象的存在,必须具备两个必要条件:一是两个人以上的集体活动,二是一致认可的目标。它是一种与人类社会共生的社会活动,只要有人类社会存在,就会存在着管理活动。

管理是一个体系,是管理者、被管理者、相应的物质载体,以及管理手段、技术和方法构成的组织系统。20世纪以来的管理运动和管理热潮取得了令人瞩目的成果,其中之一是形成了较完整的管理理论体系。

管理的主体是管理者。管理者对管理的效果进而对组织的效果将承担相应的责任。管理者的责任有三个层次:一是管理一个组织,二是管理管理者,三是管理工作与人。

管理有其特定的任务、职能和层次。管理的任务,也是管理者的任务,就是设计和维持一种环境,使在这一环境中工作的人们能够用尽可能少的支出,实现既定目标。

管理的核心是处理好人际关系。管理是让别人与自己一道去实现既定目标,管理者工作或责任的很大一部分是与人打交道,这在指导与领导职能中表现得尤为充分。

但对管理的含义,从不同的角度和背景,可以有不同的理解。一种被普遍接受的观点认为,管理是一个过程,是保证作业活动实现组织目标的手段,是让别人与自己一道去实现既定的目标,是一切有组织的集体活动所不可缺少的要素。可以说,任何组织,小至企业,大至国家,都需要管理。

二、管理的概念

所谓管理,就是在特定的环境下,对组织所拥有的资源进行有效的计划、组织、领导和控制,以便达成既定的组织目标的过程。这个定义包含着以下四层含义:

(1) 管理是为实现组织目标服务的,是一个有意识、有目的进行的过程。管理是任何组织都不可或缺的,但绝不是独立存在的。管理不具有自己的目标,不能为管理而进行管理,而只能使管理服务于组织目标的实现。

(2) 管理工作的过程是由一系列相互关联、连续进行的活动所构成的。这些活动包括计划、组织、领导、控制等,它们成为管理的基本职能。

(3) 管理工作要通过综合运用组织中的各种资源来实现组织的目标。也就是说,管理负责把资源转化为成果,将投入转换为产出。从企业角度来看,其组织目标的有效实现,包括选定顾客真正需要的产品或服务进行生产及用最少的资源耗费进行生产两个方面,用通俗的话来概括就是"正确地做正确的事"。管理的任务就是获取、开发和利用各种资源,以确保组织效率和效果双重目标的实现。

（4）管理工作是在一定的环境条件下开展的，环境既提供了机会，也构成了威胁。也就是说，管理须将所服务的组织看做一个开放的系统，它不断地与外部环境产生相互的影响和作用。正视环境的存在，一方面要求组织为创造优良的社会物质环境和文化环境尽其"社会责任"；另一方面，管理的方法和技巧必须因环境条件的不同而随机应变，没有一种在任何情况下都能奏效的、通用的、万能的管理办法。审时度势、因势利导、灵活应变，对管理成功与否是至关重要的。

在管理科学一百多年的发展进程中，古今中外的学者对管理的内涵进行了长期的探索，形成了不同的观点，较有代表性的主要有以下几种：

（1）管理是由计划、组织、指挥、协调和控制等职能为要素组成的活动过程。

（2）管理是通过计划、组织、领导和控制等工作来协调企业所拥有的各种资源，以便达到既定的目标。

（3）管理是在某一组织中，为完成目标而从事的对人与物质资源的协调活动。

（4）管理就是由一个或更多的人来协调他人活动，以便收到个人单独活动不能收到的效果而进行的各种活动。

（5）管理就是协调人际关系，激发人的积极性，以达到共同目标的一种活动。

（6）管理是一种以绩效责任为基础的专业职能。

（7）管理就是决策。

（8）管理是社会组织中，为了实现预期的目标，以人为中心进行的协调活动。

综合以上的观点，我们认为，管理的概念可概括为：管理是组织为了实现预期的目标，对群体的行为进行有意识协调的过程。管理的目的是为了实现组织预期的目标，管理的本质是协调，协调的对象是组织内部成员群体的行为，协调是有目的地进行的。

思考题 1.1

如果一家公司在经营中一味地追求效率，有可能产生什么样的结果？

三、管理的特性

管理是对组织的资源进行有效整合以达到组织既定目标与责任的动态创造性活动。自从有人群组织以来，便存在管理这一类活动，这类活动不同于文化活动、科学活动和教育活动等，是因为它有其自己的特性。

1. 动态性

管理这类活动的动态性特征主要表现在这类活动需要在变动的环境与组织本身中进行，需要消除资源配置过程中的各种不确定性。因此管理不是停留在书面上的东西，它是现实实践中的操作。书面上的东西最多是管理实践的总结或理论的推演，它是一种静态的东西，学习管理需要学书面上的东西，但更重要的是学会在什么样的状况下如何实施具体的管理。哈佛大学注重案例教学，表明了哈佛的教授们对管理真谛的一种认识。

事实上，由于各个组织所处的客观环境与具体的工作环境不同，各个组织的目标与从事的行业不同，从而导致了每个组织中资源配置的不同性，这种不同性就是动态特性的一种派生，因此不存在一个标准的处处成功的管理模式。

2. 科学性

管理的动态特性并不意味着管理这类活动没有科学规律可循。管理活动尽管是动态的，但还是可将其分成两大类：一是程序性活动，另一是非程序性活动。所谓程序性活动就是指有章可循，照章运作便可取得预想效果的管理活动。所谓非程序性活动就是指无章可循，需要边运作边探讨的管理活动。这两类活动虽然不同，但又是可以转化的，实际上现实的程序性活动就是以前非程序性活动转化而来的，这种转化的过程实质是人们对这类活动与管理对象规律性的科学总结，管理的科学性在这里得到了很好的体现。对新管理对象所采取的非程序性活动只能依据过去的科学结论进行，否则对这些对象的管理便失去了可靠性，而这本身也体现了管理的科学性。

3. 艺术性

由于管理对象分别处于不同环境、不同行业、不同的产出要求、不同的资源供给条件等状况下，这就导致了对每一具体管理对象的管理没有一个唯一的完全有章可循的模式，特别对那些非程序性的、全新的管理对象，则更是如此，从而造成了具体管理活动的成效与管理主体管理技巧发挥的大小相关性很大。事实上管理主体对这种管理技巧的运用与发挥，体现了管理主体设计和操作管理活动的艺术性。另外，由于在达成资源有效配置的目标与现行责任的过程中可供选择的管理方式、手段多种多样，因此，在众多可选择的管理方式中选择一种合适的用于现实的管理之中，这也是管理主体进行管理的一种艺术性技能。艺术性这种东西更多地取决于人的天赋与直觉，是一种非理性的东西，管理有时就是一种非理性的活动，否则就不会有许多人认为"管理没有理论"。

4. 创造性

管理的艺术性特征实际上已经与管理的另一个特征相关，这就是创造性。管理既然是一种动态活动，既然对每一个具体的管理对象没有一种唯一的完全有章可循的模式可以参照，那么欲达到既定的组织目标与责任，就需要有一定的创造性。管理活动是一类创造性的活动，正因为它是创造性的活动，才会有成功与失败的存在，试想如果按照程序便可管好的话，如果有某种统一模式可参照的话，那么岂非人人都可成功，成为有效的管理者？管理的创造性根植于动态性之中，与科学性和艺术性相关，正是由于这一特性的存在，使得管理创新成为必需。

5. 经济性

资源配置是需要成本的，因此管理就具有经济特性。管理的经济性首先反映在资源配置的机会成本之上，管理者选择一种资源配置方式是以放弃另一种资源配置方式为代价而取得的，这里有个机会成本的问题。其次，管理的经济性反映在管理方式方法选择上的成本比较，因为在众多可帮助进行资源配置的方式方法中，其所需成本不同，故如何选择就有个经济性的问题。再次，管理是对资源有效整合的过程，因此选择不同资源供给和配比，就有成本大小的问题，这就是经济性的另一种表现。

管理的上述五个特性是相互关联的，是管理性质的五个不同方面的反映，其相互关系可用图1-1表示。

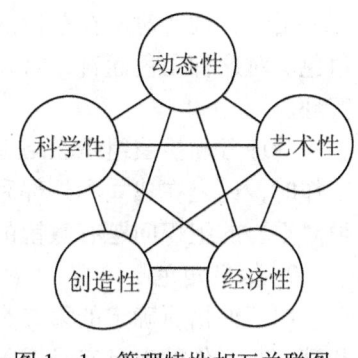

图1-1 管理特性相互关联图

研讨与质疑

你认为本书关于管理的定义有何不足？请用你的语言给管理下定义。

第二节 管理者的角色、技能和素质

管理者合格与否在很大程度上取决于管理者职能的履行情况。为了有效地履行各种职能，管理者必须明确以下两点：自己要扮演哪些角色？在扮演这些角色的过程中，自己需要具备哪些技能？

小思考

你认为在学校担任班干部有几种角色？带领好一个班级，作为班干部需要哪些技能和素质？

一、管理者的角色

根据亨利·明茨伯格的一项被广为引用的研究，管理者扮演着十种角色，这十种角色可被归入三大类：人际角色、信息角色和决策角色。明茨伯格的管理者角色理论可用图1-2来表示。

1. 人际角色

明茨伯格所确定的第一类角色是人际角色。人际角色直接产生自管理

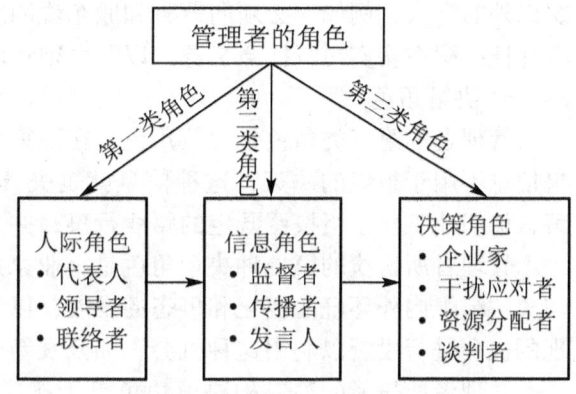

图1-2 管理者的角色

者的正式权力基础，管理者在处理与组织成员和其他利益相关者的关系时，他们就在扮演人际角色。管理者所扮演的三种人际角色是代表人角色、领导者角色和联络者角色。

作为管理者须行使一些具有礼仪性质的职责。例如，管理者有时必须出现在社区的集会上，参加社会活动或宴请重要客户等。在这样做的时候，管理者行使着代表人的角色。

由于管理者对所在单位的成败负有重要责任，他们必须在工作小组内扮演领导者的角色。对这种角色而言，管理者和员工一起工作并通过员工的努力来确保组织目标的实现。

管理者须扮演组织联络者的角色。管理者无论是在和组织内的个人或工作小组一起工作时，还是在建立和外部利益相关者的良好关系时，都起着联络者的作用。管理者必须对重要的组织问题有敏锐的洞察力，从而能够在组织内外建立关系和网络。

2. 信息角色

明茨伯格所确定的第二类管理者角色是信息角色。在信息角色中，管理者负责确保和其一起工作的人具有足够的信息，从而能够顺利完成工作。由管理责任的性质决定，管理者既是所在单位的信息传递中心，也是组织内其他工作小组的信息传递渠道。整个组织的人依赖于管理结构和管理者以获取或传递必要的信息，以便完成工作。

管理者须扮演的一种信息角色是监督者角色。作为监督者，管理者持续关注组织内外环境的变化以获取对组织有用的信息。管理者通过接触下属来搜集信息，并且从个人关系网中获取对方主动提供的信息。根据这种信息，管理者可以识别工作小组和组织的潜在机会及威胁。

在作为传播者的角色中，管理者把他们作为信息监督者所获取的大量信息分配出去。作为传播者，管理者把重要信息传递给工作小组成员。管理者有时也向工作小组隐藏特定的信息。更重要的，管理者必须保证员工具有必要的信息，以便切实有效地完成工作。

管理者所扮演的最后一种信息角色是发言人角色。管理者须把信息传递给单位或组织以外的个人，例如，必须向董事和股东说明组织的财务状况和战略方向，必须向消费者保证组织在切实履行社会义务，以及必须让政府官员对组织的遵守法律感到满意。

3. 决策角色

管理者的第三类角色是决策角色。在决策角色中，管理者处理信息并得出结论。如果信息不用于组织的决策，这种信息就丧失其应有的价值。管理者负责作出组织的决策，他们让工作小组按照既定的路线行事，并分配资源以保证小组计划的实施。

管理者所扮演的第一种决策角色是企业家角色。在前述的监督者角色中，管理者密切关注组织内外环境的变化和事态的发展，以便发现机会。作为企业家，管理者对所发现的机会进行投资以利用这种机会，如开发新产品、提供新服务或发明新工艺等。

管理者所扮演的第二种决策角色是干扰应对者角色。一个组织不管被管理得多么好，它在运行的过程中，总会遇到或多或少的冲突或问题。管理者必须善于处理冲突或解决问题，如平息客户的怒气，同不合作的供应商进行谈判，或者对员工之间的争端进行调解等。

管理者所扮演的第三种决策角色是资源分配者角色。作为资源分配者，管理者决定组织资源用于哪些项目。尽管我们一想起资源，就会想起财力资源或设备，但其他类型的重要资源也被分配给项目。

管理者所扮演的最后一种决策角色是谈判者角色。对所有层次管理工作的研究表明，管理者把大量的时间花费在谈判上。管理者的谈判对象包括员工、供应商、客户和其他工作小组。无论是何种工作小组，管理者都进行必要的谈判工作，以确保小组朝着组织目标迈进。

> **📖 管理的十大经典理论之一**
>
> **零和游戏原理**
>
> 零和游戏原理是指一项游戏中，游戏者有输有赢，一方所赢正是另一方所输，游戏的总成绩永远为零，零和游戏原理之所以广受关注，主要是因为人们在社会的方方面面都能发现与零和游戏类似的局面，胜利者的光荣后面往往隐藏着失败者的辛酸和苦涩。20世纪，人类经历两次世界大战、经济高速增长、科技进步、全球一体化以及日益严重的环境污染，零和游戏观念正逐渐被双赢观念所取代。人们开始认识到利己不一定要建立在损人的基础上。通过有效合作皆大欢喜的结局是可能出现的。但从零和游戏走向双赢，要求各方面要有真诚合作的精神和勇气，在合作中不要小聪明，不要总想占别人的小便宜，要遵守游戏规则，否则双赢的局面就不可能出现，最终吃亏的还是合作者自己。

二、管理者的技能

根据罗伯特·卡茨的研究，管理者要具备三类技能。管理者在行使五种管理职能和扮演三类角色时，必须具备如下三类技能。

1. 技术技能

技术技能是指"运用管理者所监督的专业领域中的过程、惯例、技术和工具的能力"。如监督会计人员的管理者必须懂会计。尽管管理者未必是技术专家，但他（或她）必须具备足够的技术知识和技能以便卓有成效地指导员工、组织任务，把工作小组的需要传达给其他小组以及解决问题。

技术技能对于各种层次管理的重要性可以用图1-3来表示。由图看出，技术技能对于基层管理者最重要，对于中层管理者较重要，对于高层管理者较不重要。

2. 人际技能

人际技能（有时称为人际关系技能）是指"成功地与别人打交道并与别人沟通的能力"。人际技能包括对下属的领导能力和处理不同小组之间的关系的能力。管理者必须能够理解个人和小组、与个人和小组共事以及同个人和小组处理好关系，以便树立团队精神。管理者作为小组中的一员，其工作能力取决于人际技能。

人际技能对于各种层次管理者的重要性可以用图1-3来表示。由图看出，人际技能对于所有层次管理者的重要性大体相同。

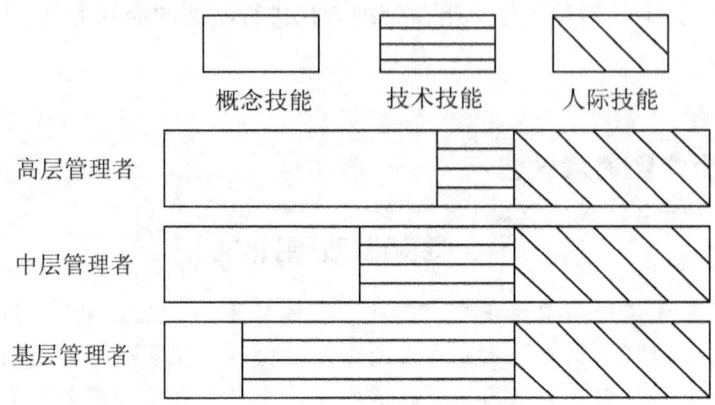

图1-3　各种层次管理者所需要的管理技能比例

3. 概念技能

概念技能是指"把观点设想出来并加以处理以及将关系抽象化的精神能力"。具有概念技能的管理者往往把组织视作一个整体，并且了解组织各个部分的相互关系。具有概念技能的管理者能够准确把握工作单位之间、个人之间以及工作单位和个人之间的相互关系，深刻了解组织中任何行动的后果，以及正确行使五种管理职能。很强的概念技能为管理者识别问题的存在、拟订可供选择的解决方案、挑选最好的方案并付诸实施提供了便利。

概念技能对于各种层次管理者的重要性可以用图1-3来表示。由图看出，概念技能对于高层管理者最重要，对于中层管理较者重要，对于基层管理者较不重要。

思考题1.2

不同层次的管理人员对不同角色的侧重点不尽相同，那么相同层次的管理者是否相同呢？比如同一层次的销售主管和生产主管等。

三、管理者的基本素质

所有组织的管理者都希望在组织中享有崇高的威信，说话有人听，命令能够执行，做到令行禁止。那么管理者应该具备怎样的素质，才能享有崇高的威信呢？这些说起来容易，做起来难，真正做到"出人头地"的很少。要当好一名合格的管理者，需要多种素质的聚合。根据美国某研究机构对全国企业成功人士的一次问卷调查统计，在个人素质一栏，人们普遍看好以下五条内容：

1. 健全的思维（Common Sense）

美国得克萨斯州一位工商界巨头说："成功的关键要素是简单化，无论是开会还是同外界打交道，用三言两语将一个复杂问题还原出来的能力很重要。"

2. 专业知识（Knowledge's Field）

美国田纳科董事会主席 Philip Oxley 把他的成功归功于现场经验（On–the–job Experience），他就说自己喜欢"坐在油井口旁，观察（Bird–dogging）正在进行地震勘测员工们的工作"，这样可以获得生产技术的第一手资料。"如果要当好一名好经理，你必须实际懂得行业里的专业知识"。

3. 自信（Self–Reliance）

自信与其说是自我感觉怎么好，不如说要有设法使事情进入你事业轨道的进取精神，它包括耐心（Willpower）和设定目标的能力。

一位财务公司老总说，我在这个领域成功的经验是，"我不仅喜欢我的事业，而且有勇气、有决心和有顽强的毅力去不断地向目标冲击"。

4. 理解判断能力（General Intelligence）

要取得突出的成就，一个人应当具有快速理解、透彻分析问题的能力，这当然包括日常所说的智商（IQ），但还应包括丰富的词汇、良好的阅读能力和写作技巧。"喜欢探索的大脑加上广泛的兴趣也是成功的基本要素"。

5. 执行能力（Ability To Get Things Done）

执行能力至少包括三方面：组织能力、良好工作习惯和勤奋。

其他也有不少人选择了"领导力、创造性、与人相处的关系、运气"等内容，但相比之下，以上五个方面的得票率最高，看来可以列为经理人应该具备的基本素质。

然而应该具备和实际具备之际是有距离缝隙的，这也是可以理解的，在现实企业生活中，每个人的管理特长不完全一样，有的人专业技术能力较强；有的人热情似火，充满自信；有的人做事情不怕费劲，能"耐烦"。这些都难能可贵，不过我倒更看好"健全的思维"和"理解判断能力"两条，因为这是基础中的基础。

小知识

古典绘画大师安格儿说过："严格地说，希腊雕像之所以超越造化本身，只是由于它凝聚了各个局部之美，而自然本身却很少能把这些美集大成于一体。"

管理大师德鲁克曾说，说一千道一万，"管理的精髓不在知而在行，它的考验不在逻辑而在于成果"，管理者的素质也不在书本的学习，而在于通过长期磨炼去领悟，那样得来的素质才是真本领。

四、管理者的综合素质

管理活动是一项复杂的智能劳动，管理科学是一门行为科学，涉及面甚广。不同的

管理对象有不同的管理要求,对管理者具备相应素质的深度和广度的要求也不同。一个企业集团的老总与一个手工作坊小业主在管理素质上可能存在深度和广度的不同,但他们却同样都面对着生产、销售、成本、劳动、财务等基本的管理课题,这就要求他们是不同于专业技术人员的复合型人才,具备不同于专业技术素质的综合素质。

管理者的工作就是管理,那么管理的职责是什么?就工商管理而言,通俗地讲无非就是出主意、用干部、作表率。出主意就是想办法、定计谋、作决策。用干部要求管理者因人施用、任人唯贤,并在用人、育人、导人、助人、防人五个方面做文章,最大限度地满足每位员工的多目标要求,激发员工的工作热情,充分调动和发挥员工的工作积极性和创造性,不断提高员工的整体素质,尽量使员工成为"适销对路"和"高附加值"的贵重资源,最终通过员工把事情办成,实现管理目标。作表率就是管理者为实现管理目标以自己的品格、行为形象去感染人、引导人。具体表现为与其管理职务相适应的专家力、模范力和亲和力。上述管理职责当然就要求管理者具备相应的人格魅力、专业知识、社交能力等综合素质,按现在流行的说法就是 T 型人才。具体地说应包括以下几方面的综合素质:

1. 正确的思想政治、道德品格、法律意识等人格素质

这些素质主要指管理者思想政治觉悟、道德品质、法律意识、价值观、人生观,是意识形态的范畴。在许多人看来,这似乎与管理活动没有直接的关联性,这种观念或许是出于对我国经历的曾经过分强调意识形态的某一特殊历史阶段的一种反叛,但其实是一种认识的误区。

我国的干部任用路线历来强调德才兼备、以德为先的原则,即便是古代帝王也运用这一原则。德首先是指对干部的政治要求。

难以想象,一个品格低下、自私自利的人能够在管理工作上(主要是做管理人的工作)有所作为。君不见,许多曾经炫耀一时被捧为能人的企业管理者,最终因挡不住诱惑犯下贪污贿赂的罪行,不仅把自己送进了监狱,也使其管理的企业陷入了困境。不能说这些人没有专业能力,问题是这些人的脑子里所思所想的已不再是企业的发展,而是如何利用职务便利去装满自己的口袋,满足自己的私欲。常言道,"做事必先做人",恐怕就是这个道理。因此,正确的思想政治道德观念,必要的法律意识,正确的人生观、价值观对一个管理者是何等的重要。

2. 必要的知识层次、智慧能量、专业素养、管理能力等素质

这是一个管理者行为能力的范畴,主要指管理者必要的知识结构和相应的深度与广度,决策、指挥、组织、协调的胜任程度,在不断变化的环境中的应对力等等。这些素质是管理工作的客观要求,是不言而喻的。当然,不同的管理职务,相关素质要求的深度和广度是不一样的。但如果缺乏这些素质,就不可能胜任管理工作。

现实生活中,有许多前车可鉴。在深圳的第一批上市公司中,它们有的起跑点相同,面对的环境相同,机会和挑战相同,但经过十多年的大浪淘沙,有的蒸蒸日上,有

的则日落西山。究其原由，还是这些企业的高层管理者缺乏这类素质造成的。为什么有的企业能够适应市场环境的变化，能动地调整企业战略，规避市场风险，使企业始终保持健康的发展势头；而有的企业却往往发生诸如投资失误、产品老化等问题，致使企业债务累累面临破产境地。这其实也还是企业管理者素质问题。有时确实可以看到一些企业的老总靠政策加上自己的一点小聪明使企业"火"了一把，但当"蛋糕"做大后却不思进取补充自身的"能量"，好大喜功，刚愎自用，凭经验决策，凭关系用人，最终把一个好端端的企业折腾得奄奄一息，说到底还是管理者没有相匹配的素质造成的问题。上述管理者们所发生的悲剧就在于此。

> **小知识**
>
> 老子早就告诫过："知人者智、自知者明、胜任者力、自胜者强。"又说："自见者不明、自是者不彰、自伐者无功、自矜者不长。"

3. 必要的生理、心理和形象气质素质

这是指管理者在生理、心理及其外在表现的一种健康状况。一般地说，一个管理者应该是一个心智健全的人。当然，不排除有的管理者存在某一方面的缺陷，然而，可以肯定的是，这样的管理者必定具有某一方面的特长足以弥补这些缺陷。但不管怎么说，历史上出现的小儿皇帝和"病夫治国"大都以牺牲整个社会文明与进步为代价却是事实。同样，一个企业的管理者如果是一个心智不全的人，就可能以牺牲一个企业为代价。这也都是不言而喻的事情。所以，管理者在生理、心理及其外在表现的适应能力也是非常重要的。在现代社会里，管理者在不同程度上还是一个公众人物，其生理、心理所表现的外在的模范力、亲和力、感召力、交际力等人格魅力都是必不可少的，在许多管理场合甚至是极其重要的。

第三节　管理学理论的形成和发展

一、早期管理思想的产生

自从有了人类历史就有了管理，管理思想是随着生产力的发展而发展起来的。世界上一些文明古国，如古希腊、古罗马、古埃及、古巴比伦等都对管理思想有突出的贡献。

公元前5000年，古埃及人建造的大金字塔被誉为世界七大奇迹之一。这其中包含了大量的组织管理工作。公元前2000年，古巴比伦国王汉穆拉比曾经颁布过一部法典，全文共有280条，其中对人的活动作了许多规定，包含着许多管理思想。

（一）中国早期的管理思想

中国是一个历史悠久的文明古国，早在五千年前，中国已经有了人类社会最古老的组织——部落和王国，有了部落的领袖和帝王，因而也就有了管理。归纳起来，中国古代的管理思想大致有以下几个方面。

1. 组织方面的管理思想

周公（公元前12—11世纪），姓姬名旦，他编的《周礼》一书，是为周朝制定的一套官僚组织和制度。该书将周代官员分为天、地、春、夏、秋、冬六官，以天官（又称冢宰）职位最高；六官分360职，各有职责和权力。自周朝以后，历代封建王朝为提高国家管理效率，都非常重视组织管理，封官定职，编制详细的官职表，层次分明，职责清楚，权责明确。

春秋时代孙武所著的《孙子兵法》，是世界上最古老的兵书。他在该书中曾提到军、旅、卒、伍的军队编制。军为12 500人，旅为500人，卒为100人，伍为5人，层次关系明晰，编制比较完备。《孙子·势篇》中有："凡治众如治寡，分数是也；斗众如斗寡，形名是也。"意思是管理人数的多与少，道理都一样，只要抓住编制名额有异这个特点就行了。这种观点类似现代管理中所谈到的"要按一定的管理层次和幅度建立组织机构"的管理思想。

2. 经营方面的管理思想

中国古代有许多善于经营的工商名人，他们有着卓越的经营理财思想和一套颇有成效的经营管理艺术。西汉的司马迁在《史记·货殖列传》中记述了从先秦到汉初的一些经营家的经营之道，其中最著名的有范蠡的待乏原则与积著之理和白圭的乐观时变。

范蠡是春秋末期楚国宛人，辅助越王勾践灭吴后，弃官经商，成为中国历史上有名的大商人。他用计然之策，管理国家，使国富兵强；经营工商业，而为天下巨富。他有两条著名的经营之道：

一是待乏原则。所谓"水则资车、旱则资舟、夏则资裘、冬则资絺"，意思是指市场上的货物，要根据年度季度预测需求行情，预先收储以待时机，方可有利可图。

二是积著之理。是指获取利润的方式。他认为："务完物，无息币。以物相贸易，腐败而食之货勿留，无敢居贵。论其有余不足，则知贵贱。贵上极则贱，贱下极则反贵。贵出如粪土，贱取如珠玉。财币欲其行如流水。"意思是说经营的物品，切勿长期存储贪图高价。要通过商品数量的多少，预测其价格的贵贱。某商品太贵必转而下跌，太贱则又回涨。要使货币像流水一样经常流动和运行，才能得到好的经济效益。

白圭是战国时期周国人，他根据农业生产周期的说法进行经营，成为当时有名的富商。白圭的经营思想可概括为"乐观时变"四个字，具体地说就是：①主张"乐观时变"，强调观察农业生产丰收对市场动向的影响，把商情预测作为经营决策的基础；②采取"人弃我取，人取我与"的经营策略；③减少耗费，降低经营成本；④主张"欲长钱，取下谷"的经营之道，即薄利多销，数量上取胜；⑤主张"薄饮食，忍嗜欲，节衣服，与用韦童仆同苦乐"，即与手下人同甘共苦。

3. 以人为本的管理思想

老子在《道德经》讲过"城中有四大，而人居其一焉"。"四大"指道、天、地、人。可见老子十分重视人的因素。"重人"是中国传统管理的一大要素，要夺取天下，治好国家，办成大事，人是第一位的。我国历史都讲究重人之道。"重人"之道主要包括"得人"之道和"用人"之道两个方面。

得民是治国之本，欲得民必先为民谋利。《管子》中就明确指出："凡治国之道，必先富民。"孔子则主张"礼义治国"，希望推行以"礼"为核心的管理目标，以"义"为特征的管理方法。孟子则认为"以佚道使民，虽劳不怨；以生道杀民，虽死不怨杀者"。这些都体现了以人为本的管理思想。

4. 生产劳动管理思想

中国古代生产劳动管理方面的思想，突出地体现在农业生产、劳动分工及大规模工程建设的组织管理方面。

农业是古代的重要生产活动。民"以食为天"，国"以食为政"，农业生产是关系国计民生的大事，中国历代王朝都非常重视农业生产管理。中国古代农业生产管理思想的主要内容有：

（1）注重农业生产结构管理，以粮为主，多业发展。《管子八观》中提到："务五谷，养桑麻，育五畜则民富。"

（2）根据气候和地理条件进行农业生产，《齐民要术》中讲道："顺天时，量地利。"

（3）注重兴修水利。中国古代就非常重视水利对农业生产的作用，都江堰是中国历史上修过的最大水利工程。

（4）重视农业生产技术和耕作工具的作用。中国历来有利器的传统，孔子说："工欲善其事，必先利其器。"在劳动管理方面，战国时期，墨翟提出了劳动分工的思想。他说："譬如筑墙然，能实壤者实壤，能欣者欣，然后墙成。"荀子说："人力不若牛，走不若马，而牛马为用，何也？曰：人能群。"意指人们进行分工与协作，协作是一种新的力量。孟子说："劳心者治人，劳力者治于人，治于人者食人，治人者食于人。"提出了脑力劳动和体力劳动分工，管与干分开的思想。中国古代建了许多世界历史上的伟大工程，如万里长城、京杭大运河等。对于这些大型工程，在制订生产管理计划时，都是非常详细和周密的。

总之，中国古代的管理思想是极为丰富的，凝结了中国人民的管理经验和智慧，对于我们今天现代管理理论研究和管理实践仍具有重要的借鉴价值。

（二）外国早期的管理思想

1. 亚当·斯密的管理思想

对早期管理思想贡献最大的是英国经济学家亚当·斯密，他在1776年发表的《国

民财富的性质和原因研究》一文中系统地阐述了劳动价值论和劳动分工的理论。

亚当·斯密认为，劳动是国民财富的源泉，各国人民每年消费的一切生活日用必需品的源泉是本国人民每年的劳动。这些日用必需品供应情况的好坏，取决于两个因素：一是这个国家的人民的劳动熟练程度、劳动技巧和判断力的高低；二是从事有用劳动的人数和从事无用劳动的人数的比例。同时还指出，劳动创造的价值是工资和利润的源泉，并经过分析得出了结论：工资越低，利润就越高；工资越高，利润就越低。这实际上揭示了资本主义经营管理的中心问题和剥削本质。

亚当·斯密在分析增进劳动生产力的因素时，特别强调了分工的作用。他对比了一些工艺和一些手工制造业分工前后的变化，对比了易于分工的制造业和当时不易于分工的农业的情况，说明分工可以提高劳动生产率。

2. 查尔斯·巴比奇的管理思想

产业革命后期，对早期管理思想贡献最大的应该是英国数学家、科学家查尔斯·巴比奇。他主要有以下贡献：

首先，巴比奇在进行管理研究时，通过研究时间和成本分析，进一步分析了劳动分工使生产率提高的原因：

(1) 劳动分工节省了学习所需要的时间。
(2) 劳动分工节省了学习期间所耗费的材料。
(3) 劳动分工节省了从一道工序转移到下一道工序所需要的时间。
(4) 劳动分工使人们经常从事某一工作，肌肉能够得到锻炼，不易引起疲劳。
(5) 劳动分工节省了改变工具、调整工具所需要的时间。
(6) 劳动分工使人们重复同一操作，技术熟练，工作速度较快。
(7) 劳动分工使工人的注意力集中于单项作业，便于改进工具和机器。

其次，巴比奇为了调动劳动者的积极性，还提出了一种工资利润分享制。这种制度认为，工人除了工资外，还应按工厂所创的利润的百分比额外地得到一部分奖金作为报酬。这样做的优点是：

(1) 每个工人的利益同工厂的发展及其所创造的利润多少直接有关系。
(2) 每个工人都会关心浪费和管理不善等问题。
(3) 能促进每个部门改进工作。
(4) 有助于激励工人提高技术和品德。
(5) 工人同顾主的利益一致，可以消除隔阂，共求企业的发展。

巴比奇的这种工资奖金制度虽然有其阶级性，但他的这种管理思想对我们今天的工作仍然有一定的参考价值。巴比奇的另一贡献是他在著名著作《机械及制造经济》中对经理人员提出了许多建设性意见。巴比奇的这些管理思想无论在深度上还是在广度上，都较前人甚至同代人有较大的进步。

这一时期除了亚当·斯密和查尔斯·巴比奇外，还有英国的空想社会主义者罗伯特·欧文。欧文借助巴比奇系列实验，首先提出了在工厂中要重视人的因素，要缩短工人工作的时间，提高工资，改善工人的居住条件。他的改革实践证明，重视人的作用和尊重人的地位，也可以使工厂获得更多的利润。因此，也有人认为罗伯特·欧文是人事管理的创始人。

思考题1.3

有人说，忘记过去的人应受到谴责并应重温历史。分析这种说法，并以实例说明了解管理思想的历史能够帮助一个人成为更好的管理者。

二、古典管理思想

古典管理思想实际上是管理理论的萌芽，管理理论比较系统的建立是在19世纪末20世纪初。在这个阶段形成的理论成为古典管理理论，也称科学管理理论。

古典管理理论是随着资本主义从自由竞争阶段向垄断阶段过渡逐步形成的。这个时期的主要代表人物有美国的泰勒、法国的法约尔、德国的韦伯等人。

（一）泰勒的科学管理理论

费雷德里克·泰勒（1856—1915）是美国古典管理学家，科学管理的创始人，被西方管理界誉为"科学管理之父"。泰勒的主要著作是《科学管理原理》（1911年）和《科学管理》（1912年）。在两部书中所阐述的科学管理理论，使人们认识到了管理是一门建立在明确的法规、条文和原则之上的科学，它适用于人类的各种活动，从最简单的个人行为到经过充分组织安排的大公司的业务活动。

泰勒的科学管理的根本目的是谋求最高效率，而最高的工作效率是雇主和雇员达到共同富裕的基础，使较高工资和较低的劳动成本统一起来，从而可以扩大再生产。要达到最高的工作效率的重要手段是用科学化的、标准化的管理方法代替日常的经验管理。为此，泰勒提出了一些基本的管理制度。

（1）对工人提出科学的操作方法，以便有效地利用工时，提高工效。研究工人工作时动作的合理性，去掉多余的动作，改善必要动作，并规定出完成每一个单位操作的标准时间，制定出劳动时间定额。

（2）对工人进行科学的选择、培训、晋升。选择合适的工人安排在合适的岗位上，并培训工人使用标准的操作方法，使之在工作中逐步成长。

（3）制定科学的工艺规程，使工具、机器、材料标准化，并对作业环境标准化，用文件形式固定下来。

（4）实行具有激励性的计件工资报酬制度。对完成和超额完成工作定额的工人以较高的工资率计件支付工资；对完不成定额的工人，则按较低的工资率计件支付工资。

（5）管理和劳动分离。管理者和劳动者在工作中密切合作，以保证工作按标准的设计程序进行。

上述这些措施虽然在现在已成为管理常识,但当时却是重大的变革。随后,美国企业的生产率有了大幅度的提高,出现了高效率、低成本、高工资、高利润的新局面。

泰勒的科学管理主要有两大贡献:一是管理要走向科学,二是劳资双方的精神革命。前者是有效管理的必要条件,后者是有效管理的必要心理。

(二)法约尔的一般管理理论

亨利·法约尔(1841—1925),法国人,其最主要的代表作是1916年出版的《工业管理和一般管理》,被后人尊称为"现代经营管理之父"。法约尔早期就参与企业的管理工作,并长期担任企业高级领导职务。泰勒的研究是从"车床前的工人"开始的,重点内容是企业内部具体工作的效率。法约尔的研究则是从"办公桌前的总经理"出发的,以企业整体作为研究对象。他的有关管理的理论和方法不仅适用于公私企业,也适用于军政机关和社会团体。最主要的贡献在于三个方面:从经营职能中独立出管理活动、提出管理活动所需的五大职能、14项管理原则。其主要内容如下:

1. 五大管理职能

法约尔将管理活动分为计划、组织、指挥、协调和控制等五大管理职能,并进行了相应的分析和讨论。

管理的五大职能并不是企业管理者个人的责任,它同企业经营的其他五大活动一样,是一种分配于领导人与整个组织成员之间的工作。

2. 14项管理原则

法约尔提出了一般管理的14项原则:

①劳动分工;②权力与责任;③纪律;④统一指挥;⑤统一领导;⑥个人利益服从整体利益;⑦人员报酬;⑧集中;⑨等级制度;⑩秩序;⑪公平;⑫人员稳定;⑬首创精神;⑭团队精神。

法约尔的一般管理理论是西方古典管理思想的重要代表,后来成为管理过程学派的理论基础,也是以后各种管理理论和管理实践的重要依据,对管理理论的发展和企业管理的历程均有着深刻的影响。管理之所以能够走进大学讲堂,全赖于法约尔的卓越贡献。

思考题1.4

良友公司规定公司的下级在一般情况下,只能向其直接的上级汇报工作,不能越级,但在特殊情况下可以例外。问:良友公司的这种制度设置的理论依据是什么?

(三)韦伯的组织理论

马克斯·韦伯(Max Weber,1864—1920)生于德国,曾担任过教授、政府顾问、编辑,对社会学、宗教学、经济学与政治学都有相当的造诣,被称为"组织理论之父"。他与泰勒、法约尔是西方古典管理理论的三位先驱。韦伯的主要著作有《新教伦理与资本主义精神》、《一般经济史》、《社会和经济组织的理论》等,其中官僚组织模式（Bureaucratic Model）的理论（即行政组织理论），对后世产生了极为深远的影响。

韦伯认为，任何组织都必须以某种形式的权力作为基础，没有某种形式的权力，任何组织都不能达到自己的目标。人类社会存在三种为社会所接受的权力：

（1）传统权力（Traditional Authority）：传统惯例或世袭得来；

（2）超凡权力（Charisma Authority）：来源于别人的崇拜与追随；

（3）法定权力（Legal Authority）：理性——法律规定的权力。

对于传统权力，韦伯认为，人们对其服从是因为领袖人物占据着传统所支持的权力地位，同时，领袖人物也受着传统的制约。但是，人们对传统权力的服从并不是以与个人无关的秩序为依据，而是在习惯义务领域内的个人忠诚。领导人的作用似乎只为了维护传统，因而效率较低，不宜作为行政组织体系的基础。

而超凡权力的合法性，完全依靠对于领袖人物的信仰，他必须以不断的奇迹和英雄之举赢得追随者；超凡权力过于带有感情色彩并且是非理性的，不是依据规章制度，而是依据神秘的启示。所以，超凡的权力形式也不宜作为行政组织体系的基础。

韦伯认为，只有法定权力才能作为行政组织体系的基础，其最根本的特征在于它提供了慎重的公正。原因在于：

（1）管理的连续性使管理活动必须有秩序地进行。

（2）以"能"为本的择人方式提供了理性基础。

（3）领导者的权力并非无限，应受到约束。

有了适合于行政组织体系的权力基础，韦伯勾画出理想的官僚组织模式（Bureaucratic Ideal Type）具有下列特征：

（1）组织中的人员应有固定和正式的职责并依法行使职权。组织是根据合法程序制定的，应有其明确目标，并靠着这一套完整的法规制度，组织与规范成员的行为，以期有效地追求与达到组织的目标。

（2）组织的结构是一层层控制的体系。在组织内，按照地位的高低规定成员间命令与服从的关系。

（3）人与工作的关系。成员间的关系只有对事的关系而无对人的关系。

（4）成员的选用与保障。每一职位根据其资格限制（资历或学历），按自由契约原则，经公开考试合格予以使用，务求人尽其才。

（5）专业分工与技术训练。对成员进行合理分工并明确每人的工作范围及权责，然后通过技术培训来提高工作效率。

（6）成员的工资及升迁。按职位支付薪金，并建立奖惩与升迁制度，使成员安心工作，培养其事业心。

韦伯认为，凡具有上述六项特征的组织，可使组织表现出高度的理性化，其成员的工作行为也能达到预期的效果，组织目标也能顺利地达成。韦伯对理想的官僚组织模式的描绘，为行政组织指明了一条制度化的组织准则，这是他在管理思想上的最大贡献。

三、中期管理思想

中期管理思想产生于 1930—1945 年之间，以巴纳德与梅奥等人的思想为代表。

1. 巴纳德的组织理论

切斯特·巴纳德（1886—1961）是西方现代管理理论中社会系统学派的创始人。

巴纳德在漫长的工作经历中积累了丰富的经营管理经验，并深入分析现代管理的特点，写出了许多重要著作。其中最有名的是 1938 年出版的《经理人员的职能》，被誉为美国现代管理科学的经典著作。他将社会学概念应用于分析经理人员的职能和工作过程，并把研究重点放在组织结构的逻辑分析上，提出了一套协作和组织的理论。他认为，社会的各级组织包括军事的、宗教的、学术的、企业的等多种类型的组织都是一个协作的系统，它们都是社会这个大协作系统的某个部分和方面。这些协作组织是正式组织，都包含三个要素：协作的意愿、共同的目标和信息联系。所有的正式组织中都存在非正式组织。正式组织是保持秩序和一贯性所不可缺少的，而非正式组织是提供活力所必需的。两者是协作中相互作用、相互依存的两个方面。所有的协作行为都是物的因素、生物的因素、人的心理因素和社会因素这些不同因素的综合体。

经理人员的作用就是在一个正式组织中充当系统运转的中心，并对组织成员的活动进行协调，指导组织的运转，实现组织的目标。经理人员的主要职能有三个方面：①提供信息交流的平台。②促成个人付出必要的努力。③阐明并制定本组织的目标。

一个组织的生存和发展有赖于组织内部平衡和外部适应。管理的艺术就是把内部平衡和外部适应综合起来。巴纳德用了"感觉"、"判断"、"感知"、"协调"、"平衡"、"相称"等词语来表述管理过程。

经理人员作为企业组织的领导核心，必须具有权威。权威是存在于正式组织内部的一种"秩序"，是个人服从于协作体系要求的愿望和能力。要建立和维护一种既能树立上级权威，又能争取广大"不关心区域"群众的客观权威，关键在于能否在组织内部建立起上情下达、下情上达的有效的信息交流沟通（对话）系统，这一系统既能保证上级及时掌握作为决策基础的准确信息，又能保证指令的顺利下达和执行。要维护这种权威，身处领导地位的人必须随时掌握准确的信息，作出正确的判断，同时还需要组织内部人员的合作态度。巴纳德对信息交流沟通（对话）系统的主要要素进行了探讨，这些要素对于大型组织（企业集团）建立权威至关重要。

2. 梅奥领导的霍桑实验与人际关系理论

古典管理理论的杰出代表泰勒、法约尔等人在不同的方面对管理思想和管理理论的发展作出了卓越的贡献，并对管理实践产生了深刻影响，但是他们共同的特点是：着重强调管理的科学性、合理性、纪律性，而未对管理中人的因素和作用予以足够重视。他们的理论是基于这样一种假设，即社会是由一群群无组织的个人所组成的；他们在思想上、行动上力争获得个人利益，追求最大限度的经济收入，即"经济人"；管理部门面对的仅仅是单一的职工个体或个体的简单总和。基于这种认识，工人被安排去从事固定的、枯燥的和过分简单的工作，成了"活机器"。

20世纪20年代美国梅奥等人进行了著名的霍桑试验。梅奥原籍澳大利亚，后移居美国，是一位心理学家和管理学家。他领导了1924—1932年在美国芝加哥的西方电器公司的霍桑工厂进行的实验，即霍桑实验。该实验分以下四个阶段：

第一阶段：工作场所照明实验（1924—1927年）。研究照明强度对工作效率的影响。结果发现，照明强度的变化不是影响生产率的决定因素，而是另有没掌握的因素在起作用。

第二阶段：继电器装配实验（1927年8月—1928年4月）。研究团体计件工资制、工作日和工作周的长度、工间休息、供应午餐和茶点等对生产率的影响。结果研究小组发现，监督和指导方式的改善能促进工人改变工作态度、提高产量，于是决定进一步更多地收集这方面的资料，研究工人的工作态度和可能影响工人工作态度的其他因素。这是霍桑实验的转折点。

第三阶段：大规模访谈（1928年、1931年）。进一步研究影响生产率的因素。通过在全厂范围内征询职工意见，与职工进行交谈，进行访问和调查。结果发现，影响生产率的重要因素是工作中发展起来的人群关系而不是待遇及工作环境。每个工人的工作效率的高低，不仅取决于他们自身的情况，还与其所在的小组中的同事有关，任何一个人的工作效率都要受到他的同事们的影响。为了进一步进行系统的研究，研究小组决定进行第四阶段的实验。

第四阶段：接线板接线工作室实验（1931—1932年）。在这一阶段的实验中有许多重要发现。例如：大部分成员都自行限制产量、工人对不同级别的上级持不同的态度、成员中存在小派系等。

霍桑实验的主要结论被梅奥写进了《工业文明中人的问题》，在该书中梅奥阐述了与古典管理理论不同的观点——人际关系学说，主要内容有：

（1）企业中员工是"社会人"而不是"经济人"。梅奥认为，人们的行为并不单纯出自追求金钱的动机，而且还有社会方面的、心理方面的需要，即追求人与人之间的友情、安全感、归属感和受人尊敬等，而后者更为重要。因此，不能单纯从技术和物质条件着眼，而必须首先从社会心理方面考虑合理的组织与管理。

（2）企业中存在着非正式组织。企业中除了存在着古典管理理论所研究的为了实现企业目标而明确规定各成员相互关系和职责范围的正式组织之外，还存在着非正式组织。这种非正式组织的作用在于维护其成员的共同利益，使之免受其内部个别成员的疏忽或外部人员的干涉所造成的损失。为此非正式组织中有自己的核心人物和领袖，有大家共同遵循的观念、价值标准、行为准则和道德规范等。

梅奥指出，非正式组织与正式组织有重大差别。在正式组织中，以效率逻辑为其行为规范；而在非正式组织中，则以感情逻辑为其行为规范。如果管理人员只是根据效率

逻辑来管理,而忽略工人的感情逻辑,必然会引起冲突,影响企业生产率的提高和目标的实现。因此,管理当局必须重视非正式组织的作用,注意在正式组织的效率逻辑与非正式组织的感情逻辑之间保持平衡,以便管理人员与工人之间能够充分协作。

(3) 新的领导能力在于提高工人的满意度。在决定劳动生产率的诸因素中,置于首位的因素是工人的满意度,而生产条件、工资报酬只是第二位的。职工的满意度越高,其士气就越高,从而产生的效率就越高。高的满意度来源于工人个人需求的有效满足,不仅包括物质需求,还包括精神需求。

3. 人际关系学说的实践思索

霍桑试验对古典管理理论进行了大胆的突破,第一次把管理研究的重点从工作上和从物的因素上转到人的因素上来,不仅在理论上对古典管理理论作了修正和补充,开辟了管理研究的新理论,还为现代行为科学的发展奠定了基础,而且对管理实践产生了深远的影响。

管理不仅是对物质生产力的管理,更重要的是对有思想、有感情的人的管理。人的价值是无法估量的,是社会上最宝贵的资源,是生产力中最耀眼的明珠。最大限度地开发人力资源将成为现代企业前进的主旋律,"重视人、尊重人和理解人"的管理思维模式将会为企业创造出美好灿烂的明天。

四、现代管理思想

20 世纪 40 年代以来,西方发达国家的经济规模不断扩大,涌现出大批的跨国公司新兴工业。经济组织中的竞争,尤其是国际市场竞争更加激烈,原来的经营管理理论和方法已不能完全适应新的形式,因而又出现了许多新的管理学派,有人形象地称之为"管理理论丛林"。其中影响较大的主要有以下几个学派。

1. 管理程序学派

该学派主张按管理职能建立一个作为研究管理问题的概念框架。法约尔被认为是这个学派的创始人。二战后,该学派的观点得到了很多学者和从事实际工作的管理人员的支持和接受。但由于对管理职能的分类有所不同,出现了各种不同的流派。

哈罗得·孔茨和西里尔·奥唐奈合著的《管理学》是战后这一学派的代表作。该学派的基本观点是:

(1) 管理是一个过程,即让别人同自己去实现既定目标的过程。

(2) 管理过程的职能有五个:计划工作、组织工作、人员配备、指挥、控制。

(3) 管理职能具有普遍性,即各级管理人员都执行着管理职能,但侧重点则因管理级别的不同而异。

(4) 管理应具有灵活性,要因地制宜,灵活应用。

2. 经验主义学派

经验主义学派的代表人物主要有欧内斯·戴尔和彼得·德鲁克。戴尔的代表作有

《伟大的组织者》、《管理：理论和实践》；德鲁克的代表作有《有效的管理者》。

该学派主张通过分析经验（通常是一些案例）来研究管理学问题。该学派认为，通过分析、比较和研究各种各样成功和失败的管理经验，就可以抽象出某些一般性的结论或原理，以有助于学生和从事实际工作的管理者理解管理原理，并使之学会有效地从事管理工作。

很多学者认为，该学派的主张实质上是传授管理学知识的一种方法，称为"案例教学"。实践证明，这是培养学生分析问题和解决问题能力的一种有效途径。

3. 行为科学学派

行为科学理论是在早期人际关系理论的基础上发展起来的。该学派的代表人物很多，像美国的马斯洛、赫兹伯格等。该学派认为管理中最重要的因素是对人的管理，因此要研究人，尊重人，关心人，满足人的需要以调动人的积极性，并创造一种能使组织成员充分发挥力量的工作环境。行为科学理论的主要观点是：

（1）强调以人为中心研究管理问题，重视人在组织中的关键作用。强调探索人类行为的规律，提倡善于用人，进行人力资源的开发。

（2）强调个人目标和组织目标的一致性。认为调动积极性必须从个人因素和组织因素两方面着手。使组织目标包含更多的个人目标，不仅要改进工作的外部条件，更重要的是要改进工作设计，把从工作本身满足人的需要作为最有效的激励因素。

（3）主张在组织中恢复人的尊严，实行民主参与管理，改变上下级之间的关系，由命令服从变为支持帮助，由监督变为引导，实行组织成员的自主自治。

4. 系统管理学派

该学派特别注重于工业工程、人－机工程等方面问题的研究。该理论源于一般系统论和控制论，侧重于用系统的观念来考察组织结构和管理的基本职能。代表人物为美国管理学者卡斯特、罗森茨韦克和约翰逊。系统管理理论的主要观点有：

（1）组织本身是一个以人为主体的人造系统，它由许多相互联系的子系统组成。这些子系统包括：目标、技术、工作、结构、正式组织与非正式组织、外界因素等。组织系统中任何子系统的变化都会影响其他子系统的变化，系统的运行效果是通过各个子系统相互作用的效果决定的。

（2）组织是社会大系统中的一个子系统。组织不是一个封闭的人造系统，而是开放的社会技术系统，是更大的社会系统中的一个子系统。因而不可避免地会受到周围环境的影响，但反过来也影响环境，且在与环境的相互影响中达到自身的动态平衡。

（3）管理必须建立在系统的基础上。管理要善于将各种资源要素集合起来，在同一目标下形成一个整体。管理人员必须从组织的整体出发，研究组织各部分之间的关系，研究组织与外部环境的关系，以便作出正确的决策和进行组织与协调。

5. 决策理论学派

该学派的代表人物是曾获诺贝尔经济学奖的西蒙，其代表作是《管理决策新科

学》。该学派的基本观点是，由于决策是管理者的主要任务，因而应该集中研究决策问题，而管理又是以决策为特征的，所以应该围绕决策这个核心来形成管理理论。

西蒙认为，绝大多数的人类决策，不管是个人的还是组织机构的决策，都是属于寻找和选择合乎要求的措施的过程，这是因为寻找效用最大化措施的过程比寻找前一个过程要复杂得多。后者首要的条件是存在完全的理性，而现实中的人或组织都只是具有有限度的理性。西蒙的管理理论所关注的焦点是人的社会行为的理性与非理性方面的界线。他的管理理论是关于意向理性和有限理性的一种独特理论，是关于那些因缺乏寻求最优的才智而转向寻求满意的人类行为的理论。作为管理决策者的经理，其决策制定包括四个主要阶段：

（1）情报活动：找出制定决策的理由，即探寻环境，寻求要求决策的条件。
（2）设计活动：找到可能的行动方案，即创造、制定和分析可能采取的行动方案。
（3）抉择活动：在各种行动方案中进行抉择。
（4）审查活动：对已进行的抉择进行评价。

决策可以区分为性质相反的两种决策：一种是程序化决策，即结构良好的决策；另一种是非程序化决策，即结构不良的决策。区分它们的主要依据是这两种决策所采用的技术是不同的。

西蒙的组织设计思想认为，一个组织可分为三个层次：最下层是基本工作过程，在生产性组织中，指取得原材料、生产产品、储存和运输的过程；中间一层是程序化决策制定过程，指控制日常生产操作和分配系统；最上一层是非程序化决策制定过程，指对整个系统进行设计和再设计，为系统提供基础的目标，并监控其活动。自动化通过对整个系统进行较为清晰而正规的说明，将使各层次之间的关系更为清楚明确。大型组织不仅分有层次，而且其结构几乎都是等级结构。

6. 管理科学学派

二战期间，运筹学的方法在组织和管理大规模的军事活动，特别是军事后勤活动中，取得了巨大成功。运筹学家们认为，管理基本上是一种数学程序、概念、符号以及模型等的演算和推导，他们自称为"管理科学家"。埃尔伍德·斯潘赛·伯法是西方管理科学学派的代表人物之一，其代表作是《现代生产管理》（1975年）。

管理科学学派是泰勒管理学派的继续和发展，是近年来在西方管理学界形成的。有时人们把数理学派、决策学派和系统学派统称为管理科学学派。这个学派认为，管理就是制定和运用数学模式与程序的系统，就是用数学符号和公式来表示计划、组织、控制、决策等合乎逻辑的程序，求出最优的答案，以达到企业的目标。所以，所谓管理科学就是制订用于管理决策的数学和统计模式，并把这种模式通过电子计算机应用于管理之中。其主要特点为：

（1）力求减少决策的个人艺术成分。依靠建立一套决策程序和数学模型以增加决策的科学性。他们将众多方案中的各种变量或因素加以数量化，利用数学工具建立数量模型研究各变数和因素之间的相互关系，寻求一个用数量表示的最优化答案。决策的过程就是建立和运用数学模型的过程。

（2）各种可行的方案均是以经济效果作为评价的依据。例如成本、总收入和投资利润率等。

（3）广泛地使用电子计算机。现代企业管理中影响某一事务的因素错综复杂，建立模型后，计算任务极为繁重，依靠传统的计算方法获得结果往往需要若干年时间，致使计算结果无法用于企业管理。电子计算机的出现大大提高了运算的速度，使数学模型应用于企业和组织成为可能。

管理科学学派的主要内容包括以下几个方面：

（1）关于组织的基本看法。他们认为组织是由"经济人"组成的一个追求经济利益的系统，同时又是由物质技术和决策网络组成的系统。

（2）关于科学管理的目的、应用范围、解决问题的步骤。它们的目的就是将科学原理、方法和工具应用于管理的各种活动之中。应用范围着重在管理程序中的计划和控制这两项职能。

解决问题的步骤分为：①提出问题；②建立数学模型；③得出解决方案；④对方案进行验证；⑤建立对解决方案的控制；⑥把解决的方案付诸实施。

（3）关于管理科学应用的科学方法。这主要有线性规划、决策树、计划评审法和关键线路法、模拟、对策论、概念论、排队论等方法。

（4）管理科学应用的先进工具，这里主要是指计算机。

管理科学学派借助于数学模型和计算机技术研究管理问题，重点研究的是操作方法和作业方面的管理问题。现在管理科学也有向组织更高层次发展的趋势，但目前完全采用管理科学的定量方法来解决复杂环境下的组织问题还面临着许多实际困难。管理科学学派一般只研究生产的物质过程，注意管理中应用的先进工具和科学方法，不够注意管理中人的作用，这是它的不足之处。

7. 权变理论学派

权变理论是一种较新的管理思想，它的代表人物是英国的琼·伍德沃德等人。伍德沃德的代表作是《工业组织：理论和实践》。该学派是在经验主义学说的基础上进一步发展起来的，但不局限于研究个别案例，提出个别解决方法，而是试图提出适应特定情况的管理组织方案和管理系统方案。该学派认为，在管理中要根据企业所处的内外条件随机应变，没有什么一成不变、普遍适用的"最好的"管理理论和方法。

美国的卢桑斯认为，当过程、计量、行为和系统等四个学说结合在一起时，就产生了不同于部分总和的某种东西，这就是管理的"权变学说"，这里包含着"权变关系"和"权变理论"。权变关系是指两个或两个以上的变量之间的一种函数关系。权变理论是考虑到有关环境的变量同相应的管理概念和技术之间的关系，使采用的管理观念和技术能有效地达到目标。其主要观点有：

（1）环境变量与管理变量之间存在着函数关系，即权变关系。这里所说的环境变量，既包括组织的外部环境，又包括组织的内部环境。而管理变量则指管理者在管理中所选择和采用的管理观念和技术。

（2）在一般情况下环境是自变量，管理观念和技术是因变量。因此，如果环境条件一定，为了更快地达到目标，必须采用与之相适应的管理原理、方法和技术。

（3）管理模式不是一成不变的，要适应不断变化的环境而有所变革，要根据组织的实际情况来选择最适宜的管理模式。

第四节　管理学的研究对象和方法

一、管理学的研究对象和内容

管理学是一门系统地研究管理活动过程的普遍规律、基本原理和一般方法的科学。它是适应现代社会化大生产的需要产生的。它的目的是：研究在现有的条件下，如何通过合理的组织和配置人、财、物等因素，提高生产力的水平。它是一门综合性的交叉学科。管理学的出现与发展是根源于社会发展的需要，学习、研究管理学也是这种需要所使然。管理学一经出现就显示了它的巨大的推动社会发展的功能，在当代社会，无论是生产经营，还是社会管理，如果不自觉地学习、研究管理学，用管理理论武装自己，是很难有所作为的。学好管理学的基本前提是从实际出发，理论联系实际。

1. 管理学的特点

（1）一般性。管理学有别于其他种种专门管理学，它试图从各种不同的组织中概括、抽象、提炼出共同的东西，并形成系统的理论。

（2）多样性。管理学广泛运用自然科学、社会科学以及其他现代科学技术成果，属于边缘科学。

（3）历史性。管理学是对前人的管理实践、管理思想和管理理论的总结、扬弃和发展。割断历史，不了解前人对管理经验的理论总结和管理历史，就难以很好地理解、把握和运用管理学。

（4）实践性。管理学是一门应用性科学，它的理论与方法要通过实践来检验其有效性；同时，有效的管理理论与方法只有通过实践，才能带来实效，发挥其指导实际工作的作用，并在不断反复的实践中，完善管理学的理论和方法。

2. 管理学研究的对象和内容

管理学的研究对象是管理活动和管理过程。管理学的研究内容很广泛，大体可以分三个层次或侧重点：

（1）根据管理活动总是在一定的社会生产方式下进行的，研究内容可分三个方面：一是生产力方面，二是生产关系方面，三是上层建筑方面。

（2）从历史的角度研究管理实践、管理思想及管理理论的形成与演变过程。

（3）着重从管理者的工作或职能出发来系统研究管理活动的原理、规律和方法问题。

3. 学习和研究管理学的重要性

（1）管理的重要性决定了学习、研究管理学的必要性。管理是有效地组织共同劳动所必需的。随着生产力和科学技术的发展，人们逐渐认识到管理的重要性。从历史上看，不依照管理规律办事，就无法使企业兴旺发达，因此要重视管理人员的培养，这促进了管理学的发展。

管理也日益表现出它在社会中的地位与作用。管理是促进现代社会文明发展的三大支柱之一，它与科学和技术三足鼎立。管理是促成社会经济发展的最基本的、最关键的因素。发展中国家经济落后，关键是由于管理落后。先进的科学技术与先进的管理是推动现代社会发展的"两个轮子"，二者缺一不可。管理在现代社会中占有重要地位。

（2）学习、研究管理学是培养管理人员的重要手段之一。判定管理是否有效的标准是管理者的管理成果。通过实践可验证管理是否有效，因此，实践是培养管理者的重要一环。而学习、研究管理学也是培养管理者的一个重要环节。只有掌握扎实的管理理论与方法，才能很好地指导实践，并可缩短或加速管理者的成长过程。

（3）学习、研究管理学是未来的需要。随着社会的发展，专业化分工会更加精细，社会化大生产会日益复杂，科学技术飞速发展带动了经济的快速发展。经济的发展，直接又需要丰富的资源与先进的技术，但更重要的还是组织经济的能力，即管理能力。从这个意义上说，管理本身就是一种经济资源，作为"第三生产力"在社会中发挥作用。先进的技术，要有先进的管理与之相适应，否则，落后的管理就不能使先进的技术得到充分的发挥。因此，管理在未来的社会中将处于更加重要的地位。

二、管理学的研究方法

同其他任何一门学科一样，管理学也有其自身的研究方法。从某种意义上讲，管理学领域产生的各种管理学派，实际上也可以说是因为采用了不同的研究方法的结果，管理学科的发展也就是研究方法的不断发展和进步。下面介绍几种常用的研究方法。

1. 历史研究的方法

历史研究的方法就是运用管理理论与实践的历史文献，全面考察管理的历史演变、重要的管理思想和流派，从中找出规律性的东西，寻求对现在仍有意义的管理原则、方式和方法。任何管理现象都不是孤立的，都有它产生的历史背景及其发生、发展的过程。因此，对管理学中的某一种管理理论某一种定义、某一个规律的研究，都应放在一定历史条件下，从其发生和发展的过程中去考察，才能掌握它的来龙去脉，了解它的实质所在，并给予恰当的评价。

2. 比较研究的方法

比较研究的方法是科学研究中较常用的一种研究方法。它把不同的或相似的事物放

在一起作比较，用以鉴别事物之间的异同，分辨出一般性和特殊性的东西，可为己借鉴的东西和不可为己借鉴的东西。

20世纪50年代末，随着跨国公司的发展与经济国际化的趋势而产生了一门新管理学科分支——比较管理学。该学科是建立在比较分析的基础上对管理现象进行研究，其研究范围往往是跨国度的，它主要分析不同体制、不同国家之间在经济、文化、工业上的差异对管理的影响，探索管理发展的模式和普遍适用于先进国家和发展中国家的管理规律。比较管理学作为一种研究方法已被广泛应用于管理的研究之中，从中也可以看出比较研究法的重要性及其应用的广泛性。

3. 案例分析法

所谓案例分析法，是指在学习研究管理学的过程中，通过对典型案例的分析，从中总结出管理的经验、方法。实践证明，案例分析法对于管理学的研究是行之有效的。这种方法的最大优点是能够体现理论联系实际的原则，使一般管理原理的抽象建立在大量的实际案例分析基础上。

在管理教育方面，案例分析作为一种教学方法已十分普遍。美国的哈佛大学商学院因其成功的案例教学已培养出大批的优秀企业家、政治家，早已令世人瞩目，该学院的教学方式也成为管理教育的楷模。目前我国的大专院校的工商管理专业的教学及企业的管理人员培训也都越来越重视案例教学方法。可以说，案例分析法是管理理论研究及提高人的管理能力的一种最基本、最常用的方法。

4. 系统法

要进行有效的管理活动，必须对影响管理过程中的各种因素及其相互之间的关系，进行总体的、系统的分析研究，才能形成管理的可行的基本理论和合理的管理活动。总体的、系统的研究和学习方法，就是用系统的观点来分析、研究和学习管理的原理和管理活动。所谓系统，是指由相互作用、相互依赖的若干组成部分结合而成具有特定功能的有机整体。系统本身又是它所从属的一个更大系统的组成部分。从管理的角度看，系统有两个含义：一是指一个实体，二是指一种方法或手段。二者既有区别又有联系。系统的方法是指用系统的观点来研究和分析管理活动的全过程。根据这个定义，管理过程是一个系统，管理的概念、理论和技术方法也是一个系统。实际上任何事物都是一个系统。

系统作为一种方法、手段或理论，则要求在研究和解决管理问题时必须具有整体观点、"开放的"与相对"封闭的"观点等有关系统的基本观点。学习管理的概念、理论和方法也要用系统的观点来进行指导。

课后思考与练习

1. 你的管理学课程的授课教师是管理者吗？请分别从管理的概念、管理者角色两个方面讨论这个问题。

2. 有人说，管理者最基本的职责是关注员工的工作绩效，以达到希望的产出。你怎么解释这个观点？你是否同意这个观点？说明你的理由。

3. 是否存在一种最佳的管理模式或管理方法？为什么？
4. 管理者所需要的素质和技能有哪些？
5. 列出自己所具备的管理者的素质和技能及差距。
6. 梅奥的人际关系学说的主要思想是什么？
7. 现代管理思想的主要流派有哪些？

实训项目

管理调查：企业管理系统

实训内容：

通过对不同企业管理层的调查，增强对不同管理层素质与技能要求的感性认识。

实训目的：

（1）结合实际，加深对管理系统的感性认识与理解。

（2）培养认知与自觉养成现代管理者素质的能力。

实训指导：

（1）主讲老师事前将任务布置下去，并要明确实训的目的与要求。

（2）以模拟公司或小组（如果尚未组建模拟公司）为单位，利用课余时间，选择1~2个中小企业进行调查与访问。

（3）调查访问结束后，组织一次课堂交流与讨论。

实训组织：

在调查访问之前，每个公司需根据课程所学知识，并经过讨论，制定调查访问的提纲，包括调研的主要问题与具体安排。具体可参考下列问题：

（1）该企业管理系统的构成状况。

（2）管理者的分类，并重点访问一位中层管理者，向他了解他的职位、工作职能、胜任该职务所必需的管理技能以及所采用的管理方法等情况。

（3）对其管理对象的调查与分析。

（4）该企业的一般环境与任务环境是什么？

（5）该企业中有哪些你感兴趣的管理机制？并作简要分析。

实训考核：

（1）必须到真实企业中做实地调查，并能运用管理系统构成理论架构进行分析。

（2）评估考核方法：

①每人写出一份简要的调查访问报告。

②以公司或小组为单位，分别由公司总经理或小组负责人根据每个成员在调研中的表现进行评估打分。

③对各公司或小组的调研报告及其成员在讨论中的表现分别评估打分。

鼎立建筑公司

鼎立建筑公司原本是一家小企业，仅有10多名员工，主要承揽一些小型建筑项目和室内装修工程。创业之初，大家齐心协力，干劲十足，经过多年的艰苦创业和努力经营，目前已经发展成为员工过百的中型建筑公司，有了比较稳定的顾客，生存已不存在问题，公司走上了比较稳定的发展道路。但仍有许多问题让公司经理胡先生感到头痛。

创业初期，人手少，胡经理和员工不分彼此，大家也没有分工，一个人顶几个人用，拉项目、与工程队谈判、监督工程进展，谁在谁干，大家不分昼夜，不计较报酬，有什么事情饭桌上就可以讨论解决。胡经理为人随和，十分关心和体贴员工。由于胡经理的工作作风以及员工工作具有很大的自由度，大家工作热情高涨，公司因此得到快速发展。

然而，随着公司业务的发展，特别是经营规模不断扩大之后，胡经理在管理工作中不时感觉到不如以前得心应手了。首先，让胡经理感到头痛的是那几位与自己一起创业的"元老"，他们自恃劳苦功高，对后来加入公司的员工，不管现在公司职位高低，一律不看在眼里。这些"元老"们工作散漫，不听从主管人员的安排。这种散漫的作风很快在公司内部蔓延开来，对新来者产生了不良的示范作用。鼎立建筑公司再也看不到创业初期的那种工作激情了。其次，胡经理感觉到公司内部的沟通经常不顺畅，大家谁也不愿意承担责任，一遇到事情就来向他汇报，但也仅仅是遇事汇报，很少有解决问题的建议，结果导致许多环节只要胡经理不亲自去推动，似乎就要"停摆"。另外，胡经理还感到，公司内部质量意识开始淡化，对工程项目的管理大不如从前，客户的抱怨也正逐渐增多。

上述感觉令胡经理焦急万分，他认识到必须进行管理整顿。但如何整顿呢？胡经理想抓纪律，想把"元老"们请出公司，想改变公司激励系统……他想到了许多，觉得有许多事情要做，但一时又不知道从何处入手，因为胡经理本人和其他"元老"们一样，自公司创建以来一直一门心思地埋头苦干，并没花太多时间琢磨如何让别人更好地去做事，加上他自己也没有系统地学习管理知识，实际管理经验也欠丰富。

出于无奈，他请来了管理顾问，并坦诚地向顾问说明了自己遇到的难题。顾问在作了多方面调研之后，首先与胡经理一道分析了公司这些年取得成功和现在遇到困难的原因。

 思考题

1. 鼎立建筑公司创业初期取得成功的因素是什么？
2. 鼎立建筑公司目前出现问题的原因是什么？

第二章 管理环境

知至至之，可与言几也；知终终之，可与存义也。

——《周易·文言》

一个理解管理学但不具备种种管理技巧和管理工具的最低管理能力的管理人员仍不失为一个有效的管理者，甚至是第一流的管理者。然而，一个只知道管理技巧和管理手段却不理解管理学基本思想的人并不是一个管理者，他做得再好也只能算是一个技术人员。

——美国管理学家 彼得·德鲁克

学习目标

知识目标：

- 了解管理组织的一般环境、组织的特殊环境；
- 掌握组织文化的含义与特点；
- 掌握文化整合的内涵及整合模式；
- 掌握跨文化管理的核心与跨文化管理的策略；
- 理解管理与伦理以及影响管理伦理的因素。

能力目标：

- 能根据企业组织所处的环境决策经营策略；
- 能对组织文化进行定位，并根据不同文化进行有效整合；
- 能在管理过程中寻找超越文化冲突的公司目标，以维系不同文化背景的员工共同的行为准则，从而最大限度地控制和利用企业的潜力与价值。

开卷有益

在非洲大草原上，三只瘦弱的小柴狗正与一只高大的斑马进行一场生死搏斗。

乍一看来，三只弱小的柴狗很难是大斑马的对手。但实际情况是，一只小柴狗咬住斑马的尾巴，任凭斑马的尾巴如何甩动，也死死咬住不放；一只小柴狗咬住斑马的耳朵，任凭斑马如何摇头，也决不松口；一只稍显强壮的小柴狗咬住斑马的一条腿，任凭斑马如何踢弹，一点也不敢懈怠。

不一会，在三只小柴狗的齐心攻击下，庞然大物——斑马终于体力不支瘫倒在地，

成为三只小柴狗的盘中餐。

管理启示

在组织内部，管理者一个很重要的职能就是科学分工，根据实际动态对人员进行最佳配置。只有每个员工都明确自己的岗位职责，各司其职，才不会产生推诿、扯皮等不良现象。相反，如果队伍中有人滥竽充数，给企业带来的不仅仅是资金的损失，还可能导致公司工作效率整体下降，甚至在激烈的竞争中会像斑马一样颓然倒下。

引导案例

日本多川博锦公司的管理对象

提到婴儿，你会想到哪两种产品？——牛奶和尿布。二者同等重要。而想到尿布你又想到了谁？——日本锦公司的多川博。锦公司的多川博和尿布的不解之缘，让他自己都感到奇怪，当太平洋战争的炮火打破神户商业大学毕业的多川博的梦想后，只好在其岳父一个有三十名职工的、生产胶质尿布、雨衣等产品的小厂当帮手。多川博预计，战争结束后会出现生孩子的高峰，便建议工厂专门生产尿布。他预料尿布消费量肯定会随着婴儿出生率的提高而扩大。然而，他没有料到，在战后经济异常困难的日本，谁肯把钱花在买尿布上，因此，工厂的产品滞销，营业额下降。严酷的现实面前，多川博日夜为推销产品绞尽脑汁。直到1955年日本经济由复兴转向准备起飞时，锦公司正式成立。1959年多川博接任经理。到20世纪80年代中期，锦公司年营业额已达73亿日元。在经营过程中，多川博发现：胶质尿布的销售量并不和婴儿的出生率成正比，而是同家庭的生活水平及文化程度成正比例。文化程度低者买得少，文化程度高者买得多。察觉到这一信息后，他专门搜集全世界有关尿布的信息。

多川博在重视扩大销路的同时，也倾注心血改进生产技术，积极推进工厂的机械化和自动化。

◆ 讨论题：
1. 多川博锦公司的管理对象及各要素在组织活动中的作用。
2. 锦公司不同时期环境对其发展的作用。

第一节　管理环境

任何组织都是在一定环境中从事活动的，环境的特点及其变化必然会影响组织活动的方向、内容以及方式的选择。管理环境，是指存在于一个组织外部和内部的影响企业业绩的各种力量和条件因素的总和。对于管理者而言，为了提高管理效率，不仅要了解政治、经济、文化、技术和需求、竞争等组织外部环境因素，而且要全面掌握组织文化、组织的各种经营条件等内部情况，才能据此做出正确的管理决策。

> **管理的十大经典理论之二**
>
> ## 蘑菇管理
>
> 蘑菇管理是许多组织对待初出茅庐者的一种管理方法，初学者被置于阴暗的角落（不受重视的部门，或打杂跑腿的工作），浇上一头大粪（无端的批评、指责、代人受过），任其自生自灭（得不到必要的指导和提携）。相信很多人都有过这样一段蘑菇的经历，这不一定是什么坏事，尤其是当一切刚刚开始的时候，当几天蘑菇，能够消除我们很多不切实际的幻想，让我们更加接近现实，看问题也更加实际。一个组织，一般对新进的人员都是一视同仁，从起薪到工作都不会有大的差别。无论你是多么优秀的人才，在刚开始的时候，都只能从最简单的事情做起，蘑菇的经历，对于成长中的年轻人来说，就像蚕茧，是羽化前必须经历的一步。所以，如何高效率地走过生命的这一段，从中尽可能汲取经验，成熟起来，并树立良好的值得信赖的个人形象，是每个刚入社会的年轻人必须面对的课题。

一、组织的一般环境

环境是组织生存的土壤，它既为组织活动提供条件，同时也必然对组织的活动起制约作用。就不同组织而言，环境中对其直接发生重要影响的因素是不同的，但一般来说，大致可归纳为政治、社会文化、经济、技术、自然等五个方面。

1. 政治环境

政治环境包括一个国家的社会制度，执政党的性质，政府的方针、政策法令等。不同的国家有着不同的社会制度，不同的社会制度对组织活动有着不同的限制和要求。即使社会制度不变的同一个国家，在不同时期，由于执政党的不同，其政府的方针特点、政策倾向对组织活动的态度和影响也是不断变化的。对于这些变化，组织可能无法预测，但一旦变化产生后，它们对组织活动可能产生何种影响，组织则是可以分析的。

2. 社会文化环境

社会文化环境包括一个国家或地区的居民教育程度和文化水平、宗教信仰、风俗习惯、审美观念、价值观念等。文化水平会影响居民的需求层次；宗教信仰和风俗习惯会禁止或抵制某些活动的进行；价值观念会影响居民对组织目标、组织活动以及组织存在的态度；审美观念则会影响人们对组织活动内容、活动方式以及活动成果的态度。

3. 经济环境

经济环境是影响组织特别是作为经济组织的企业活动的重要环境因素，主要包括宏观和微观两个方面的内容。

(1) 宏观经济环境。主要指一个国家的人口数量及其增长趋势，国民收入、国民生产总值及其变化情况以及通过这些指标能够反映的国民经济发展水平和发展速度。人口众多既为企业经营提供了丰富的劳动力资源，决定了总的市场规模庞大，又可能因其基本生活需求难以充分满足，从而构成经济发展的障碍；经济背景的繁荣显然为企业等经济组织的发展提供了机会，而宏观经济的衰退则可能给所有经济组织带来生存的困难。

> **📖 小链接**
>
> 从2006年春季开始逐步显现美国"次贷危机"到2007年8月席卷美国、欧盟和日本等世界主要金融市场的金融危机，最终波及全世界，引起了百年难得一见的金融大风暴，从而引发了全球经济疲软，特别是我国的外贸型企业遭受重创，一些企业遭受了最直接的经济损失。对黑河奥神经贸有限公司来说，金融危机对该企业就形成了致命的打击。2008年7月中旬，该公司从俄罗斯订购了172.4吨橡胶，每吨货值为9.6万元人民币，9月中旬到货时正赶上金融危机爆发，我国国内市场价格下降到每吨2.3万元，价格这么低使这批货无法出手，因为一出手就得赔本。该公司总经理朱文给记者算了一笔账：按现价每吨3.5万元售出的话，再加上运输等费用，企业一下子要亏本5000万元人民币。他说，亏本5000万，证明他9年艰苦奋斗所积累的资本在一夜之间赔个精光。
>
> 注：资料来源：http://news.xinhuanet.com/fortune/2009 - 05/19

(2) 微观经济环境。其主要指企业所在地区或所需服务地区的消费者的收入水平、消费偏好、储蓄情况、就业程度等因素。这些因素直接决定着企业目前及未来的市场大小。假定其他条件不变，一个地区的就业越充分，收入水平越高，那么该地区的购买能力就越强，对某种活动及其产品的需求就越大。一个地区的经济收入水平对其他非经济组织的活动也是有重要影响的。

4. 技术环境

任何组织的活动都需要利用一定的物质条件，这些物质条件反映着一定的技术水平。社会的技术进步会影响这些物质条件的技术水平的先进程度，从而影响利用这些条件的组织活动的效率。

不同的产品代表着不同的技术水平。对劳动者和劳动条件有着不同技术要求的技术进步了，可能使企业产品被反映新技术的竞争产品取代；也可能使生产实施和工艺方法显得落后；还可能使生产作业人员的操作技能和知识结构不再符合研究技术环境等。

5. 自然环境

国人做事，向来重视天时、地利、人和。如果说"天时"主要与国家政策相关的话，那么，"地利"则主要取决于地理位置、气候条件以及资源状况等自然因素。

地理位置是制约组织活动特别是企业经营的一个重要因素，当国家在经济发展的某个时期对某些地区采取倾斜政策时尤其如此。气候条件及其变化亦然。自然环境都是国家或地区发展的基础，而且为所在地区经济组织的发展提供了机会。没有地下蕴藏着的石油，许多中东国家难以在沙漠中建造绿洲。我国许多农村地区乡镇企业的发展，在初期也正是靠优越的地理位置、靠资源开采而逐渐积累资金的。资源的分布通常影响着工业的布局，从而可能决定着在不同地区的不同产业经营的企业的命运。

二、组织的特殊环境

组织不仅在一般环境中生存，而且在特殊领域内活动。一般环境对不同类型的组织均产生某种程度的影响，而与具体领域有关的特殊环境则直接、具体地影响着组织的活动。

下面以企业为例来讨论具体组织的特殊环境。

企业是在一定行业中从事经营活动的。行业环境的特点直接影响着企业的竞争能力。美国学者波特认为，影响行业内竞争结构及其强度的主要有现有企业、潜在的参加竞争者、替代品制造商、产品用户以及原材料供应者等五种环境因素，如图2-1所示。

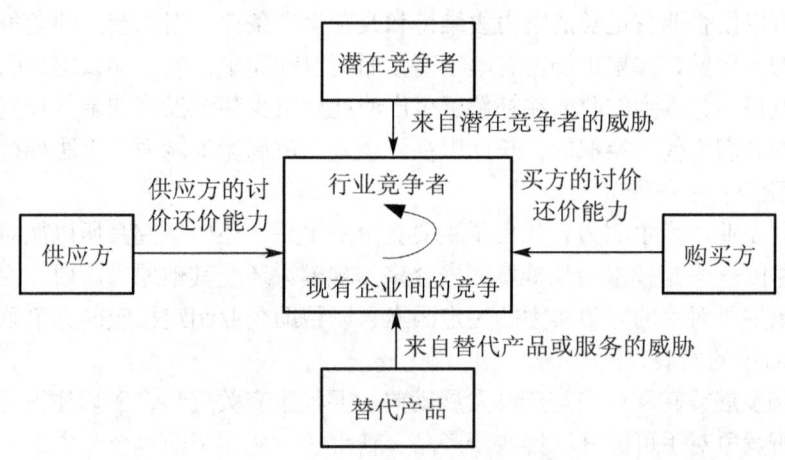

图 2-1 影响行业竞争的五种力量

(一) 现有竞争对手研究

企业面对的市场通常是一个竞争市场。从事同种产品的制造和销售的通常不止一家企业。多家企业生产相同的产品，必然会采取各种措施争夺用户，从而形成市场竞争。现有竞争对手的研究主要包括以下内容：

1. 基本情况的研究

竞争对手数量有多少？分布在什么地方？它们在哪些市场上运动？各自的规模、资金、技术力量如何？其中哪些对自己的威胁特别大？基本情况研究的目的是要找到主要竞争对手。为了在众多的同种产品的生产厂家中找出主要竞争对手，必须对它的竞争实力及其变化情况进行分析和判断。反映企业竞争实力的指标主要有三类：

（1）销售增长率。这是指企业当年销售额与上年相比的增长幅度。销售增长率为正且大，说明企业的用户在增加，反映了相关企业的竞争能力在提高；反之则表明企业竞争能力的衰退。这个指标往往只有与行业发展速度和国民经济的发展速度进行对比分析才有意义。

（2）市场占有率。这是指市场总容量中企业所占的份额，或指在已被满足的市场需求中有多大比例是由本企业占领的。市场占有率的高低可以反映不同企业竞争能力的强弱。这是一个横向比较的指标。市场占有率的变化可以反映企业竞争能力的变动。如果一家企业的市场占有率本身虽然不高，但与上年相比有了进步，则表明该企业的竞争实力有所增加。

（3）产品的获利能力。这是反映企业能否持续的支持性指标，可用销售利润率表示。市场占有率只反映了企业目前与竞争对手相比的竞争实力，并未告诉我们这种实力能否维持下去；如果市场占有率高，销售利润率也高，那么表明销售大量产品可给企业带来高额利润，从而可以使企业有足够的财力去维持和改善生产条件，因此较高的竞争能力是有条件持续下去的；相反，如果市场占有率很高，而销售利润率很低，那么则表明，企业卖出去的产品数量很多，得到的收入在补偿了生产消耗后很少甚至没有剩余，较高的市场占有率是以较少的利润为代价换取的，长此以往，企业的市场竞争能力是无法维持的。

2. 主要竞争对手的研究

比较不同企业的竞争实力，找出了主要竞争对手后，还要研究其所以能对本企业构成威胁的主要原因——是技术力量雄厚、资金多、规模大还是其他原因。研究主要竞争对手的目的是找出主要对手的竞争实力的决定因素，以帮助企业制定相应的竞争策略。

3. 竞争对手的发展方向

包括市场发展或转移动向与产品发展动向。要收集有关资料，密切注视竞争对手的发展方向，分析竞争对手可能开辟哪些新产品、新市场，从而帮助本企业先走一步，争取时间优势，争取企业在竞争中的主动地位。

（二）潜在竞争对手研究

一种产品的开发成功，会引来许多企业的加入。这些新加入者既可给行业注入新的活力，促进市场竞争，也会给原有厂家造成压力，威胁他们的市场地位。新厂家进入行业的可能性大小，既取决于由行业特点决定的进入难易程度，又取决于现有企业可能作出的反应。原有企业可能采取的反击措施，迫使那些对某种产品跃跃欲试的企业不得不认真思考、慎重决策。

（三）替代品生产厂家分析

企业生产的产品，从表面上看，是具有一定外观形状的物质产品，但抽象地分析，它们是能够满足某种需要的使用价值或功能。企业向市场提供的不是一种具体的物质产品，而是一种抽象的使用价值或功能。不同的产品，其外观形状、物理特性可能不同，但完全可能具备相同的功能。比如，自行车、轻骑、汽车、轮船、火车、飞机，它们是一些外观形状、内部结构以及物理性能等都有很大差异的产品，但它们都具有能够帮助人们在地球上两点之间移动的功能。产品的使用价值或功能相同，能够满足的消费者需要相同，在使用过程中就可以相互替代，生产这些产品的企业之间就可能形成竞争。因此，行业环境分析还应包括对生产替代品企业的分析。

（四）用户研究

用户在两个方面影响着行业内企业的经营。其一，用户对产品的总需求决定着行业的市场潜力，从而影响行业内所有企业的发展边界；其二，不同用户的讨价还价能力会诱发企业之间的价格竞争，从而影响企业的获利能力。用户研究也因此而包括两个方面的内容：用户的需求（潜力）研究以及用户的讨价还价能力研究。

（五）供应商研究

企业生产所需的许多生产要素是从外部获取的。提供这些生产要素的经济组织，也在两个方面制约着企业的经营。其一，这些经济组织能否根据企业的要求按时、按量、按质地提供所需生产要素，影响着企业生产规模的维持和扩大；其二，这些组织提供货物时所要求的价格决定着企业的生产成本，影响着企业的利润水平。所以，供应商的研究也包括两个方面的内容：供应商的供货能力或企业寻找其他供货渠道的可能性以及供应商的价格谈判能力。

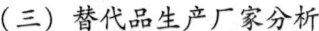 思考题2.1

请你描述一家当地小型超市的特殊环境，它是如何制约该超市经营的？

第二节　组织文化

文化，原为人类学的基本概念，是指社会中的特定人群所共有的一种习惯性的心理状态，这种心理状态由该人群所形成的共同价值观、共同信念以及特有的行为方式构成。

文化的定义有广义和狭义之分。广义文化的定义是指人类在社会历史发展中所创造的物质财富和精神财富的总和。狭义文化的定义是指社会的意识形态，以及与之相适应的制度和组织机构。企业文化应是企业在生产经营过程中，长期形成的意识形态，以及与之相适应的制度和组织机构。

一、组织文化的含义与特点

每个人都存在着区别他人的某些特征。形容一个人热情、健谈、随和、开朗,等等,都是在描述他的个性。一个组织也同样有自己的个性,通常将这种个性称之为组织文化。

1. 组织文化的含义

组织文化,是指在一定的社会政治、经济、文化背景条件下,组织在生产与工作实践过程中所创造或逐步形成的价值观念、行为准则、作风和团体氛围的总和。具体地说:组织文化是指组织全体成员共同接受的价值观念、行为准则、团队意识、思维方式、工作作风、心理预期和团体归属感等群体意识的总称。

从这个定义中可以看到,组织文化实际上是指组织的共同观念系统,是一种存在于组织成员之中的共同理解。因此,组织中不同背景和地位的人在描述其组织文化时基本上用的是相同的语言。在每一个组织中,有各种不断发展着的价值观、仪式、规章、习惯等,这些观念一旦为全体员工所接受,就变成了组织的共同观念,亦即成为组织文化的一部分。而组织文化一旦形成,就会在很大程度上对管理者的思维和决策产生影响。

组织文化的表述与组织成员如何理解这个组织有关。那么,如何来描述一个组织的文化呢?到目前为止,尚没有一种确定的表述组织文化的方法。但根据以前的研究,可以通过对一个组织在以下十个方面所达到的程度的分析来描述其组织文化。

(1) 控制:规章制度的多少,或用于监督控制员工行为的指导原则的多少。

(2) 导向性:组织建立明确的目标和业绩要求的程度。

(3) 管理者与员工之间的关系:管理者给下属以帮助和支持的程度。

(4) 对员工的基本看法:信任员工或不信任员工,或予以员工责任的程度。

(5) 风险容忍度:鼓励员工开拓、创新和承担风险的程度。

(6) 纷争容忍度:允许员工自由发表不同意见和公开批评的程度。

(7) 沟通的模式:组织信息传递是否受正式的权力线的限制。

(8) 协作意识:鼓励组织中的团体协调一致地工作的程度。

(9) 整体意识:组织成员把组织作为一个整体而不是把他们特定的工作小群体作为整体的程度。

(10) 奖励的指向:奖励基于员工的业绩而不是感觉、好恶的程度。

有关组织文化的例子很多,任何组织都有着自身的文化,只是强弱程度不同而已。

小案例

通用汽车公司的组织文化是冷静、正规、不愿冒险,20世纪30年代如此,现在基本上仍然是这样。休利特-帕卡德公司的组织文化则不同,它是一个非正规的、结构松散的、极富人情味的公司。尽管两家公司的组织文化截然不同,但它们在过去都获得了真正的成功。

2. 组织文化的结构

组织文化主要是由以下三个层次构成的，如图 2-2 所示。

第一层次是行为（物质）文化层，是文化的外显部分。以企业为例，指企业组织中的厂房、设施、机器、装备、产品、服务、厂容厂貌等外显的、物质形态的东西。较深一层的第二层次，称为制度文化，指组织的规章制度、公约、纪律等制度形态的东西。最深层次为组织文化的核心层，称为精神文化。指组织的价值观念、信念、理想等精神形态的东西。这三个层次总合起来，便是组织文化。这三个层次的关系是：精神文化决定制度文化，制度文化又决定行为（物质）文化。

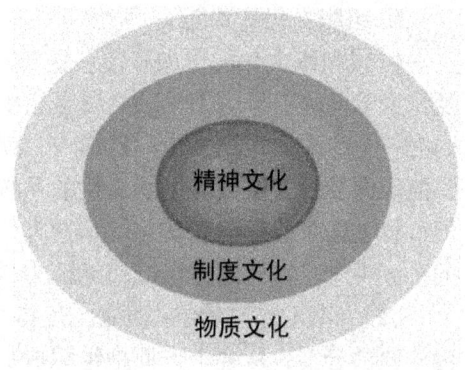

图 2-2　组织文化的结构图

3. 组织文化的特点

任何组织的组织文化，都具有以下特点：

（1）客观性。从总体上来说，组织文化的产生和存在是不以人的意志为转移的。只要是一个组织，在组织中就必然会形成组织文化，不管人们意识到与否，组织文化总是存在着，并发挥着或正或负、或大或小的作用。成功的组织有优秀的组织文化，失败的组织有不良的组织文化。

（2）实践性。每个组织的文化，都不是凭空产生或依靠空洞的说教就能建立起来的，它只能在组织中，在人们的社会实践中有目的地培养而形成。同时，组织文化又反过来指导、影响人们的实践活动。因此，离开了实践过程，企图靠提几个口号或短期的教育来建设组织文化是不可能的。

（3）差异性。每个组织由于其使命不同，所拥有的资源和所处的环境不同，相应地，其组织文化也不同，即任何组织的组织文化都有其鲜明的个性。例如，一家企业的厂训是："诚信为本"，而生产同类产品的另一厂家的宗旨可能是"以人为本"。

（4）综合性。组织文化包括了价值观念、经营准则、道德规范、传统作风等精神因素。这些因素不是单纯地在组织内发挥作用，而是经过综合的系统的分析、加工，使其融合成为一个有机的整体，形成整体的文化意识。

（5）稳定性。组织文化需要经过较长的时间才能形成，但一旦形成，就具有相对稳定性，就像人的个性较难随时间改变一样，组织文化的改变也是十分困难的。

（6）民族性。每一个民族都有其独特的民族文化，任何组织都是存在于某一区域内的，它们必然要受到所在地区民族文化的影响，相应地，其组织文化也必然带有地域性、民族性和时代性。例如，在中、日、美三国的企业文化中，也各自体现出了崇尚"集体主义"、"家族主义"、"个人英雄主义"的鲜明特征。

二、组织文化的功能与发展趋势

1. 组织文化的功能

(1) 组织文化的导向功能。是指组织文化能对组织整体和组织每个成员的价值取向及行为取向起引导作用，使之符合组织所确定的目标。组织文化之所以会有导向功能，是因为一个组织的组织文化一旦形成，就会建立起自身系统的价值和规范标准。当组织群体价值取向和行为取向与组织文化的系统标准产生悖逆现象时，组织文化将发挥导向作用。但这种导向是通过组织文化的塑造来引导员工的行为心理，使人们在潜移默化中接受共同的价值观念，自觉地把组织目标作为自己追求的目标。

(2) 组织文化的凝聚功能。是指当一种价值观被该组织员工共同认可之后，就会成为一种黏合剂，从各个方面把组织成员团结起来，从而产生一种巨大的向心力和凝聚力。组织文化是组织全体员工共同创造的群体意识，它所包含的价值观、组织精神、组织目标、道德规范、行为准则等内容，均寄托了组织成员的理想、希望和要求，关系到他们的命运和前途。组织成员由此产生了"认同感"，使他们感到个人的工作、学习、生活等任何事情都离不开组织这个集体，将组织视为自己的家园，认识到组织利益是大家共存共荣的根本利益，从而以组织的生存和发展为己任，愿意与组织同甘共苦。组织文化的凝聚功能还反映在组织文化的排外性上。对外排斥可以使个体凝聚在群体之中形成命运共同体。

(3) 组织文化的激励功能。是指组织文化具有使组织成员从内心产生一种高昂情绪和发奋进取精神的效应。组织文化强调以人为中心的管理方法。它对人的激励不是一种外在的推动而是一种内在引导，它不是被动消极地满足人们对实现自身价值的心理需求，而是通过组织文化的塑造，使每个组织成员从内心深处产生为组织拼搏的献身精神。积极向上的组织精神及文化传统，本身就是一把职工自我激励的标尺。员工通过它对照自己的行为，找出差距，可以产生改进工作的驱动力。企业文化的激励作用已不再是一种手段，而是一种艺术；不再是一种单纯的奖励，而是着眼于整体文化建设和人的不断完善，提升到人创造文化、文化塑造人的伟大循环的高度了。

思考题2.2

如果你是组织的管理者，如何从这个角度激发组织成员的工作积极性？

(4) 组织文化的约束功能。是指组织文化对每个组织成员的思想、心理和行为具有约束和规范的作用。组织文化的约束不是制度式的硬约束，而是一种软约束，这种软约束即组织中弥漫的组织文化氛围、群体行为准则和道德规范。群体意识、社会舆论、共同的习俗和风尚等精神文化内容，造成强大的、使个体行为从众化的群体心理压力和动力，使组织成员产生心理共鸣，继而产生行为的自我控制。

（5）组织文化的辐射功能。是指组织文化一旦形成较为固定的模式，不仅会在组织内发挥作用，对本组织员工产生影响，而且也会通过各种渠道对社会产生影响。组织文化向社会辐射的渠道是很多的，但主要可分为利用各种宣传手段和个人交往两种途径。一方面，组织文化的辐射功能可以树立组织在公众中的形象；另一方面，组织文化对促进社会文化的发展有很大的影响。

小案例

美国以"S"为标志的喜来登管理集团在全世界有五百多家饭店，该集团"一切从小处着眼，对顾客服务无微不至"的组织精神辐射到全世界，成为许多组织学习的榜样。

2. 组织文化发展的趋势

新世纪伊始，中国企业面临着三个方面的挑战：一是规范的市场经济的挑战；二是国外大型跨国公司的挑战；三是知识经济的挑战。这三大挑战将使企业文化在许多方面呈现出新的发展趋势。

（1）在理念文化方面，被动性借鉴理念将会逐渐被主动性创新理念所取代。在管理文化方面，传统的管理将向知识化管理转变。在人际交流的互动过程中，通过信息与知识共享，运用群体智慧进行创新，以赢得竞争优势。

（2）在经营文化方面，"竞争合作型模式"将会取代恶性竞争。通过团结合作创造价值，实现利益共享。

（3）在服务文化方面，以顾客为中心提升服务品质，将成为企业的努力目标。

（4）在形象文化方面，专注于企业形象的对外功能局面将被打破，对内的功能将日益强化。

（5）在营销文化方面，将逐渐挣脱"营销+文化"的单一方式而展现营销行为本身的文化内涵。

（6）在企业家文化方面，将由企业家观念的初步市场化走向企业家经营观念、选拔使用和绩效评价机制的全面市场化。

（7）在网络文化方面，将呈现出由形式化向具有实质性活动的多元化网络转变。

综上所述，文化是现代企业组织管理中的一项重要内容。在企业战略管理中，组织文化建设同样扮演着极其重要的角色。目前，随着时代的发展、环境的变化、竞争的加剧等，企业面临着许多新的机遇和挑战，文化建设也出现了新的难题和要求。如何对组织文化进行定位、如何对不同文化进行整合以及如何在新的形势下正确进行文化建设等已经成为企业现在必须面对和急需解决的崭新课题。

三、组织文化的整合

所谓"文化整合"是指将不同的文化结构和内涵，经过合并、分拆、增强、减弱等

方式，形成一种新的文化结构和内涵。

组织文化的共同价值观与行为规范植根于企业以往的成功经济活动与员工利益的实现上，是各种利益主体在稳定条件下的共同认可；新的竞争模式打破了原有的利益格局，出现了新的利益主体，使得原有组织内部与外部环境发生了变化，如不重新调整、整合不同的组织文化，就不可能形成新的企业行为规范与价值观，1+1>2的协同效应不仅无法实现，而且可能将优质企业拖入泥潭。

1. 文化整合的内涵

组织要进行文化整合，首先应当对组织文化的特殊品质进行研究和界定，搞清组织文化整合的内涵。组织文化是一个多层次、多要素的复杂体系，根据组织文化的特征，从系统性角度来说，它一般包括精神文化、制度文化和行为文化三个相关联的层次。因此，组织文化整合也应包括这三个方面的内容。

（1）精神文化整合。适应市场经济新体制，避免在原组织基础上形成的意识形态、价值观念、思维方式的冲突。这种冲突实质上是精神文化的冲突。

（2）制度文化整合。制度是组织持续发展的基本保障。制度建设包括领导体制的建设、组织机构的完善和各项规章制度的制定。这些制度是组织管理者实现经营目标的有力手段，同时又与各种软约束因素共同促进了制度文化的形成。

（3）行为文化整合。在知识经济时代，组织面对科学技术日新月异、生存环境不断发展变化的形势，组织必须建立与其相适应的经营机制，保证组织的生存和发展。其中员工行为规范的适时调整和改变是十分重要的，这就是行为文化整合。组织要通过行为文化整合使员工适应新的管理模式，不断提高工作质量和效率。

2. 组织文化整合模式

在新形势下，组织在进行企业管理时应充分考虑组织文化及文化差异对组织的影响，找出各方组织文化的异同点，注意加强相互沟通，以避免组织间的文化冲突，并采取适当的方式进行整合，以形成一种双方认同的具有本组织特色的组织文化，从而在新的管理模式下真正实现"1+1>2"的效果。组织文化整合的方式主要有以下几种模式。

（1）融合式。这种方式是指各方组织经过相互沟通、渗透和妥协，相互间组织文化通过取长补短，使之有机结合，从而形成一种双方认同的新型文化。这种整合方式由于经过双方的沟通和妥协，所以优点比较明显，不存在敌对的文化分歧与冲突，所形成的新文化可成为组织发展的动力。

（2）兼并式。这种整合方式是由优势组织的文化取代劣势组织的文化，劣势组织的文化完全被吸收进另一方。这种整合模式一般是在企业组织中，某一方组织优势很明显，在企业中完全处于主导地位，而另一方完全处于从属地位时采用。采用这种整合方式一要注意劣势组织员工的抵抗心理，二要防止供应链优势方的优越感和劣势方自卑感的产生和冲突。

（3）分隔式。当各相关组织的文化差异较大时，短期内无法消除双方的分歧，而双方在技术资源上又具有很强的互补性和时效性时，为防止因文化差异而影响组织管理步伐，在进行文化整合时可先采取这种保持双方文化独立性的模式。这种方式在短期内效果较明显，但只是一种权宜之计，会给组织的长期健康发展留下隐患。

（4）渐进式。当劣势企业被兼并，组织员工既不认同原组织的文化价值观，同时对并购组织的组织文化也不认同时，双方组织在管理时，员工间文化和心理以及价值观和行为就会混乱无序。出现这种情况应加强与被兼并组织员工的沟通，采取渐进方式进行文化整合，以防止其产生强烈抵触情绪，影响组织管理的效果。

总之，组织文化建设是一场管理的革命和文化的变革。它通过思想观念的变革和行为方式的变革带来资源利益的共享，是组织增强国际竞争力的有力保障。

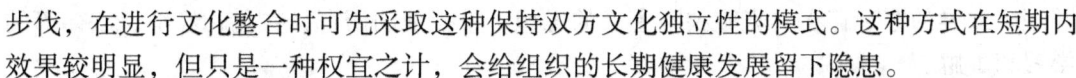

管理的十大经典理论之三

木桶定律

木桶定律是讲一只木桶能装多少水，这完全取决于它最短的那块木板。这就是说任何一个组织，可能面临的一个共同问题，即构成组织的各个部分往往是优劣不齐的，而劣势部分往往决定整个组织的水平。木桶定律跟酒与污水定律不同，后者讨论的是组织中的破坏力量，最短的木板却是组织中有用的一个部分，只不过比其他部分差一些，你不能把它们当成烂苹果扔掉。强弱只是相对而言的，无法消除，问题在于你容忍这种弱点到什么程度，如果严重到成为阻碍工作的瓶颈，你就不得不有所动作。

第三节　跨文化管理

一、跨文化管理的核心

跨文化管理又称交叉文化管理，就是在跨国经营中，对不同种族、不同文化类型、不同文化发展阶段的子公司所在国的文化采取包容的管理方法，其目的在于如何在不同形态的文化氛围中设计出切实可行的组织结构和管理机制，在管理过程中寻找超越文化冲突的公司目标，以维系不同文化背景的员工共同的行为准则，从而最大限度地控制和利用企业的潜力与价值。

二、文化冲突和威胁

每种文化背后都有一组隐含的假设，生活在该文化下的人通常不会觉察这些假设的存在，因为这些信念几乎是与生俱来的并根深蒂固埋藏于潜意识中。一旦这些信念受到挑战，人们便会感受到文化冲击，觉得是外来的侵犯，然而事实上真正让人感到震惊的是：他们将会发现不同的文化内涵通常只是一体两面，甚或是特定尺度的两种极端承认并理解差异的客观存在，克服狭隘主义的思想，重视他国语言、文化、经济、法律等的学习和了解。

在进行全球发展时，跨国公司由于加入了另一种文化的观念，势必会造成文化冲突。跨国公司跨文化冲突的特征有：

(1) 非线性不同质的文化像不同的水域，几片或多片水域的冲突与交融，常常表现出错综复杂的状态，因而具有非线性特征。

(2) 间接性文化冲突一般都在心理、情感、思想观念等精神领域中进行，其结果是人们在不知不觉中发生变化。但是这种变化需要通过较长的时间才表现出来。

(3) 内在性文化是以思想观念为核心的，因此，文化的冲突往往表现在思想观念的冲突上。

(4) 交融性。文化冲突与文化交融始终相伴而行。跨文化管理的任务在于从不同的文化中寻求共同的能体现各种文化精髓的东西，这样才能在各种文化环境中生存。

当跨国公司的管理人员到具有不同文化的东道国工作时，往往会遇到很多困难。反映了特有文化的语言、价值观念、思维形式等因素在跨文化管理中会形成障碍，产生矛盾，从而影响跨国经营战略的实施。

理解文化差异是发展跨国文化管理能力的必要条件。理解文化差异有两层含义：一是理解东道国文化如何影响当地员工的行为；二是理解母国文化如何影响公司派去的管理人员的行为。

不同类型的文化差异可以采用不同的克服措施。因管理风格、方法或技能的不同而产生的冲突可以通过互相传授和学习来克服且比较容易改变；因生活习惯和方式不同而产生的冲突可以通过文化交流给予解决，但需较长的时间；人们基本价值观念的差异往往较难改变。只有把握不同类型的文化差异才能有针对性地提出解决文化冲突的办法。

三、跨文化管理竞争优势

把文化的差异看成是一种优势而不只是一种劣势，恰当、充分地利用不同文化所表现的差异，为企业发展创造契机。西方有谚语：任何事物都有两面性。文化也是一把双刃剑。文化给企业开展国际运营带来了机遇，但更多的却是巨大的挑战。

小案例

广州本田汽车公司总经理门胁轰二先生曾说："我们企业内部的矛盾颇多，但这也正是本田好的一面。我们在中国选择合作伙伴时，总是喜欢挑选一些与我们想法不同的合作者，这使我们经常发生意见的碰撞，这样不同思想的碰撞就会产生新的想法，从而创造出本田新的企业文化。"在广州本田看来，矛盾和冲突的正确对待，不仅不会形成障碍，反而会是企业发展的动力，企业创新的源泉。

从文化差异中得到竞争优势。利用文化差异的战略能够产生竞争优势，所以，与其让一种文化控制另一种，或是采取同哪一方都不对立的折中安全解决方案，不如让我们面临一个挑战——采取积极的解决文化差异的方法，使得总体共同作用产生的结果优于各部分作用的简单加和。多样性就是将来自不同背景、具有不同期望、处于不同生活阶段的人们集合到一起，在给公司带来盈利性和竞争力这一力量的驱使下共同工作。

跨文化多样性的优势在于：①市场方面，提高公司对于地方市场上文化偏好的应变能力；②资源获取方面，提高公司从具有不同国家背景的人中聘用员工、充实当地公司人力资源的能力；③成本方面，减少了公司在周转和聘用非当地人士担任经理方面花费的成本；④解决问题方面，更广阔的视角范围和更严格的分析提高了制定决策的能力和决策质量；⑤创造性方面，通过视角的多样性和减少关于一致性的要求来提高公司的创造力；⑥系统灵活方面，提高了组织在面临多种需求和环境变化时的灵活应变能力。

四、跨文化的管理

1. 跨文化的管理关键是人

跨文化管理的客体是人，即企业的所有人员。跨文化管理的目的就是要使不同的文化进行融合，形成一种新型的文化，而这种新型的文化只有根植于企业所有成员之中，通过企业成员的思想、价值观、行为才能体现出来，才能真正实现跨文化管理的目的，否则跨文化管理则流于形式。

实施跨文化管理的主体也是人，即企业的经营管理人员。在跨国公司中，母公司的企业文化可通过企业的产品、经营模式等转移到国外分公司，但更多的是通过熟悉企业文化的经营管理人员转移到国外分公司，在跨国公司的资源转移中，除资本外就是经营管理人员的流动性最强。

由于跨文化管理的主体和客体都涉及人，因此跨国公司的跨文化管理中要强调对人的管理，既要让经营管理人员深刻理解母公司的企业文化，又要选择具有文化整合能力的经营管理人员到国外分公司担任跨文化管理的重要职责，同时要加强对公司所有成员的文化管理，让新型文化真正在管理中发挥其重要作用，促进跨国公司在与国外企业的竞争中处于优势地位。

2. 跨文化管理的策略

（1）本土化策略。要本着"思维全球化和行动当地化"的原则来进行跨文化的管理。通常跨国企业在海外进行投资，就必须雇用相当一部分的当地职员。这主要是因为当地雇员熟悉当地的风俗习惯、市场动态以及政府方面的各项法规，而且和当地的消费者容易达成共识，雇用当地雇员无疑方便了跨国企业在当地拓展市场、站稳脚跟。"本土化"有利于跨国公司降低海外派遣人员和跨国经营的高昂费用、与当地社会文化融合、减少当地社会对外来资本的危机情绪；有利于东道国在任用管理人员方面，主要考虑的是该雇员的工作能力及与岗位的匹配度，选用最适合该岗位的职员。

(2) 文化相容策略。根据不同文化相容的程度又可以细分为以下两个不同层次：①文化的平行相容策略。这是文化相容的最高形式，习惯上称之为"文化互补"。就是在跨国公司的子公司中并不以母国的文化或是东道国的文化作为子公司的主体文化。母国文化和东道国文化之间虽然存在着巨大的文化差异，但却并不互相排斥，反而互为补充，同时运行于公司的操作中，充分发挥跨文化的优势。②隐去两者的主体文化，和平相容策略。就是虽然跨国公司中的母国文化和东道国文化之间存在着巨大的文化差异，而两者文化的巨大不同也很容易在子公司的日常运作中产生"文化摩擦"，但是管理者在经营活动中却刻意模糊这种文化差异，隐去两者文化中最容易导致冲突的主体文化，保存两者文化中比较平淡和微不足道的部分。由于失去了主体文化那种对不同国籍的人所具有的强烈影响力，使得不同文化背景的人可以在同一公司中和睦共处，即使发生意见分歧，也很容易通过双方的努力得到妥协和协调。

(3) 文化创新策略。文化创新策略即母公司的企业文化与国外分公司当地的文化进行有效的整合，通过各种渠道促进不同的文化相互了解、适应、融合，从而在母公司和当地文化基础之上构建一种新型的国外分公司企业文化，以这种新型文化作为国外分公司的管理基础。这种新型文化既保留着强烈的母公司企业文化特点，又与当地的文化环境相适应，既不同于母公司企业文化，又不同于当地企业文化，是两种文化的有机整合。

(4) 文化规避策略。当母国的文化与东道国的文化之间存在着巨大的不同，母国的文化虽然在整个子公司的运作中占了主体，可又无法忽视或冷落东道国文化存在的时候，由母公司派到子公司的管理人员，就必须特别注意在双方文化的重大不同之处进行规避，不要在这些"敏感地带"造成彼此文化的冲突。特别在宗教势力强大的国家更要特别注意尊重当地的信仰。

(5) 文化渗透策略。文化渗透是个需要长时间观察和培育的过程。跨国公司派往东道国工作的管理人员，基于其母国文化和东道国文化的巨大不同，并不试图在短时间内迫使当地员工服从母国的人力资源管理模式。而是凭借母国强大的经济实力所形成的文化优势，对于公司的当地员工进行逐步的文化渗透，使母国文化在不知不觉中深入人心，东道国员工逐渐适应了这种母国文化并慢慢地成为该文化的执行者和维护者。

(6) 借助第三方文化策略。跨国公司在其他的国家和地区进行全球发展时，由于母国文化和东道国文化之间存在着巨大的不同，而跨国公司又无法在短时间内完全适应由这种巨大的"文化差异"而形成的完全不同于母国的东道国的经营环境。这时跨国公司所采用的人事管理策略通常是借助比较中性的，与母国的文化已达成一定程度共识的第三方文化对设在东道国的子公司进行控制管理。用这种策略可以避免母国文化与东道国文化发生直接的冲突。

> **知识链接**
>
> 如欧洲的跨国公司想要在加拿大等美洲地区设立子公司,先把子公司的海外总部设在思想和管理比较国际化的美国,然后通过在美国的总部对在美洲的所有子公司实行统一的管理。而美国的跨国公司想在南美洲设立子公司,可先把子公司的海外总部设在与国际思想和经济模式较为接近的巴西,然后通过巴西的子公司总部对南美洲其他的子公司实行统一的管理。这种借助第三国文化对母国管理人员所不了解的东道国子公司进行管理可以避免资金和时间的无谓浪费,使子公司在东道国的经营活动可以迅速有效地取得成果。

(7)占领式策略。占领式策略是一种比较偏激的跨文化管理策略,是全球发展企业在进行国外直接投资时,直接将母公司的企业文化强行注入国外的分公司,对国外分公司的当地文化进行消灭,国外分公司只保留母公司的企业文化。这种方式一般适用于强弱文化对比悬殊,并且当地消费者能对母公司的文化完全接受的情况下采用,但从实际情况来看,这种模式采用得非常少。

总之,全球发展企业在进行跨文化管理时,应在充分了解本企业文化和国外文化的基础上,选择自己的跨文化管理模式,从而使不同的文化达到最佳的结合,形成自己的核心竞争力。

第四节 管理伦理

一、管理伦理(道德)的概念

从字面上说,"管理伦理"可以作两种解释:一是"管理者的伦理(道德)";二是"管理组织的伦理(道德)"。管理组织即企业管理、行政管理、社会管理的各种对象,它可以是企业,也可以是社会其他单位。"管理者的伦理(道德)"与"管理组织的伦理(道德)"两者之间是有一定区别的,但两者之间也有联系。应该说,"管理者的伦理(道德)"是"管理组织的伦理(道德)"的基础,前者对后者起着最重要的影响作用。因为管理者的伦理道德选择以及决策中的道德趋向必然影响管理组织的道德行为;作为导向,也必然影响管理组织中个体的道德行为。

二、管理与伦理

管理的目的是使企业达到预定的目标,管理的本质是协调。而伦理道德也有协调、激励、教育的功能,因此对管理来说,伦理道德是其内在的要求,研究伦理道德可以使管理理论更好地服务于管理实践。事实也证明,有效的管理必然散发着伦理的馨香,而

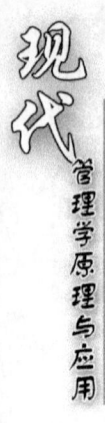

这种伦理的馨香反过来又促进管理的高效化。

1. 管理必须要有良好的道德环境

管理的重要内容是对人的管理。对人的管理并不就是简单地用各种规章制度对被管理者的捆绑和约束。因为人不同于其他动物或木石、机器，人是有思想、感情、意志、性格、兴趣等精神活动的"万物之灵"，有主观能动性和创造性，因此，管理工作在考虑物质条件的同时，必须十分注意人的精神因素。也就是说，管理工作应该创造一个适宜于人们生存和发展的环境气氛，让人们的聪明才智、积极性、创造性得到充分的发挥和实现，保持旺盛的进取心及高昂的士气。这种适宜的环境，不仅包括政治环境、法律环境、经济环境、社会文化环境、技术环境，也包括道德环境，即企业中人们的道德风尚的培养、道德伦理关系的建立及人的思想觉悟、精神状态、道德品质、道德心理、道德信念、道德舆论等。

2. 管理主体必须要有良好的道德风范

作为管理的主体，管理人员本身素质的高低对被管理者有至关重要的影响。管理者的道德信条、道德风范、道德实践，对其追随者及下属会产生导向作用、潜移默化作用和同化作用，管理者的言传身教、以身作则，可以促进良好道德风尚的形成和发展。有学者认为，并不是所有创造了利润的生意人都能称之为企业家，企业家的桂冠不是由钞票买得的，赚钱不是企业家唯一的或最重要的特征。从根本上说，企业家代表着一种素质层次和境界，其中最重要的素质之一就是道德素质。如果一个人道德素质低下，其赚的钱越多，对社会的危害就越大，人们不会说他是企业家，而至多说他是"奸商"。所以，作为管理主体必须要有良好的道德风范。

3. 伦理道德本身就是一种管理手段

在管理工作中，可以运用多种手段，如法律手段、经济手段、行政手段、政治手段，还可以运用道德手段。从伦理道德功能可以看出，伦理道德有调节、教育和激励的作用，它本身就是一种管理的手段。一个组织可以用一定的道德标准、价值尺度作为自己行为的标准；用一定的道德原则、规范作为自己行动的纲领。

道德手段与法律手段、行政手段、政治手段等相比，有其不可替代的特殊功能。从其作用方式和效果看，法律、行政、政治、经济手段是一种强制性手段，尽管可以收到明显的效果，但毕竟是一种外在力量，它往往不能使人心悦诚服地接受。而道德是以良心、社会舆论、传统习惯等形式，规范着人们的行为，通过教育，逐步使人们从内心体验什么是善与恶、美与丑、崇高与卑鄙，从而把道德原则变成自身信念，自觉抵制各种负效应，从而达到行为合理化的"持久效应"。

4. 伦理道德本身就是一种管理组织形式

伦理道德体现了一种管理关系，20世纪70年代末至80年代初，许多西方学者曾探讨了日本、韩国、新加坡等东亚国家和中国的台湾、香港地区战后经济迅速崛起和发展的原因，结果发现其中重要因素是：这些国家或地区的企业管理中体现了东方儒家的伦理和思想。这些成功的企业大多数在起步时都是以"家庭企业"或"家族式企业"模式出现的。

这些"家庭企业"或"家族式企业"一般归家庭所有，规模不大，不重视企业组织结构和各种规章制度的建立，而是更倾向于利用"人情规则"和"需求规则"进行管理。这种以伦理道德为内在约束建立起来的企业组织形式，有其存在的价值和必然性；而且，日本与东亚经济发展的成功，在某种程度上也证明了这种管理组织形式的合理性和有效性。

5. 伦理道德能调节组织内部关系，起到团结和凝聚作用

从一方面看，伦理道德是使规章制度运行并发挥作用的润滑剂。规章制度具有一定的强制性，它能否发挥作用，在很大程度上取决于人们的道德觉悟。另外，规章制度主要是面向群众，只要群众乐于接受，才会自觉遵守。这就表明规章制度要靠一定的道德力量作为基础。

从另一方面看，伦理道德与企业文化具有互动的作用。从本质上讲，伦理道德是文化的重要构成部分，而企业文化的核心是以人为本，形成企业的价值观和企业精神，依此增强群体的凝聚力。这其实又是属于伦理道德的范畴。

📖 小知识

日本著名企业家涩泽荣一在《论语与算盘》一书中向世人提供了一种具有日本特色的管理模式：论语+算盘。如果把"算盘"理解为企业的管理与经济效益的获取，那么"论语"显然就是道德，尤其是中国传统道德的代名词。论语与算盘的结合，就是道德与经济的结合。日本企业管理道德化，增强了企业职工的凝聚力。

6. 伦理道德是评价管理工作优劣的有效手段

众所周知，管理不但有技术属性，而且还具有社会属性。管理是一种社会活动，它总是在一定历史条件下和一定的社会关系中进行的，因而必然采取一定的社会组织形式，以制度、法规、准则来承担、执行管理职能，可以说，管理活动就是一种道德活动，所以管理工作的好坏，管理人员素质、品德的高低等均可以通过社会舆论进行评价和裁定。因此，伦理道德是评价管理工作优劣的有效手段。

📖 管理的十大经典理论之四

马太效应

《新约·马太福音》中有这样一个故事：一个国王远行前，交给3个仆人每人一锭银子，吩咐道："你们去做生意，等我回来时，再来见我。"国王回来时，第一个

仆人说：主人，你交给我的一锭银子，我已赚了10锭。于是，国王奖励他10座城邑。第二个仆人报告：主人，你给我的一锭银子，我已赚了5锭。于是，国王奖励他5座城邑。第三个仆人报告说：主人，你给我的1锭银子，我一直包在手帕里，怕丢失，一直没有拿出来。于是，国王命令将第三个仆人的1锭银子赏给第一个仆人，说：凡是少的，就连他所有的，也要夺过来。凡是多的，还要给他，叫他多多益善。这就是马太效应，反映当今社会中存在的一个普遍现象，即赢家通吃。对企业经营发展而言，马太效应告诉我们，要想在某一个领域保持优势，就必须在此领域迅速做大。当你成为某个领域的领头羊时，即便投资回报率相同，你也能更轻易地获得比弱小的同行更大的收益。而若没有实力迅速在某个领域做大，就要不停地寻找新的发展领域，才能保证获得较好的回报。

三、影响管理伦理（道德）的因素

由于管理者在企业中的特殊地位，管理者的道德对企业组织道德及企业中职工道德有深刻影响，所以作为一个管理者，不仅要有正常人的道德标准，还要有高于普通人的良好道德风范。那么，影响管理者道德行为的因素有哪些呢？管理者道德发展的阶段、个人行为的特征、组织结构设计、组织文化、道德问题的强度等都是影响管理者道德行为的重要因素，它们决定了管理者面对道德困境时，到底是选择道德行为还是非道德行为。

> **小知识**
>
> 斯蒂芬·罗宾斯（Stephen P. Robbins）在《管理学》中列举了影响管理道德的各种因素，他认为"一个管理者的行为合乎道德与否，是管理者道德发展阶段与个人特征、组织结构设计、组织文化和道德问题强度的调节之间复杂地相互作用的结果。"

管理伦理在现代中国管理中具有重要的应用价值。现对此分析如下：

1. 管理者的道德发展阶段

西方道德心理学家通过实验发现，人们的道德发展可归纳为三个发展阶段：前惯例阶段、惯例阶段、规范与原则阶段，它们代表人们道德发展的不同水平。处于前惯例阶段的人们，其道德选择仅受个人利益的影响，其行为特征是为避免物质惩罚谨遵规则或只在符合直接利益时才遵守规则；处于惯例阶段的人们，其道德选择受他人期望的影响，其行为特征是做自己周围人所期望做的事或通过履行他人所认同的准则、义务来维护传统的秩序和标准；处于规范与原则阶段的人们，其道德选择具有自主性，受自己认为是正确的个人行为准则的影响，其行为特征表现为遵循自己长期所形成的道德准则，而不受外界的影响。

2. 管理者道德行为的个人特征

一个成熟的人一般都有相对稳定的个人价值准则和道德规范，即关于正确与错误、善与恶、勤奋与懒惰、公平与偏倚、诚信与虚假等基本信条的认识。这些认识是个人在长期生活实践中发展起来的，也是教育与训练的结果。管理者通常也有不同的个人准则，它构成了管理者道德行为的个人特征。由于管理者的特殊地位，这些个人特征很可能转化为组织的道德理念与道德准则。

3. 管理者自信心的强度

在管理过程中，一般要求管理者的谋与断、胆与识是统一的。但管理者作为一个个体，其能否把自己的价值认识转化为行动以及在多大程度上转化为行动，是"寡断"还是"立断"，其个性品质中的自信心的强度是极为重要的决定因素。所以，斯蒂芬·罗宾斯认为，管理者的自信心强度对管理者的道德选择至关重要。实验表明，自信心高的人比自信心低的人更能克制冲动，也更能遵循自己的判断，去做自己认为正确的事，从而在道德判断与道德行为之间表现出更大的一致性。

4. 管理者自我控制的能力

斯蒂芬·罗宾斯在《管理学》中提出了"控制中心"的概念。"控制中心"即是"衡量人们相信自己掌握自己命运的个性特征"，它实际上是管理者自我判断、自我控制、自我决策的能力。罗宾斯把控制中心区分为内在与外在两个方面。他认为具有内在控制中心的人，自信能控制自己的命运，故其更可能对其行为后果负责任，并依据自己的内在标准指导行为，从而在道德认识与道德行为之间表现出更大的一致性；而具有外在控制中心的人则常常是听天由命，一般不大可能对他们的行为后果负个人责任，而更可能是依赖外部的力量，因此他们在道德认识与道德行为之间常表现出很大的差异性。

5. 管理组织结构的设计

合理的管理组织结构可以对组织中的个体道德行为起到明确的指导、评价、奖惩的作用，因而也就对管理者的道德行为有约束作用。首先要做到减少组织结构设计中的模糊性，因为"模糊性最小的设计有助于促进管理者的道德行为"。而减少模糊性的最重要的方法就是制定严格的、正式的规则和制度。其次，企业要根据内外环境和条件的变化适时调整自身的组织结构，管理层次设计要有助于各级、各部门管理者的分工与协作，这样才能在企业管理层形成和谐、有效的人际关系，也才能够协调、激励管理者的道德行为和道德信念。再次，企业要有一个合理的绩效评估系统。要用科学的方法制定出切实可行的评估指标和评估程序，从客观、全面的角度评价每一位员工。最后，激励的强度和频率，尤其是报酬的分配方式、赏罚的标准是否合理也是影响管理道德行为的重要方面。

6. 管理组织的文化建设

组织文化的力度对管理道德也有着很大的影响。如果组织文化的力量很强并且支持高道德标准，那么，它会对管理者的道德行为产生强烈的和积极的影响；相反，在一个较弱的组织文化中，即使人们具有正确的道德标准，在遇到矛盾和冲突时也难以坚持原有的道德标准，从而导致管理者的非道德行为。现代企业中的承诺制之所以难以得到长期的和始终的坚持，组织文化的强度不够应该是一个重要的原因。大家都有这样的感觉，缺乏强烈道德感的人，如果他受到规则、政策或企业文化理念的约束和熏陶，他做错事的可能性就会很小；相反，非常有道德的人，长期在一个允许或鼓励非道德行为的文化环境下可能会被腐蚀。

7. 道德问题的重要性程度

斯蒂芬·罗宾斯认为，道德对于管理者的重要性程度对管理者的道德选择具有重要意义。管理者如果比较在意道德评价，认为道德问题很重要，他就会自觉遵循道德规范和道德原则，并且会不断提高自身的道德水平；否则，他就会我行我素。具体来看，管理者的道德问题主要表现在管理者对以下几个问题的判断：即管理者对其道德行为产生的危害或受益的可能性的认识；管理者与其道德行为的受害者、受益者的关系接近程度；管理者对其道德行为的受害者或受益者受到多大程度的伤害或利益的关注性和内心感受；管理者对社会舆论的在意程度和内心反映；管理者的道德行为对有关人员的影响和集中度的大小；管理者道德行为与所期望的结果之间持续时间的长短等等。

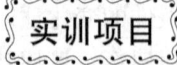 课后思考与练习

1. 组织的一般环境包括哪些内容？
2. 影响行业内竞争结构及其强度的主要有哪五种环境因素？
3. 组织文化主要是由几个层次构成的，各层内涵是什么？
4. 组织文化具有什么功能？未来发展趋势怎样？
5. 跨文化管理的竞争优势是什么？
6. 管理的本质是协调，而伦理道德功能是什么？
7. 影响管理伦理（道德）的因素有哪些？

实训项目

实训内容：

管理游戏

概述：这是一个角色扮演游戏，在游戏中，参与者需要识别出五种基本的沟通技巧，这些技巧对成功的面对面客户服务至关重要。该游戏特别适用于那些需要提高面对面沟通技巧的员工。时间：10～15分钟。

实训目的：
(1) 培养学生面对面沟通技巧与成功的五大支柱能力。
(2) 进一步认识一个优秀管理者应具备的技能。

实训指导：
(1) 寻找两个志愿者充当演员，在团队面前进行角色扮演。
(2) 给每个演员派一个角色并把剧本发给他们。
(3) 给他们一段时间来熟悉角色，然后要求他们演绎出他们的客户服务遭遇（游戏场景）。告诉其他参与者要特别注意演员的所作所为以及其行为是如何影响两人间的交流与互动的。在演绎结束后，询问其他的参与者都注意到了什么。

实训组织：

游戏场景

这是一个短小的角色扮演场景，它发生在一家旅行社。在第一幕中，客户服务代表（CSR）很友好，并提供了一系列的帮助，但却忽略了以下五件非常重要的事：
微笑、问候客户、使用开放的肢体语言、进行眼神交流、向客户致谢。

客户：你好！

CSR：（看着客户走进来，但没有微笑，也没有说什么）

客户：嗯，我想了解一些有关加勒比海旅游线路的信息。

CSR：（使用一种友善的声音，但双手交叉抱在胸前，而且没有直接看着客户……）当然，我们提供了几种选择，你需要一些介绍手册吗？或是你想查看一下可行性和价格信息？

客户：哦，我现在只需要一些手册带回家看。我们暂时还没有打算去。

CSR：没问题，这里有一些你需要的手册（将手册交给客户）。你可以看一看，如果有什么问题，可以给我打电话。

客户：好的，谢谢你。

CSR：没关系。（客户转身离开）

实训考核：
要求观众识别五件客户服务代表做得比较好的事来总结这次角色扮演游戏。

游戏结束后，学生可能会总结出五件以上的事，但他们至少应该识别出以下的几件事：问候客户、进行眼神交流、微笑、使用开放的肢体语言和向客户致谢等。并回答如下问题：为什么要问候客户？为什么进行眼神交流很重要？为什么要微笑？使用开放的肢体语言的重要性在哪里？能不能举几个开放的肢体语言的例子？为什么要向客户致谢？

(1) 每个问题的评分由其他同学评定，满分10分。
(2) 凡参加游戏的同学，此次实训成绩均为10分。对于表现好的前几名的同学建议发放奖状予以鼓励。

索尼公司进入欧洲与美国市场的成功经验

索尼公司前总经理盛田昭夫在总结索尼公司进入海外市场的经验时，着重说明了下面几点体会。

1. 适应各国的习惯与法律

如盛田昭夫全家移居美国，参加美国人的社会生活，把自己融入美国人的生活圈子里。盛田昭夫回忆道，对于索尼来说，打入欧洲市场并不是一件容易的事情。他派公司里最优秀和富有创造精神的年轻人去。虽然他们没享有特殊的待遇或丰厚的薪金，但公司不用那些繁琐的条条框框去约束他们，而是放手让他们工作。结果，他们干得非常出色。

2. 好产品加扎根国外市场的打算

盛田昭夫说，只要你手头有适合外国市场的优质产品，又有努力"扎根"国外市场的打算，就一定能在海外出售你的产品，当然，要实现这一目标，还会遇到重重困难，还需要经过艰苦奋斗。

20世纪60年代在西德（按当时称呼，下同）销售索尼公司的产品，索尼公司面临着一个巨大挑战。西德是电子工业的鼻祖，西德人当然认为在电子产品方面自己是世界第一，因为西德一些电子企业如格兰迪赫、诺德门迪、特列劳肯等著名大企业往往使人们望而生畏。

索尼公司有一位叫水歧康雅的青年职员，进索尼公司之前曾在某贸易公司的海外办事处供职，在纽约工作过两年半时间。盛田昭夫将水歧康雅召回东京，命令他在四周内学会德语，然后立即着手创建索尼公司驻西德的办事处。水歧康雅二话不说，立即买了一套四周内速成德语的教科书，开始学习起来。由于工作需要，盛田昭夫不得不命令他立即出发，上飞前，一再吩咐他在飞机上将教科书中没有学完的部分学完。

西德的消费者并不轻易购买日本货。索尼经销店的生意开始不好。但水歧康雅却干劲十足，自己掏钱，晚上跟老师学德语。他向盛田昭夫提议，应该在西德开办一个分公司。盛田昭夫欣赏他的热情，也很赏识他的才干，完全委托他制订创办索尼西德销售公司的计划，并让他负责去做说服总公司的工作。他一切都按盛田昭夫的要求去做了。

在新公司雇佣的17名职员中，应聘前就已经知道索尼这个名称的只有一人，在索尼公司工作的西德职员长年累月辛勤劳动，工作极有成效，几乎都被委以重任。如就他们的资历和学历而论，在一般的德国公司中是绝对享受不到这种"殊荣"的。

3. 做好市场调查管理工作，选择适当的经销店

要向各国市场提供适销产品，就必须很好地了解这些市场。盛田昭夫认为，一味模仿欧洲款式，充其量也只不过是出色的仿制品，还不如坚持索尼公司自己原有的款式更容易取得好的效果，盛田昭夫最终下决心选择了后者。没多久，索尼公司的产品果然以其独特的款式引起了消费者的注意和兴趣，大受欢迎。很快，精巧秀丽的日本款式又给传统的欧洲款式带来了更大的冲击。

4. 从建立自己的销售公司发展到直接投资建厂

在英国开办工厂时，盛田昭夫最担心的事情就是英国工人罢工，特别是害怕交通部门的罢工会给生产带来巨大损失。为此，盛田昭夫决定每天早晚都用公司的班车接送职员上下班，这样做，就可以不受交通部门罢工风潮影响了。

另外，按日本的规矩，在工厂里，不论职务和地位的高低，一视同仁，没有任何待遇上的差别，既不为干部或厂长设专用食堂，也不给他们准备特殊的停车场。厂里还向全体职工发放索尼制服。刚开始，维修部门的工程师们不接受，因为按照英国的传统，他们一般是穿那种又长又大的工作服。索尼公司并不强迫所有的人都穿索尼制服，但没过多久，大部分职员都怀着自豪的心情开始穿上它，连那些维修服务部门的工程师也毫不例外。就这样，英国人当中的等级观念开始一步一步地消失了。

5. 用日本方式进行经营管理

索尼公司还要注意日本工人的工作态度与美国工人的工作态度的区别。盛田昭夫发现一个有趣的现象：在日本的工厂里，一件产品，如果要求误差率不得超过±5%的话，那么工人们总会设法将这一误差率缩小到零，并为之努力。在一种无意识的工作习惯中，目标不知不觉就像一个旋转的罗盘一样，自动朝着这一方向旋转。可是在美国的工厂里，工人们就不会这么做。规定产品误差率不超过5%，那好，他们就不超过5%，至于是否在这一基础上再加把油，将误差率缩小至零呢，对不起！甚至还会冲你来一句，不是规定不超过5%就行了吗，为什么非要降到零呢？索尼公司刚开始在美国设一条对策，即把美国工人的误差率降至±2%，结果十分奏效，误差率真的就被严格控制在2%内。而且盛田昭夫相信，即使再苛刻一点，将产品误差率降至零，美国工人们一定会按这一要求去尽力的。当然，这样也许会降低生产效率。

盛田昭夫并不怀疑外国工人也和日本工人一样，都具有很高的技能和本事，但他们的国情、习惯和思维方式都与日本迥然不同。记得索尼公司开始在美国圣迭戈的工厂组装单枪三射彩色电视机的时候，盛田昭夫心里感到十分紧张。因为工人中的一大半都没有这方面的经验。当然，索尼公司已经三番五次地向美国工人说明，要求他们从事什么工作，其道理何在，等等。对于生产过程中将会遇到什么挫折，索尼公司都周密考虑过，盛田昭夫还和担任生产现场负责人的吏蒂夫·小寺、麦克森·本、伦·迪肖尼等人商议了应急措施。同时，采取开现场会的方式，将按照生产标准程序组装出来的电视机放在全体职工面前，让他们解剖，并查明电视机报废的原因，从中看到因自己所生产的

机架、抽塞不合格而造成电视机报废的情景，认清自己的职责，增强责任感。经过努力，该工厂产品质量很快就达到了日本生产的产品质量要求。

如前所述，要使美国工人（英国工人也如此）按照索尼公司的愿望从事工作，就必须采取这么一种方式，即将操作内容及其顺序进行详细说明，并且要求他们一定要严格遵循这些规定，听凭个人判断或自由处理的工作要尽可能减少。另外，与日本妇女不同，美国妇女当中，不同的人，手指的灵活性差异很大，因此，在安排组装作业人选时要充分考虑这一点。尽量扬长避短，各尽所能。工厂刚投产时，盛时昭夫经常到那里去，利用午饭时间向职员发表10分钟左右的简短讲话，谈谈索尼公司的企业哲学，以及其他一些即兴想起的观点和看法等。但是，盛田昭夫这样做的根本目的，还在于让职员们更好地了解他是一个什么样的人，让职员们理解，索尼公司绝不是那种没血没肉非人道的公司，让职员们产生一种自己就是索尼大家族中一员的意识与情感。事实上，他们也确确实实是索尼公司家庭中的重要成员。

思考题

1. 索尼公司进入欧洲与美国市场的成功经验是什么？
2. 索尼公司在美国的企业里采用日本的经营管理方式遇到什么问题？它是如何解决这些问题的？
3. 索尼公司在美国企业的管理经验，对我们学习与研究管理理论有什么启发？

第二篇 职能篇

管理学原理与应用

管理职能即管理的职责和权限，就是管理者为了有效地进行管理必须具备的功能，或者说是管理者在执行其任务时应该做的工作。

20世纪初，法国的法约尔提出所有的管理者都履行五种管理职能：计划、组织、指挥、协调、控制。20世纪50年代，加利福尼亚大学洛杉矶分校的两位教授哈罗德·孔茨和西里尔·奥唐奈采用计划、组织、人事、领导和控制五种职能作为管理学教科书的框架。此后，最普及的管理学教材仍按照管理职能来组织内容。

本篇内容详细介绍了计划、组织、领导和控制职能。

第三章 计划职能

策之而知得失之计，作之而知动静之理，形之而知死生之地，角之而知有余不足之处。

——《孙子兵法·虚实》

企业未来的竞争，就是细节的竞争

——"商业教皇"布鲁诺·蒂茨

学习目标

知识目标：
- 了解计划的概念、类型；
- 理解管理计划职能的基本内涵；
- 掌握计划工作的基本步骤；
- 熟悉计划编制的方法。

能力目标：
- 能根据计划所确定的目标，给组织的成员指明其奋斗方向和工作目标；
- 能根据计划目标创造条件激发组织成员的工作积极性、主动性和创造性；
- 能够运用所学的计划理论完成计划书的制定过程；
- 能运用目标管理方法指导实际的工作。

开卷有益

苏格拉底的三个弟子有一次向他请教：如何才能成功？哲学家没有直接回答他们，而是让弟子们去走麦田埂，条件是只许前进，不许后退，且只给每个人一次机会。要求是：选摘一支最大最好的麦穗。三个弟子开始行动了。

第一个弟子只走了几步就发现了一支又大又结实的麦穗，很高兴地摘下了。他继续往前走，又发现了许多比他手中更大更结实的麦穗，可是他已经没有机会了，只好无比遗憾地走完了全程。

第二个弟子吸取第一个弟子的教训，每当他要摘时，总是自我提醒——后面可能还有更好的，于是，他不断地克制自己，一直走到终点才发现自己两手空空，最后只好随便摘了一支。

第三个弟子运用了比较科学的选择方法：他将全程分成三部分，当他走过全程的 1/3 时，即分出大、中、小三类；走过第二个 1/3 时，验证分类是否正确；在最后的 1/3 里，他较早地选择了属于大类中的一支美丽而结实的麦穗。尽管这支麦穗可能不是麦田里最大的，但绝对是最令人满意的。

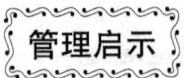

永远没有绝对的"最佳方案"，在制定战略时，我们常常只能选择"适当的方案"。有时候，选择适当的方案，可能是唯一能够做到的。

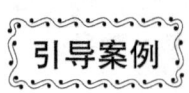

东方电力公司

马利是东方电力公司的总经理。这家公司是美国东部的大电力公用事业之一。这位总经理长期以来都相信，有效地编制公司计划，对成功来说是绝对必要的。她花了十多年的时间，一直想方设法让公司的计划方案编制出来，但是成效甚微。在这段时间里，她先后指派 3 位副总经理掌管编制计划，虽然每位副总经理似乎都在努力工作，但是她注意到，个别部门管理人员继续自行其是。他们就发生的问题做出决策，因此，他们对做"救火"的有效工作而自鸣得意。

然而公司似乎在漂泊不定，而部门管理人员的各自决策相互之间总是不一致。主管调整事务的高级管理人员经常催促州委员会准许把电费提高，但无很大进展，因为委员会认为，费用虽然上涨，但是不合理。公共关系的领导不断地向公众呼吁，要理解电力公用事业，但是各社区的用电户认为，电业赚的钱够多了，因此公司应该解决其他的问题，而不应该提高电费。负责电力供应的副总经理受到很多社区的压力，要他扩大电路把所有输电线路埋入地下，避免出现不雅观的电线杆和线路；同时向顾客提供更好的服务。

应马利女士的要求，一位咨询顾问来公司检查情况，他发现公司并没有真正地把计划做好，编制计划的副总经理和他的职员正在努力地进行研究和预测，并把研究的预测情况提交给总经理，仅此而已。所有部门的管理人员都把这些工作看作是对他们的日常业务没有重要性的一般工作，因此他们对此兴趣不大。

注：本案例选自（美）哈罗得·孔茨，海因茨·韦里克著. 管理学（第十版）. 张晓君等译. 北京：经济科学出版社，89 页.

◆ 讨论题:
1. 如果你是那位顾问,你建议采取什么样的步骤以使得公司有效地制订计划?
2. 关于将来的计划期限多长,你将给公司提出什么样的忠告?
3. 你将怎样向总经理提出建议使你推荐的事情付诸实现?

计划工作就是在我们所处的地方和要达到的境界之间铺路搭桥。虽然准确地预见未来是很难的,人们无法预料和控制的因素可能会干扰制订得很好的计划。但是如果没有计划工作,结果就会是听天由命。计划工作是一种需要智力的活动,它要求合理地决定行为过程,要求把决策建立在目的、知识和判断的基础之上。

第一节　计划概述

一、计划的概念

计划是在管理活动中预先决定做什么、如何做和谁去做的工作过程。它为一个组织的未来确立目标并制定实现该目标的方案。显然,计划工作要解决两个基本问题:一是组织的目标是什么;二是如何实现这个目标。计划有广义和狭义之分。

(1) 狭义计划。狭义的计划是指计划工作中计划编制的结果。它告诉人们为实现既定目标需要在什么时间,由什么人,采取什么方法,去开展什么活动,以最终实现既定的目标。一般情况下计划在制订出来以后多数是不变的。这样有助于计划执行者"依计而行"去开展卓有成效的工作,同时也有助于发挥计划的激励作用。但是在某些情况下,当制定计划的条件和情况发生变化以后,就必须调整计划,尤其是在发生"计划跟不上变化"的情况下,计划也失去了指导作用,此刻就必须修订原计划。因此,计划具有两种特征:其一是它的严肃性,即一旦计划出台后,在条件不变或变化不大的情况下,必须严格执行计划;其二是它的灵活性,即当计划条件发生较大变化时,必须调整计划,以适应变化了的条件。所以计划是一种可能变化也可能不变化的,是人们对未来行动与工作的安排方案。

(2) 广义计划。广义的计划是指人们编制、执行计划以及检查计划执行情况等一系列计划管理工作,简称计划工作。确切地说所谓计划工作,就是组织根据环境的需要和自身的特点,通过科学的预测确定组织在未来一定时期内的目标,并通过计划的编制、执行和监督,来协调、组织各类资源以顺利达到预期目标的过程。

具体来说,计划应包括如下过程:

确定经营管理的目标和对策:决定企业对内、对外的经营、生产、销售、财务、人事、培训等部门的目标和政策。

预测:对企业内外未来和未知的情况进行尽可能准确的预测和推测。

制订行动计划：根据企业目标，利用预算和利润计划等管理手段制订各种计划。

向各管理人员下达分配实施各项计划的责任。

向各管理人员规定执行计划的标准。

1. 计划的重要性

计划是管理中最基本、最首要的职能。

第一，计划必须在管理的组织、指挥、协调、控制活动之前出现。没有计划，就没有目标、任务和措施，管理的组织、指挥、协调、控制等活动就成为"无本之木"。

第二，计划是管理活动中各项工作的中心，各项工作都围绕计划进行，最终要保证实现计划的目标。

第三，计划能充分调动、安排有限的资源，保证组织能最优化地实现其目标。一项好的战役计划，可以保证部队以最小的代价夺取最大的胜利；一项优秀的经济发展计划，由于经过技术论证、环境论证和可行性分析，可以避免不必要的失误，选择最佳的经济增长模式和充分利用资源，以最少的投入而获得最大的产出。

第四，合理的计划所确定的目标，给组织的成员指明了其奋斗方向和工作目标。能激发组织成员的工作积极性、主动性和创造性。

第五，计划还为组织制定统一的工作标准，为衡量组织成效和控制组织活动提供依据与尺度。

2. 计划的特征

计划工作是一个组织的管理目标、战略和决策的具体化表现，是组织中每个成员的行动纲领，它具有如下特征：

（1）明确的目标性。计划旨在促使组织目的和目标的实现。著名的管理学家哈罗得·孔茨指出，仅有计划不可能使一个企业有所成就。然而，计划能使行动对准一定的目的。它能预测哪些行动能导致最终目标的实现，哪些行动会背离目标，哪些会导致相互抵消，而哪些又是不相干的。管理的计划工作就是对所要实现的目标去设法取得一种始终如一、协调的经营机构。如果没有计划，行动就会变成仅仅是一种杂乱无章的活动，除了混乱之外，什么也不会产生。

（2）管理活动中的主导性。由于在组织工作、配置人员、领导指挥和控制活动等方面的经营管理的目的是要促使企业目标的实现，所以计划工作必然要在其他管理职能之前进行。计划在管理各职能中显然处于主导地位，它是实施组织、领导、指挥、控制和协调等职能的依据。一个组织的领导人，除了要了解计划所确定的目标外，还要在了解需要什么样的组织关系和合格人员、依靠怎样的方针来领导指挥下属、采用什么样的控制活动之前，就必须有一项实现这些目标的计划。

要强调的是，计划与控制的特别关系。用著名管理学家哈罗得·孔茨的话说："计划与控制是管理的一对双生子。"未经计划的活动是不可能得到控制的，因为计划为管理工作提供了目的和目标，而控制则是通过纠正脱离计划的偏差以保持活动既定的方向，显然，没有计划，则控制毫无意义。所以计划为控制活动提供了标准和尺度。另一方面，控制是实现计划的手段，通过控制，把计划和目标转化为现实。没有控制，计划就无法完成。

（3）计划实施过程中的普遍性。计划涉及组织的各层次、各部门和全体成员，贯穿于管理活动的全过程，实施于各类型的管理活动中。也就是说，组织中各部门的任何活动，任何时刻都需要进行计划，人人都会不同程度地参与实现计划的活动。对一家现代酒店而言，董事会负责制定总的经营战略决策，总经理负责贯彻董事会意图并制订相应的战略实施计划，酒店销售部门制订有关酒店产品销售方面的计划；前厅、房务、餐饮等部门要制订接待、服务计划和成本控制计划以及充分利用资源的计划；各班组要制订各岗位的工作计划和操作程序等。所以说，在现代企业内，计划工作是全方位、全过程和全员参加的管理活动。

（4）计划的效益性。效益，是指计划对组织的目的和目标所做的贡献在扣除了为制订、执行计划所付出成本之后的总额。在现实生活中，计划的效益可包括社会效益、经济效益和为实现可持续发展的环境效益。即计划效益可被当成为组织对社会投入与产出之间的正常比例，但它不属于资金、人力、物力、时间的投入量，它还含有诸如个人、团体、社会的满意程度这一类评价标准。

（5）计划的预见性。计划的预见性又称计划的前瞻性。通过计划，使企业领导能事先预见困难，防范风险，把握机遇，确定发展方向。计划有助于消除或减少对未来的不确定的判断并将其降到最低程度。

思考题 3.1

有人讲：编制计划，不必讲效益。你说行吗？为什么？

二、计划的原则

计划是管理的重要职能之一，欲使管理工作科学、高效，就必须使之建立在科学体系之上。因此，在进行计划工作时，必须坚持一定的原则。

1. 统筹原则

在制订计划时，要全面考虑到计划对象这个系统中所有的各个构成部分及其相互关系，同时还要考虑到计划对象和相关系统的关系，按照系统内外的必然联系，进行统一筹划。这是因为：计划的目的是要通过系统整体的最优化实现决策目标，而系统整体最优化的关键在于系统内部结构的有序和合理，在于系统内部关系与系统外部关系的协调。

例如：一个组织欲研制某一个新产品，首先对组织的经济、技术实力进行分析，比如是否具备研制该产品的经济和技术实力？如果不完全具备，需要哪些合作伙伴，是银

行还是科研院所，可靠性如何？研制新产品需要的原材料有无供应地，是国内或是国外，成本如何，市场情况怎样，需求潜力多大，有无同类产品？新研制的产品与市场已有产品相比较有什么优势？产品定位在哪一类消费群体，是否造成环境污染？国家对该类产品是鼓励还是限制？诸多因素都要统筹考虑，并且经过论证、分析得出是否可行的结论。

要知道，一个项目的成功是系统内外综合因素共同作用的结果，而一个项目的失败却可能是一个因素造成的。在制订计划的时候，要留有充分的余地，各种因素尤其是正向作用的因素不能估计太高，否则，环境稍有变化，就可能造成前功尽弃。因此，计划工作的统筹原则是一个基本的原则。不管是忽略哪一个因素均可能铸成大错。

2. 重点原则

在制订计划时，不仅要坚持统筹原则，全面考虑问题，认清它们的地位和作用，同时还要分清主次轻重，抓住主要矛盾，着力解决好影响全局的问题，把钢用在刀刃上，而不能同等对待，平分秋色。轻重抓准了，往往可以事半功倍。同时还要根据时间、地点和条件的不同，做具体的应用。重点原则并不是说只顾重点，不顾及其他，而是要主攻重点，兼顾一般，协调发展，整体推进。只是在计划工作中把重点工作放在计划的中心位置，重点工作的解决有可能推动整个工作的前进，从整体上获取最大的效益。

确定重点一定要十分慎重，一定要充分地调查、研究和论证。如重点未抓住，则可能会带来难以想象的后果。一个组织要花大力气研究自己的重点工作，明确组织的主攻目标，只有重点选得准确，组织才能发展，否则，就有可能遭到激烈竞争的淘汰。对一个组织来讲，这是一个生死攸关的问题。

确定重点必须有科学的态度。首先，必须对组织自身有透彻的了解。自身的基础条件、经济实力、技术实力在同行业中处于什么地位，确定的重点工作实现可行性如何，有什么困难，都要了如指掌。其次，对环境要有透彻的了解。现代社会化大生产的现实，要求任何一个组织不可能独立存在与发展。即使自己处于垄断行业也是如此。所以，要把与自己有关的环境因素彻底了解，才能准确地确定重点工作。这些环境包括同行业的竞争者，也包括国家有关的宏观调控政策。最后，对未来的发展趋势有一个彻底的了解。

未来充满着许多可变因素，不可能有固定的答案，这就需要在对现有因素的分析上尽可能做出准确的预测。预测具有风险性，既不能过于稳妥，失去发展机会，也不能冒进，过于承担风险。实质上，对重点工作的确定准确与否，取决于对未来因素判断分析的透彻程度。

3. 连锁原则

在制订计划时，要充分考虑对象系统中内部结构各个因素之间以及其他相关系统之间的相互作用、相互反馈的因果连锁关系。因为在一定的系统内，一种因素的变化必然会引起其他因素的连锁反应，相关系统的变化也一定会影响本系统的变化。而且，这种连锁反应一般是复杂的、多向的、多变量的。在制订规划或计划时，如果不充分注意到这一点，计划的内容就难以实现。另外，系统外部因素的变化也会对系统目标的实现产生连锁反应。此外，连锁效应还反映在与目标实现有关的因素上。

4. 发展原则

所有的计划都是安排未来的。计划的时间有长有短，但无论长短都是对未来做出的安排。发展的原则有两层涵义：一是计划要有远见，注重自身的发展。一个组织在制订计划时，要依据自身的现状，本着不断进步、不断发展的思路，确定计划目标。既不能好高骛远，不顾自身的条件盲目提高目标，又不能不思进取，踏步不前。二是计划要与社会相适应，同步发展。一个组织的发展不可能是孤立的，环境因素、社会因素都会对组织的发展产生影响。最好的办法是计划要考虑社会因素、环境因素。不顾社会、环境因素的影响，主观提高自身发展目标是绝对行不通的。

以上所述的制订计划的四条原则，是互相联系的统一体，在制订计划时应结合起来运用。

> **知识链接**
>
> 列文定理：那些犹豫着迟迟不能作出计划的人，通常是因为对自己的能力没有把握。
>
> 提出者：法国管理学家 P·列文。点评：如果没有能力去筹划，就只有时间去后悔了。

三、计划的要素

计划的要素是指计划工作的基本内容。我们可以用"5W＋1H"来概括之，即：Why，为什么要做？原因和目的是什么？What，做什么？确定活动和内容；Who，谁去做？实现人员安排；Where，在何处做？实现空间定位；When，在什么时候做？解决时间定位；How，怎样做？制定出实施方案。具体地讲，计划工作包括如下要素：

1. 目标

目标是组织各项活动所要实现的最终目的。它是组织在一定时间内争取达到的理想状态和期望获得的成果，指出组织的奋斗方向和归宿，指导组织的行动，决定组织活动的各个分目标。目标是计划工作中最关键的要素。

一个好的计划目标，应该具有以下特点：

（1）目标要有明白准确的表达。最直观的方法就是使目标数量化；既利于考核，又有助于找到发生问题的症结所在。

（2）目标要有竞争性。竞争是现代社会发展的重要特征，企业在竞争中生存，个人在竞争中成长。有竞争实力的企业必能在所处环境中发展，因此企业的目标应反映出

竞争性这一特点。

（3）目标要讲效率。这是针对企业本身而言。效率反映组织利用自己有限资源的程度，它涉及管理的核心问题。效率也是一个相对概念，只有通过比较才能形象地反映出来，企业的目标必然反映出这一特点。

（4）目标要有弹性。这是指制订目标、尤其是长远目标要留有一定的余地。企业生存在变化多端的社会、经济环境中，周围环境发生的变化往往超出人们的预料。因此一个企业必须使自己计划的目标保持一定的灵活性，可以随时因环境的急剧变化而修正、调整，做出灵活反应。

2. 预测

所谓预测是指采用科学的方法，在分析各种历史资料和现实情况的基础上，对客观事物的发展趋势和未来不确定事件的预见、分析和推断。

预测是一项非常复杂的工作。这是因为：第一，预测要说明未来，而未来充满了未知因素；第二，预测的过程与预测人员的行为关系密切，人们在预测未来时，猜测成分很大，而实际却往往与人们的猜测不一致。一个成功的管理者不可能准确地洞察未来的一切，但他应尽可能地减少预测中的猜测成分，使预测建立在科学的基础上，提高准确程度。

3. 方案

方案是指制订实现组织目标的可行方案。评价分析各可行方案，根据组织的目标和预测资料从中择优选取一个付诸实施的方案，并在实施方案的过程中，始终协调各部门、各环节的活动，以保证方案实施获得成功。

4. 预算

合理分配组织的资源，按照目标的重要程度和次序，最优化地分配和使用企业的资源，以发挥资源的最大作用，这个过程我们称之为组织的预算。预算可以是财务性的，如收入、支出、利润、投资、负债、成本等；也可以是非财务性的，如工时量、实物产量、销售量和生产量。预算是用数字来表明企业活动的预期结果，人们也往往把预算叫做数字化的计划。

预算有两个基本作用。首先，它为组织的各项工作提供了具体的目标，这些具体目标是保证组织总体目标实现必不可少的组成部分；其次，预算提供的具体目标又是检验各项工作的标准，因此预算又是强有力的控制手段。无论在企业单位还是事业单位，在政府部门还是基层单位，预算都得到了广泛的运用。

常用的预算方法有固定预算、可变预算、滚动预算和规划预算等。

5. 政策

如果说，预算为组织中的各部门、各环节规定了具体目标和工作标准，那么政策则是达到这些目标的行动准则，即规定在组织活动中应该做什么，不应该做什么。制定政策有三个作用：一是为组织成员的活动指出方向和活动范围；二是保证组织成员在各项活动中的协调性；三是树立和维护组织的声誉和权威。一项好的政策具备以下的特点：

（1）稳定连续。政策应该相对稳定，政策一旦制定就应该成为成员行动的准则，否则会使人感到无所适从，影响组织本身的稳定性。组织领导人更迭也应保持政策的连续性，因为政策反映的是组织的意志，代表组织的利益，而不是某个人的喜好。

（2）具体可行。一项好的政策应该预见计划实行时可能发生的情况，并对之加以说明和做出规定。

（3）协调一致。组织中各项政策必须协调一致，以保证组织各项活动协调一致。各项政策还要与组织的总战略、总方针保持一致性和一贯性，与大环境的方针政策保持一致性。必须明白，组织内相互冲突的政策所造成的损害，要远远大于组织活动中自发的矛盾所带来的损害。

（4）准确无误。政策的表达必须清晰、明了、合乎逻辑，从而使组织内外的人们不至于造成误解。

思考题 3.2

俗话说："计划赶不上变化"，你同意这个观点吗？为什么？

第二节　计划的种类及其关系

计划的种类繁多，不同计划其重要性程度差别也较大，它可按不同的标志进行分类，从而形成一个完整的计划体系。常见的计划有多种分类，按照计划的功能性和具体化程度来分，可分为宗旨、目标、战略、政策、程序、规则、方案及支持计划、预算和工作进度表等；按时间进展来分，可分为长期计划、中期计划和短期计划；按计划的管理层次来分，可分为高层计划、中层计划、基层计划；按计划的性质来分，可分为战略计划和战术计划；按计划的形态来分，可分为固定计划和滚动发展计划；按计划的管理形式和调控程度力度不同来分，可分为社会发展计划、经济发展计划、科技发展计划、教育发展计划；等等。各种分类形式虽然都在计划体系中占有一定地位，但比较而言，还是以按时间、管理层次、管理形式和调控力度的分类更为普遍。

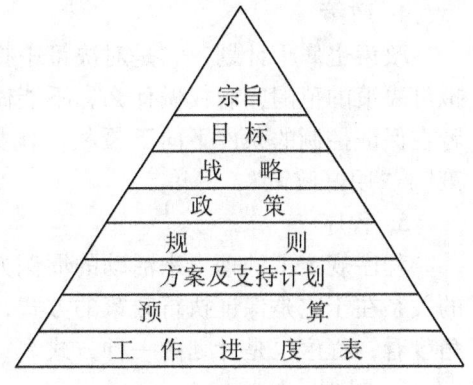

图 3-1　计划等级层次图

一、按计划的表现形式分类

按计划的表现形式划分为宗旨、目标、战略、政策、程序、规则、方案及支持计划、预算和工作进度表等几种类型。这几种类型计划的关系可用一种层次系统结构来表示，如图 3-1 所示。

1. 宗旨

宗旨是一个组织继续生存的目的或原因，它反映的是组织的价值观念、经营理念和管理哲学等根本性的问题。如工商企业是生产并为社会提供有经济价值的商品和服务；交通管理部门是行使政府职能，管理公路、铁路系统，为社会提供服务；法院是解释和执行法律；大学是进行教学与研究，为社会输送受过高等教育的人才。

2. 目标

目标是组织活动所企求的结果。目标不仅代表计划的终点，也是管理中组织、指挥、控制等职能企求的结果。这里要强调的是，目标是组织计划中的基本部分，在为完成目标而做出的计划里，将派生出各部门的更具体的分目标。

3. 战略

战略原是军事术语，指军队按照敌我双方可能做什么或不可能做什么而做出的军事、政治力量的准备和应用。现引申到管理活动中，泛指广泛的全局的长远谋略。即表示组织一项总的行动方案、工作重点和资源部署，以利于综合地达到目标。战略通过一系列主要目标和政策来制定组织的发展蓝图。战略并不试图确切地概括出组织将如何实现目标，而是起到一种有用的骨架作用。由于战略对指导计划具有重要意义，因而将其当做一种计划类型分离出来。

4. 政策

政策也属于计划，它是对决策中指导与沟通行动的总的陈述和理解。它限定出一个拟订决策的范围，有权做什么，不能做什么，以保证决策与目标一致。政策应允许领导者在保证控制的条件下向下授权，比如当今的各级政府和企业常常提出"向上申请政策"、"用好政策"，等等。

5. 程序

程序规定了处理未来活动的惯例方法，它是行动指南而不是思想指南。程序与政策的关系在于它是保证执行政策的方式，这种方式包括过程、次序、方法，等等。从这一角度看，程序也是计划的一种方式。

6. 规则

规则是从若干行动方案中选出的必须实行的行动。规则是一种简单的计划形式。规则与程序的关系在于它也是行动的指南而未指出时间顺序，我们可以把程序看成是许多规则的次序。规则与政策的区别在于：政策划出一个权限范围来指导决策思想，而规则与程序一样，仅为行动指南，不是思想指南，没有自行处理决策的权利。

7. 方案及支持计划

方案是实施计划过程中的具体表现，是一种十分具体的计划。一个主要的方案的产生往往会派生出许多其他方案。例如一家航空公司为适应旅游市场的需要，做出购买新客机的方案，显然耗资巨大。为了保证用好这笔投资，就要有许多派生方案，如保养方案、零部件供给方案、培训方案、飞行航线方案、财务管理计划和保险计划等等。

8. 预算

预算是用数字方式来表达计划关于预期结果的说明，也称为数字化的计划。同时，由于预算在分配资源、确定标准、过程控制等方面起的作用，又可将预算当作是数字化的方案。它的主要优点在于，以数字形式制定计划并赋予计划一定程度的确定性。

9. 工作进度表

工作进度表是一种形象化的方案。它通过图表、数字反映出计划的发展趋势、活动的次序和预期的成果。工作进度表是细化了的计划，是计划的最具体形式之一。

二、按计划的期限分为长期计划、中期计划和短期计划

1. 长期计划

长期计划期限长，多数在十年以上，亦可称长远规划、远景规划。它是纲领性、战略性的计划，着重于远景规划的设想。因为期限长，随机因素多，难以预料和预测，长期计划只能以综合性指标和重大项目为主，实施时要靠中期、短期计划来补充。

2. 中期计划

中期计划限期在五年左右。中期计划往往作为政府部门和单位实现管理的基本形式。它的功能在于：可把长期计划的任务阶段化、具体化；为年度计划的编制提供基本框架和分年度的指标。我们国家和各地方的国民经济五年计划即属于此范围。

3. 短期计划

短期计划即一年以内的计划，如年度、季度、月度计划。以年度计划为主要形式，又称年度综合计划。它是长期、中期计划的具体实施计划，它与中期计划的分年度指标和措施有关，内容强调具体、细致、准确；有执行部门，有财力、物力和人力分配部门，有具体实施方案和措施，从而使完成中期、长期计划有了保证。

此外，工作计划也是短期计划的一种。工作计划是指为完成某一项任务而制定的计划，它对人、财、物、时间和措施均有十分具体的安排。

三、按计划的层次分为高层计划、中层计划和基层计划

1. 高层计划

顾名思义，高层计划是指由高层决策机构制定并下达到整个组织的计划。高层计划一般是对本组织有关重大的、带全局性的、时间较长、空间较广的工作任务的战略性计划，比如地区旅游业发展总体规划、城市社会经济发展远景规划，等等。一般来说，全

国、各地区、各单位都有这种高层决策者制定的远景规划或战略措施。对国家、区域而言，一般叫发展战略；对企业单位而言，一般称为经营战略。

2. 中层计划

中层计划一般是业务、部门计划。它是中层管理机构制定并下达或通知到有关基层执行的计划。它是实现战略计划的具体安排。它规定基层组织和组织内部的各部门在规定时间内需要完成、如何完成什么任务，并筹划投入人、财、物、时间等资源。

3. 基层计划

基层计划是基层执行机构制定的计划。一般是执行性的计划，主要指作业计划，如旅游团接待计划、作业程序和规程等。

四、按计划跨越之职能广度和时间长短的综合性标准分为战略性计划与战术性计划

1. 战略性计划

战略性计划是企业根据外部市场营销环境和内部资源条件而制定的涉及企业管理各方面（包括生产管理、市场营销管理、财务管理、人力资源管理等）的带有全局性的重大计划。其职能跨度较广，一般应用于整体组织；它的时间跨度也较长，通常为5年以上。

2. 战术性计划

战略的特征是发现智谋的纲领，战术的特征是创造实在的行为。战术包括经常了解情况，定下决心和向部属下达任务；战术性计划职能跨度较窄，一般是组织的具体部门或职能的计划；它的时间跨度也较短，通常为5年以内。

有管理学家认为企业管理者的任务是做正确的事，并且确保企业做正确的事是战略计划的目的所在，而将事情做正确了则是战术计划的追求。显然，战略性计划是战术性计划的依据，它的内容抽象概括；战术性计划是在战略性计划指导下制定的，是战略性计划的落实，它的内容具体。

第三节 计划编制工作的程序和方法

一、计划编制工作的程序

计划是计划工作的结果，计划工作则是计划制订的过程。计划指定的程序是否科学、合理，关系到计划的正确程度。通常，计划的编制要有一个上下反复的过程。

1. 分析环境，预测未来

在做计划时，管理者首先要考虑企业的各种环境因素，这既包括企业的内部环境，也包括企业的外部环境；既要考虑企业的现实环境，也要考虑企业的未来环境。而通过对外部环境，特别是未来环境的分析和预测，为确定可行性目标提供依据。

2. 制定目标

目标通常是指组织预期在一定期间内达到的数量和质量指标。目标是计划的灵魂，也是企业行动的方向。企业计划中目标的制定要注意：第一，高低适中；第二，尽可能指标量化；第三，目标要具体明确。

计划中的企业目标一般包括：盈利性指标、增长性指标、竞争性指标、产品类指标、人事类指标、财务类指标等。

3. 设计与抉择方案

为实现目标，要合理配置人、财、物等诸种资源，选择正确的实施途径与方法，制订系统的计划方案。具体程序包括：①制订可供选择的多个方案；②在分析企业内部条件和外部因素的基础上，评价各种方案；③找出可行方案；④确定最优方案。

4. 编制计划

要依据计划目标与所确定的最优方案，按照计划要素与工作要求，编制计划。

5. 反馈计划执行情况

计划付诸实施，管理的计划职能并未结束。为了保证计划的有效执行，要对计划进行跟踪反馈，及时检查计划执行情况，分析计划执行中存在的问题，并对计划执行结果进行总结。

二、计划编制的方法与技术

计划工作效率的高低和质量的好坏在很大程度上取决于所采用的方法和技术。以往人们通常采用定额核算、系数推导以及经验平衡等方法制订计划。现代组织面对着更加复杂和动荡的外部环境，未来的各种不确定因素也日益增多，这就要求采用现代数学工具和以计算机技术为基础的各种新的计划编制方法和技术，这主要有：

（一）滚动计划法

这种方法是在每次编制修订计划时，要根据前期计划执行情况和客观条件的变化，将计划期向未来延伸一段时间，使计划不断向前滚动、延伸，故称滚动计划法。

1. 滚动计划法的特点

（1）计划期分为若干个执行期，近期计划内容一般制订得详细、具体，是计划的具体实施部分，具有指令性；远期的内容则较笼统，是计划的准备实施部分，具有指导性。

（2）计划在执行一段时间后，要对以后各期计划内容作适当修改、调整，并向未来延续一个新的执行期。例如，某物流公司在 2005 年制订了 2005—2009 年的五年计划，采用滚动计划法。到 2005 年底，该公司的管理者就要根据 2005 年计划的实际完成情况和客观条件的变化，对原定的五年计划进行必要的调整和修订，据此编制 2006 年至 2010 年的五年计划，以此类推，如图 3-2 所示。

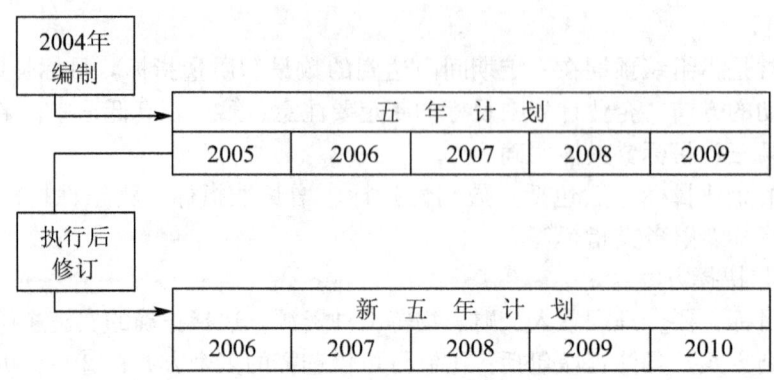

图 3-2 滚动计划法

2. 滚动计划法的优点

（1）可使计划与实际紧密结合，提高计划的准确性，更好地发挥计划的指导作用；

（2）使长期计划、中期计划、短期计划有机结合，从而使计划与不断变化的环境因素相协调，使各期计划在调整中一致；

（3）具有相当的弹性，可以有效地规避风险，适应竞争需要，提高组织应变力。

（二）运筹学方法

这是通过给出数学模型、求解最优解以确定最优计划方案的方法。

1. 运筹学方法应用于计划工作的步骤

（1）把主要问题化为数学模型；

（2）规定一个目标函数；

（3）确定模型中各变量的具体数值；

（4）求解数学模型，找出使目标函数达到最大值（或最小值）的最优解。

2. 运筹学方法的优点

（1）便于使计划内容具体量化，量化结果又易于比较选优；

（2）数学工具和计算机技术的运用，可以节省大量人力，提高工作效率；

（3）尤其适用于资源配置，即解决如何把有限资源更合理、更富有效率地用以实现既定目标。

（三）投入产出分析方法

这种方法最先是由美籍俄国经济学家瓦西里·里昂惕夫在1936年提出来的。

1. 投入产出法的基本原理

任何经济活动都包括投入和产出两部分。投入是指生产活动中的消耗，产出是指生产活动的结果。投入与产出具有一定的数量比例关系。投入产出法就是利用这种数量关系求出各部门之间的一定比例，编制投入产出表；然后计算各部门（各生产环节）的直接消耗系数和间接消耗系数（合计为完全消耗系数），进一步根据某些部门最终产品的要求（供居民消费、政府使用和出口的最终消耗等），算出各部门应达到的指标，用来编制综合计划。

2. 投入产出分析方法的优点

（1）反映各部门（或各类产品）的技术经济结构，可用以合理安排各种比例关系，特别是在综合平衡方面是一种有效的手段。

（2）在编制投入产出表过程中不仅能充分利用现有的统计资料，而且能建立各种统计指标之间的内在关系，使统计资料系统化。编制的投入产出表则是一个比较全面反映经济过程的数据库，可用来作各种经济分析和经济预测。

（3）表格形式直观简易，有利于广大计划工作者的理解接受。

（4）使用面广，可在不同组织和各类企业中应用。

（四）计量经济学方法

它是运用现代数学和各种统计的方法来描述和分析各种经济关系的方法。这种方法的奠基人是挪威经济学家弗瑞分。严格地说，计量经济学方法就是把经济学中关于种种经济关系的学说作为假设，运用数理统计的方法，根据实际统计资料，对经济关系进行计量。然后，把计量的结果与实际情况进行对照。

1. 计量经济学方法应用于计划工作的步骤

（1）因素分析。即按照问题的实际情况分析影响它们的因素种类、因素之间的相互关系，以及各因素对问题的影响程度。

（2）建立模型。即根据分析的结果，把影响问题的主要因素列为自变量，所有次要因素作为因变量；然后，建立起含有一些未知参数的数学模型。

（3）参数估计。即利用数学方法及统计资料确定数学模型中的参数值。

（4）实际应用。一是为经济预测服务，即预测因变量在将来的数值；二是用于评价方案，即对计划工作或决策工作中的各种方案进行评价，以选出最优方案；三是进行结构分析，即利用模型对经济系统进行更深入的分析，以找出关键问题，保障计划顺利实施。

2. 计量经济学方法的优点

（1）通过对各种问题及影响它们的因素的分析，便于管理者加强市场预测；

（2）数学方法的运用和数学模型的建立，可以使计划的任务指标量化，具有较大的应用价值；

（3）参数的设立，使模型具有相对的弹性，减少了因用数学方法对一些问题的假设而造成的误差。

第四节　目标管理

一、目标的概念

社会中任何一个组织，如社会团体、政府部门、企事业单位等，都应有自己的目标。目标既是组织各项管理活动的起点，也是各项管理活动所指向的终点。

对于组织来说，目标是指组织在一定时期内通过努力争取达到的理想状态或期望获得的成果，它包括组织的目的、任务、具体的目标项目和指标水平及指标时限。简单地说，目标就是组织在某一方面、某一预定时期所要取得的成果指标。例如，某企业在年度内销售额达到 5 000 万元，实现利税总额 500 万元等。

二、目标的作用

目标的作用可概括为四个方面：

（1）为管理工作指明方向。管理是为了达到一定目标而协调集体活动所作出的努力的过程。如果不是为了达到一定的目标，就无需进行管理。因此，目标的作用首先在于为管理活动指明方向。

（2）激励作用。目标对组织成员具有激励作用。从组织成员个人的角度来看，目标的激励作用主要表现在：一个人只有明确了目标后才能调动起潜在的积极性；二是个人只有在达到目标之后，才会产生成就感和满意感。当然，要使目标对组织成员具有激励作用，目标首先要符合组织成员的需要，而且还要有挑战性。

（3）凝聚作用。组织是一个社会协作系统，它是靠目标使组织成员联系起来的。一个组织的凝聚力大小受到很多因素的影响，其中一个主要的因素就是组织目标。特别是在组织目标充分体现了组织成员或者是变成了组织成员的共同利益和共同追求时，才能够极大地激发组织成员的工作热情、奉献精神和创造力，使组织成员紧密团结、齐心协力而形成一个生机勃勃的集体。

（4）考核标准。目标是考核一个组织所有成员工作成绩的客观标准。大量管理实践证明，单凭上级管理者的主观认识和价值判断作为考核下属的依据是不科学的，因而不利于调动下属人员的积极性。科学的方法应当是根据明确的目标进行考核。

三、目标管理

1. 目标管理概念

目标管理（Management By Objectives，简称 MBO）是由美国著名的管理专家彼得·德鲁克在 1954 年发表的《管理实践》一书中提出的一种管理方法。概括地说，目标管理是一种综合的以工作为中心和以人为中心的系统管理方式。它是一个组织中上级管理人员同下级管理人员，以及同员工一起共同来制定组织目标，并把其具体化展开至组织每个部门、每个层次、每个成员，与组织内每个单位、部门、层次和员工的责任和成果相互密切联系，明确地规定每个单位、部门、层次和成员的职责范围，并用这些措施来进行管理、评价和决定对每个单位、部门、层次和成员的贡献和奖励报酬等一整套系统化的管理方式。

> **📖 知识小链接**
>
> 彼得·德鲁克于1909年生于奥匈帝国的维也纳，祖籍为荷兰。德鲁克家族的先人在17世纪时从事书籍出版工作，德鲁克的父亲为奥国负责文化事务的官员，母亲是率先学习医学的妇女之一。德鲁克从小生长在富于文化的环境之中，其1979年所著的自传体小说《旁观者》对其成长历程作了详细而生动的描述。彼得·德鲁克在管理界是受人尊敬的思想大师。他于1937年移居美国，终身以教书、著书和咨询为业。德鲁克一生笔耕不缀，共著书39本，在《哈佛商业评论》发表文章30余篇，是当代最出色的管理学者之一，被誉为"现代管理学之父"。他文风清晰练达，对许多问题提出了自己的精辟见解。杰克·韦尔奇、比尔·盖茨等人都深受其思想的影响。他曾发誓，"如果我能活到80岁，我要写到80岁"，年逾九旬的他还创作了《德鲁克日志》，无怪乎《纽约时报》赞誉他为"当代最具启发性的思想家"。

目标管理的中心思想就是让具体化展开的组织目标成为组织每个成员、每个层次、部门等行为的激励方向，同时又使其成为评价组织每个成员、每个层次、部门等工作绩效的标准，从而使组织能够有效运作。

目标管理是一种系统的管理方式。最早的目标管理仅用于组织成员业绩考评、行为激励的一种手段，最近的发展则是把组织的战略计划等均纳入目标管理之中，像组织结构设计、流程改造、文件管理、创新开发等都成为目标管理体系之中的内容。也有目标管理研究者认为，目标管理是一个管理领导系统，是一个组织有效运作的有效管理体系，而不能把目标管理看做是组织的一种附加的管理职务。

2. 目标管理特点

目标管理与其他管理方法相比，具有以下几个特点：

（1）具有目标体系，是一种总体的管理。目标管理方法通过手段——目的链，将组织的总目标层层分解，形成目标体系。具体地说，最高管理层确定了总目标之后，各部门主管根据总目标设置本部门的目标，各单位主管又根据部门目标设置本单位的目标，以此类推，直到设置出每个组织成员的个人目标，这样就产生了目标的连锁，这种连锁形成了组织的目标体系。

（2）强调自我控制，是一种自觉的管理。目标管理的倡导者德鲁克认为，员工是

愿意负责的,是愿意在工作中发挥自己的聪明才智和创造性。如果我们控制的对象是一个社会组织中的"人",则我们应"控制"的必须是行为的动机,而不应当是行为本身,也就是说必须以对动机的控制达到对行为的控制。目标管理的宗旨在于用"自我控制的管理"代替"压制性的管理",它使管理人员能够控制他们自己的成绩。

(3) 促使权力下放,是一种民主的管理。集权和分权是组织的基本矛盾之一,唯恐失去控制是阻碍大胆授权的主要原因之一。推行目标管理有助于协调这一矛盾,促使权力下放,让全体员工参与管理,有助于在保持有效控制的前提下,更充分地调动员工的积极性和创造性。

(4) 注重管理实效,是一种成果管理。实行目标管理后,由于有了一套完善的目标考核体系,就能够根据员工实际贡献的大小,如实地评价员工的表现,克服了以往凭印象、主观判断等传统管理方法的不足。

3. 目标管理方式

所谓目标管理的方式就是指实施目标管理从而获得理想的管理效果的全过程。目标管理的方法其运作虽然出发于组织的高层领导,却是全体组织成员共同参与的结果,也可以说共同愿望产生后具体实现过程是靠目标管理的循环运作得以保证。

(1) 组织总目标设定。组织总目标是组织共同愿望、宗旨和使命在某一阶段欲达成的状态或结果。一个组织光有共同愿望而没有具体实现达成共同愿望的阶段性目标,那么共同愿望始终是一个空想。因此,组织在有了共同愿望的条件下,重要的工作是要确定组织未来运作的一个总目标,这个总目标是共同愿望实现的阶段状态。

(2) 组织总目标的层次展开。将已设定的组织总目标按照组织架构进行纵向与横向的分解是目标管理过程中最为关键的一步。即将组织总目标按组织体系层次和部门逐步展开,直至每一个组织成员。这一个展开的过程是所谓的自上而下的过程,但这一过程只是上级给下级的一个初步的推荐目标,而不是最后的决定了的目标。但这一自上而下的工作非常重要,因为如果不是如此的话,组织总目标就可能实现不了,或者组织总目标本身就需要更改。

(3) 目标完成检查和业绩考评。目标管理全过程最后一个重要工作就是根据期初下达的目标对各方工作和业绩进行检查和考评。一个组织如果能够正确公正地判断每个组织成员的业绩和工作努力程度,那么这个组织一定是无往不胜的,因为依靠公正的评价就可成为对组织成员有力的激励。事实上,大多数组织很难做到这一点,组织很容易偏听那些说得多做得少的人,导致那些真正埋头苦干的人被忽视,最终影响组织的士气。然而,这样一种情况往往出现在没有目标分解或目标分解不全的组织之中,正因为没有目标或目标不全,那些光说不练的人就有了偷懒的可能。反之,在目标管理的条件下,考评并不看你说得如何,而是看你做的与目标的差异程度,看你的真正的业绩。

4. 目标管理的优点和不足

(1) 目标管理的优点。目标管理的优点至少有五个方面:

①形成激励。当目标成为组织的每个层次、每个部门和每个成员自己未来时期内欲达成的一种结果，且实现的可能性相当大时，目标就成为组织成员的内在激励。特别是当这种结果实现，组织还有相应的报酬时，目标的激励效用就更大。

②有效管理。目标管理方式的实施可以切实地提高组织管理的效率。目标管理方式比之计划管理方式在推进组织工作进展、保证组织最终目标完成方面更胜一筹。因为在目标管理方式中，一旦分解目标确定，且不规定各个层次、各个部门及各个组织成员完成各自目标的方式、手段，反而给了大家在完成目标方面一个创新的空间，这就有效地提高了组织管理的效率。

③明确任务。目标管理的另一个优点就是使组织各级主管及成员都明确了组织的总目标、组织的结构体系、组织的分工与合作及各自的任务。这些方面职责的明确，使得主管人员也知道，为了完成目标必须给予下级相应的权力，而不是大权独揽，小权也不分散，从而帮助组织对自己的体系进行改进。

④自我管理。目标管理实际上也是一种自我管理的方式，在实施目标管理的过程中，组织成员不再只是做工作，执行指示，等待指导和决策，组织成员此时已经成为有明确目标的单位或个人。一方面组织成员已参与了目标的制订，并取得了组织的认可；另一方面，组织成员在努力工作实现自己的目标过程中，除目标已定以外，如何实现目标则是他们自己决定的事。

⑤控制有效。目标管理方式本身也是一种控制的方式，即目标管理并不是目标分解下去便没有事了，事实上，组织高层在目标管理过程中要经常检查、对比目标，进行评比，看谁做得好，如果有偏差就及时纠正。从另一个方面来看，一个组织如果有一套可考核的目标体系，那么其本身就是进行监督控制的最好依据。

（2）目标管理的不足。哈罗德·孔茨教授认为，目标管理尽管有许多优点，但也有许多不足，对这些的不足如果认识不清楚，那么可能导致目标管理的失败。下述几点可能是目标管理最主要的不足：

①强调短期目标。大多数的目标管理中的目标通常是一些短期的目标。在目标管理方式的实施中，组织似乎常常强调短期目标的实现而对长期目标不关心。这样一种概念若深入组织的各个方面、组织所有成员的脑海中和行为中，将对组织发展没有好处。

②目标设置困难。真正可用于考核的目标很难设定，尤其组织实际上是一个产出联合体，它的产出是一种联合的不易分解出谁的贡献大小的产出，即目标的实现是大家共同合作的成果，这种合作中很难确定你已做多少，他应该做多少，因此可度量的目标确定也就十分困难。

③无法权变。目标管理执行过程中目标的改变是不可以的，因为这样做会导致组织的混乱。事实上，目标一旦确定就不能轻易改变，也正是如此使得组织运作缺乏弹性，无法通过权变来适应变化多端的外部环境。

四、目标管理实施的控制

目标管理作为一种比较有效的管理方式，在组织中运用时需要有一定的推行机构，需要引导控制，使之能够有效地运行。目标管理实施过程中的控制，除了目标设定与分解外，主要有以下两个环节需要注意。

1. 员工培训

目标管理的实施首先需要组织上上下下都理解明白目标管理是怎么一回事，它应该怎么操作；其次需要组织的每一个成员都明白目标管理不同于其他的管理方法，它是一种建立在自我管理基础上的成果控制型系统管理的方式，组织成员自己需要有相应的变化才能适应这种管理方式的推行。显然，当组织成员未知道目标管理是怎么一回事，需要自己做怎样的调整时，目标管理的成功是困难的。因此，目标管理实施的事先控制就是对组织员工进行目标管理的培训。这种培训应着重解决以下几个问题：

（1）组织引入目标管理的目的，对组织发展、个人发展有无好处。

（2）对目标管理方式的本质、基本知识、运作过程，尤其要对组织目标的性质、目标完成的共同要求、目标设定的自上而下过程解释清楚。

（3）目标分解与授权范围、目标完成后的评价、激励手段。

（4）目标分解后分工完成，但仍要注意相互交流沟通，需要大家共同努力。

（5）目标管理作为一种带有自我管理特性的方式需要组织成员在理念上、行为习惯上等方面都做出相应的调整。

（6）对组织成员进行一些模拟训练。

2. 总结和评价所取得的成果

目标管理强调效果，所以必须重视成果的评价。对各级目标的完成情况，要按事先规定的期限，定期进行检查和评价，以确认成果和考核业绩，并与部门、个人的利益结合起来，进行恰当的奖惩。目标成果评价一般实行自我评价和上级评价相结合，共同协商确认成果。自我评价作为自我控制的一种手段，在目标管理中非常受重视。

公正客观地对照期初下达的目标看组织各方面、各成员期末工作的绩效，并对此做出客观的评价可以说是目标管理成功与否的关键。如果不能很好地评价绩效，把对的好的说成错的坏的，那么下一目标管理的循环就难以进行，至少许多人会悄悄地抵制，这样目标管理实施的真正意义就不大了。公正客观的评价首先建立在组织成员自我评价的基础上，应该反对组织成员过于谦虚，减少自己的成绩而夸大自己的不是，一切都应实事求是。其次，组织应有一个多方成员组成的评价检测小组，这个小组只对组织最高领导负责，独立开展评价检测，不受他人干扰。在组织成员自评的基础上进行复评，从而比较公正地评价成员工作的业绩与不足，并使之成为激励的依据、能力的认定。

目标成果的具体评价一般采用综合评价法，即按目标的实现程度、目标的复杂程度和实现目标过程中的努力程度三个要素对每一项目标进行评定，确定各要素的等级分，修正后得出单项目标的分数值，再结合各单项目标在全部目标中的重要性权数，便得出综合考虑的目标成果值，以此来确定目标成果的等级。

绩效评价是一种事后的控制，目标管理作为一种成果型管理方式，这种事后的控制可能最为重要。在目标成果评价的同时，要认真全面地对本次目标管理活动进行总结，找出好的经验和不足的教训，为下一循环的目标管理提供依据。

课后思考与练习

1. 计划在管理中的地位是怎样的？它与其他管理职能的关系又是怎样的？
2. 哪些因素会影响计划工作的重点？
3. 计划有哪些表现形式？它们之间的相互关系是怎样的？
4. 计划编制工作的程序是什么？为什么科学的计划流程能够提高计划工作的有效性？
5. 何谓滚动计划法，它具有哪些特点？
6. 简述目标管理的优点与不足？

实训项目

实训内容：制订一份商品销售计划。

实训目的：锻炼学生掌握制订计划的方法。

实训指导：给定实训材料。

某商厦近几年买卖十分兴隆，集团公司王总经理先后八次来商厦了解情况，对商厦的经营状况基本满意。12月15日王总经理第九次来商厦了解全年的经营情况，该单位业务科长和财务科长反映的经营状况如下：

财务科长反映，本年商品销售预计达6 000万元，实现利润360万元，流动资本预计周转8次，费用水平3%，从11月份会计报表的资料分析全年的直接费用约90万元，综合毛利率为12%。

业务科长提供的情况是，本年商厦经营的商品是继续增长的趋势，市场占有率也将继续扩大。

王总经理听完汇报后，请财务科和业务科根据掌握的情况，分别制订出下一年的主要经营指标的计划方案。

10天后两科室提供的主要经营方案如下：

财务科：明年比今年销售额增长10%，达到6 600万元；利润率为6%，为396万元；费用水平3%，计划198万元；流动资金周转速度为8次，流动资金平均占用825万元。

业务科：明年销售额比今年增长15%，达到6 900万元；费用率为3%，为207万元；利润率保持 6%，为 414 万元；流动资金周转速度为 8 次，流动资金平均占用 862.5 万元。

王总经理听完汇报后，提出两个计划方案过于保守。根据商厦现有的经营条件和明年的市场形势，销售额要增长 17% 不为冒进，其理由是：

(1) 商厦的营业面积扩大了 1/3；
(2) 今年处理了一批滞销商品，库存结构比重比较合理；
(3) 今年又补进相当一部分适销对路的商品；
(4) 预测的结果表明，商厦经营的商品，明年货源充足，渠道畅通，销售将有较大增长。

分析：
(1) 为什么王总经理指出两个销售计划方案都是保守的？
(2) 根据案例提供的资料，如何提出比较积极的销售计划方案？

实训组织：
(1) 每一个学生根据实训项目的要求，自己首先在课下准备。
(2) 按每组 8 人左右将全班分为若干个小组，每个小组制订出一份商品销售计划。
(3) 每个小组选派一名代表在全班称述。
(4) 每个小组选派一名代表担任评委对选手进行评分。

实训考核：
(1) 每个人的成绩由小组内部评分获得，满分 10 分。
(2) 凡代表小组参加称述的成员，此次实训成绩均为 10 分。

【课后案例】

海尔的未来是什么

海尔在张瑞敏的带领下，经过近 20 多年的发展，将一家亏损 147 万元的小集体企业变为 2009 年全球销售额达 1 342 亿元人民币的跨国公司，成为全球白色家电制造企业第 5 名。世界上每销售 2 台冰箱，其中一台就是海尔冰箱。海尔冰箱以 10.4% 的品牌市场占有率继续位居第一。

海尔当家的四大产品是冰箱、空调、洗衣机和冷柜，都属于电器产品。为了进入世界 500 强，海尔在不断寻找新的增长点。几年前，曾经有学者构想了一个新海尔战略"框架猜想"，如图 3-3 所示。

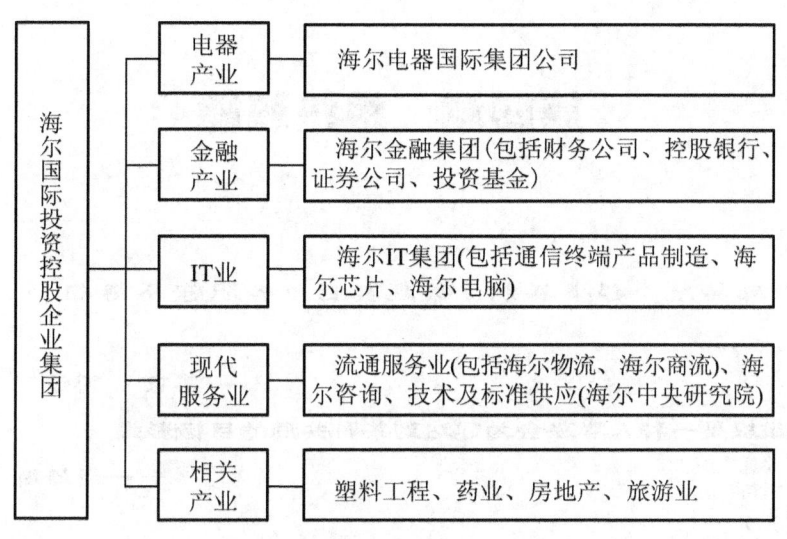

图3-3 新海尔战略"框架猜想"

思考题

1. 搜集有关资料,验证该构想哪些已经成为现实,哪些并没有实现?还有哪些行业海尔已经进入而这个构想没有包含在里面?并分析为什么。
2. 用SWOT法分析已经进入的新行业。
3. 运用头脑风暴法全班谈谈海尔IT业面临的问题。
4. 在充分准备的基础上,小组辩论,正方题目是"海尔进入金融业利大于弊",反方题目是"海尔进入金融业弊大于利"。

第四章 组织职能

> 州总其统，郡举其纲，县理其目，各职守不得相干，治之经也。
>
> ——傅玄《傅子·安民》
>
> 组织是一种人群联合为了达到某种共同的目标形式。
>
> ——詹姆斯·穆尼

学习目标

知识目标：
- 了解组织的含义和分类；
- 熟悉组织的有关概念；
- 了解组织管理活动的过程、内容与职能；
- 熟悉常见组织形式的特点和适用情况；
- 了解人员配备的任务、程序和原则；
- 熟悉组织运行的核心要素，并使组织正常运行。

能力目标：
- 能将在现实生活中的组织按不同标准进行分类；
- 能将组织的有关概念应用到实际管理工作中；
- 能根据一个实际组织的需要设计出组织结构；
- 能根据组织管理高效化的原理为组织配备合适的人员；
- 能在环境发生变化后保证组织正常运行。

开卷有益

分 粥

有七个人曾经住在一起，每天分一大桶粥。要命的是，粥每天都是不够的。

一开始，他们抓阄决定谁来分粥，每天轮一个，于是每周下来，他们只有一天是饱的，就是自己分粥的那一天。后来他们开始推选出一个道德高尚的人出来分粥，强权就会产生腐败，大家开始挖空心思去讨好他，贿赂他，搞得整个小团体乌烟瘴气。然后大家开始组成三人的分粥委员会及四人的评选委员会，但他们常常互相攻击、扯皮，结果粥吃到嘴里全是凉的。

最后想出来一个方法：轮流分粥，但分粥的人要等其他人都挑完后拿剩下的最后一碗。为了不让自己吃到最少的，每人都尽量分得平均，就算不平，也只能认了。结果大家快快乐乐，和和气气，日子越过越好。

【管理启示】

同样是七个人，不同的分配制度，就会有不同的风气。所以一个单位如果有不好的工作习气，一定是机制问题，一定是没有完全公平、公正、公开，没有严格的奖勤罚懒制度。如何制定这样一个制度，是每个领导需要考虑的问题。

【引导案例】

王厂长的等级链

王厂长总结自己多年的管理实践，提出在改革工厂的管理机构中必须贯彻统一指挥原则，主张建立执行参谋系统。他认为，一个人只有一个婆婆，即全厂的每个人只有一个人对他的命令是有效的，其他的是无效的。如书记有什么事只能找厂长，不能找副厂长。下面的科长只能听从一个副厂长的指令，其他副厂长的指令对他是不起作用的。这样做中层干部高兴，认为是解放了。原来工厂有13个厂级领导，每个厂级领导的命令都要求下边执行就吃不消了。一次有个中层干部开会时在桌子上放一个本子、一支笔就走了，散会他也没回来。事后，有人问他搞什么名堂，他说有三个地方要他开会，所以就放一个本子，以便应付另外的会。此事不能怨中层领导，只能怨厂级领导。后来厂领导规定，同一个时间只能开一个会，并且事先要把报告交到党委和厂长办公室统一安排。现在实行固定会议制度，厂长一周两次会，每次两小时，而且规定开会迟到不允许超过5分钟。所以会议很紧凑，每人发言不许超过15分钟，超过15分钟就停止。

上下级领导界限要分明。副厂长是厂长的下级，厂长作出的决定副厂长必须服从。副厂长和科长之间也应如此。厂长对党委负责，要向党委打报告，把计划、预算决算弄好后，经批准就按此执行。所以王厂长跟党委书记有时一周一面也不见，跟副厂长一周只见一次面，王厂长认为这样做是正常的。厂领导规定，报忧不报喜，工厂一切正常就不用汇报，有问题来找王厂长，无问题各忙各的事。

王厂长认为，一个人管理的能力是有限的，所以规定领导人的直接下级只有5～6个人。王厂长现在多了一点，有9个人（4个副厂长、两个顾问、3个科长）。这9个人王厂长可以直接布置工作，有事可直接找他，除此以外，任何人不准找他，找他也一律不接待。

◆ 讨论题：
1. 你对王厂长的做法有何评论？
2. 王厂长的做法对企业未来发展有何影响？

关于"组织"一词的使用，有时并不很严格，如有人常把一个团体称为组织。什么是组织呢？巴纳德认为，组织就是有意识地加以协调两个或两个以上的人的活动或力量的协作系统。哈罗德·孔茨则把"组织"定义为"正式的有意形成的职务结构或职位结构"。由此可见，组织不仅是人的结合，而且是一种特定的体系。

第一节　组织概述

一、组织的含义

组织的含义可以从不同角度去理解，古今中外的管理学家也对此作出了各种不同的解释。被称之为现代管理理论"鼻祖"的切斯特·巴纳德（Chester Irving Barnard）将组织定义为"有意识地加以协调的两个或两个以上的人的活动或力量的协作系统"。

一些学者将组织区分为有形与无形，即组织机构与组织活动。其中，作为组织活动结果的那种无形"组织"的概念，有别于作为有形实体（如工商组织、事业单位、政府部门等机构或组织）存在的"组织"概念。为区别起见，人们在日常生活中也常将有形的组织体称作组织机构，而将那种无形的、作为关系网络或力量协作系统的组织称作组织活动。

无形的组织活动与有形的组织机构之间的关系是一种手段与目的的关系。也就是说，作为"力量协作系统"存在的无形的组织，本身并不具有自己的目的，它不过是为了完成组织机构的目标而存在，是作为实现组织目标的手段。

1. 实体组织

从实体角度看，组织是为实现某一共同目标，经由分工与合作，以及不同层次的权力和责任制度而构成的人群集合系统。这个概念具有三层含义：

（1）组织必须具有目标。任何组织都是为实现某些特定目标而存在，不论这种目标是明确的还是隐含的，目标是组织存在的前提和基础。最基本的目的是有效地配置内部有限的资源。

（2）组织必须有分工与协作。分工与协作关系是由组织目标限定的。一个组织为了达到目标，需要有许多部门，每个部门都专门从事一种或几种特定的工作，各个部门之间又要相互配合，这就是一种分工和合作。只有把分工与合作结合起来，才能提高效率。

（3）组织要有不同层次的权力与责任制度。组织内部必须有分工，而在分工之后，就要赋予各部门及每个人相应的权力，以便于实现目标。但在赋予权力的同时，必须明确各部门或各人的责任。有权力而无需负责任，就有可能导致滥用权力，影响组织目标的实现。

2. 无形的"组织"活动

无形的"组织"活动，是指在特定环境中为了有效地实现共同目标和任务，确定组织成员、任务及各项活动之间关系，对资源进行合理配置的过程。正是借助于组织活动、过程和文化等所具有的协同或协调作用，各类组织机构内部才有可能形成一个"力量协作系统"，使个体的力量得以汇聚、融合和放大，从而体现组织的作用。其主要内容包括：

（1）组织机构的设计。当组织目标确定以后，管理者首先要对为实现组织目标的各种活动内容进行区分和归类；把性质相近或联系紧密的工作进行归并，成立相应的职能部门进行专业化管理，并根据适度的管理幅度来确定组织的管理层次，包括组织内横向管理部门的设置和纵向管理层次的划分。无论是纵向还是横向的职权关系，都是使组织能够促进各部门的活动并给组织带来协调一致的因素。

（2）适度和正确授权。在确定了组织机构的形式后，要进行适度的分权和正确的授权。分权是组织内管理的权力由高层管理者委派给各层次和各部门的过程。分权适度，授权成功，则会有利于组织内各层次、各部门为实现组织目标而协同工作，同时也使得各级管理人员能够产生满足感。

（3）人力资源管理。人是组织的主体，人群中存在着复杂的人际关系。组织活动包括人员的选择和配备、训练和考核、奖励和惩罚制度，以及对人的行为的激励措施等。

（4）组织文化建设。组织活动包括为创造良好的组织气氛而进行团体精神的培育和组织文化的建设。无数成功组织的事例证明，组织文化是否良好，对于一个组织能否发挥有效作用至关重要。

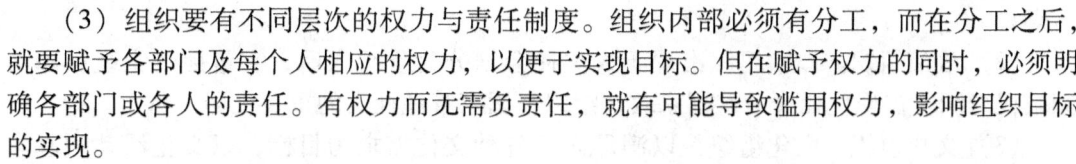

思考题 4.1

组织应随着外部环境的变化而随时变化，你同意这种观点吗？

二、组织分类

在现实生活中，组织可以按不同标准进行分类，较为通用的分类观点有以下这些。

1. 按组织的性质分类

（1）经济组织。经济组织是人类社会最基本、最普遍的社会组织，它担负着提供人们衣食住行和文化娱乐等物质生活资料的任务，履行着社会的经济职能。在现代社会

中,经济组织包括生产组织、商业组织、金融组织、交通运输组织和其他服务性组织等。

(2)政治组织。政治组织出现于人类社会划分为阶级之后,它包括政党组织和国家政权组织。在现代社会中,国家政权组织是国家管理社会的重要机器。

(3)文化组织。文化组织是以满足人们各种文化需求为目标,以文化活动为基本内容的社会团体。这类组织如学校、图书馆、影剧院、艺术团体、科学研究单位等。

(4)群众组织。这类组织是社会各阶层、各领域的人民群众,为开展各种有益活动而形成的社会团体。例如工会、共青团、妇女联合会、科学技术协会等。

(5)宗教组织。宗教组织是以某种宗教信仰为宗旨而形成的组织,代表宗教界的合法利益,组织正常的宗教活动。

2.按组织的形成方式分类

(1)正式组织。正式组织是为了有效地实现组织目标,而明确规定组织成员之间职责范围和相互关系的一种结构,其组织制度和规范对成员具有正式的约束力。

(2)非正式组织。非正式组织是人们在共同工作或活动中,由于具有共同的兴趣和爱好,以共同的利益和需要为基础而自发形成的团体。

3.按社会功能分类

美国著名社会学家帕森斯认为,以组织的社会功能为标准,组织分为:

(1)以经济生产为导向的组织。这类组织是以经济生产为核心,运用一切资源扩大组织的经济生产能力。这种组织包括公司、工厂、银行、饭店等。

(2)以政治为导向的组织。这类组织的社会功能在于实现某种政治目的,因此它的重点是权力的产生和分配。如政府部门的一些组织就属此列。

(3)整合组织。这类组织的社会功能在于协调各种冲突,引导人群向某种固定的目标发展,以保持一定的社会秩序,如法院、政党等组织。

(4)模型维持组织。这类组织的功能在于维持固定的社会形式,来确保社会的平衡发展,如学校、社团、教会等。

三、组织的有关概念

1.管理幅度与管理层次

任何主管能够直接有效指挥和监督的下属数量总是有限的。这个有限的直接领导的下属数量被称作管理幅度。基于同样的理由,最高主管的委托人也需将受托担任的部分管理工作再委托给另一些人来协助进行,依此类推,直至受托人能直接安排和协调组织成员的具体业务活动,由此形成组织中最高主管到具体工作人员之间的不同管理层次。

一个组织的管理层次的多少,受到组织规模和管理幅度的影响。在管理幅度给定的条件下,管理层次与组织的规模大小成正比,组织规模越大,包括的成员数越多,其所需要的管理层次就越多。在组织规模给定的条件下,管理层次与管理幅度成反比,每个主管所能直接控制的下属人数越多,所需的管理层次就越少。

有效管理幅度的大小受到管理者本身的素质与被管理者的工作内容、能力、工作环境与工作条件等诸多因素的影响,每个组织都必须根据自身的特点,来确定适当的管理幅度、相应的管理层次。

2. 集权与分权

"权力"通常被描述为组织中人与人之间的一种关系,特指处在某个管理岗位上的人,对整个组织或所辖单位及个人的一种影响力,简称管理者影响别人的能力。权力主要来源于三个方面:专长权、个人影响权与制度权(或称法定权)。这里关心的主要是制度权,它作为赋予管理系统中某一职位的权力,其实质就是决策权。制度权与组织中的管理职位有关,而与占据这个职位的人无关。

(1) 组织中的集权倾向。在集权的组织中,决策权在很大程度上向处于较高管理层次的职位集中;在分权的组织中,决策权则在很大的程度上分散到处于较低管理层次的职位上。对于实际组织来说,必须区别不同情况,有针对性地采取集权与分权的做法。但令人遗憾的是,几乎所有的组织都普遍存在集权的倾向,集权倾向产生的原因有:①组织的历史;②领导的个性;③政策的统一与行政的效率。

集权至少有两方面的好处:一是可以确保组织总体政策的统一,二是可以保证政策执行的高效率。但过分集权也存在一些弊端。①降低决策的质量;②降低组织的适应能力;③降低组织成员的工作热情。权力的高度集中,使得基层管理人员和操作人员的积极性、主动性、创造性下降,从而使组织的发展失去基础。

(2) 分权的标志及其影响因素。考察一个组织的分权程度,不在于形式上是否按地域或职能等进行划分,或者是否设立了更多的子部门或管理层次,其关键在于决策权或命令权是保留还是下放。分权可以通过两种途径来进行:改变组织设计中的权力分配与主管人员在工作中的授权。从促进分权的角度来看,组织规模的扩大,组织活动的分散化,以及培养后备管理队伍的需要,都对分权提出要求。而组织中维护政策与命令一致性的要求,缺乏分权所需的合格管理人员的现实,又使得组织的高层管理者不愿分权。

研讨与质疑

你怎样理解"在现代企业管理中,组织结构扁平化是一种普遍趋势"?请举例说明。

3. 正式组织与非正式组织

(1) 正式组织的活动与非正式组织的产生。非正式组织是伴随着正式组织的运转而形成的。正式组织中某些小群体成员,由于工作性质相近、社会地位相当,对一些具体问题的认识基本一致、观点基本相同,或者在性格、业余爱好以及感情相投的基础上，形成了一些被其成员共同接受并遵守的行为规则，从而使原来松散、随机形成的群体渐渐成为倾向固定的非正式组织。

（2）正式组织的特征。①经过规划而不是自发形成的。②有十分明确的组织目标。③讲究效率，协调地处理人、财、物之间的关系，以最经济有效的方式达到目标。④分配角色任务，影响人们之间关系的层次。⑤建立权威，组织赋予领导以正式的权力，下级必须服从上级。⑥制订各种规章制度约束个人行为，实现组织的一致性。⑦组织内个人的职位可以相互替代。

（3）非正式组织的特征。①组织的建立以人们之间具有共同的思想、相互喜爱、相互依赖为基础，是自发形成的。②组织最主要的作用是满足个人不同的需要。③组织一经形成，会产生各种行为规范，约束个人的行为。

（4）发挥非正式组织的积极作用。正式组织目标的有效实现，要求利用非正式组织的积极作用，努力克服和消除其不利影响。非正式组织对正式组织来讲，具有正、反两方面的功能。非正式组织的正面功能主要体现在：非正式组织混合在正式组织中，容易促进工作的完成；正式组织的管理者可以利用非正式组织来弥补成员间能力与成就的差异，可以通过非正式组织的关系与气氛获得组织的稳定，可以运用非正式组织作为正式组织的沟通工具，可以利用非正式组织来提高组织成员的士气等。非正式组织的负功能主要体现为可能阻碍组织目标的实现等。

4. 直线与参谋

（1）直线、参谋及其相互关系。在组织中，直线与参谋是两类不同的职权关系。直线关系是一种指挥和命令的关系，授予直线人员的是决策和行为的权利；而参谋关系则是一种服务和协助的关系，授予参谋人员的是思考、筹划和建议的权力。正确处理直线与参谋的关系，充分发挥参谋人员的合理作用，是发挥组织中各方面力量的协同作用的一项重要内容。

（2）直线与参谋的矛盾。从理论上来说，设置作为直线主管助手的参谋职务，不仅可以保证直线的统一指挥，而且能够适应复杂的管理活动对于多种专业知识的要求。然而在实践中，直线与参谋的矛盾冲突，往往是造成组织缺乏效率的重要原因之一。考察这些低效率的组织活动，通常可以发现这样两种不同的倾向：要么保持了命令的统一性，但参谋作用不能充分发挥；要么参谋作用发挥失当，破坏了统一指挥的原则。这使得在实际工作中，两者常常相互产生不满情绪。

（3）正确发挥参谋的作用。合理利用参谋的工作，首先要求明确直线与参谋的关系，分清双方的职权关系与存在价值，从而形成相互尊重、相互配合的关系；其次授予参谋机构必要的职能权力，以提高参谋人员的积极性；最后，直线经理为参谋人员提供必要的信息条件，以便从参谋人员处获得有价值的支持。总之，处理好直线和参谋之间的矛盾，一方面要求参谋人员经常提醒自己"不要越权"、"不要篡权"；另一方面，也要求直线经理尊重参谋人员所拥有的专业知识，自觉利用他们的工作，取长补短。

第二节　组织结构设计

设置组织结构，首先需要了解组织管理职能，选择适当的组织结构形式，因不同的组织有不同的特点，不可能采用统一的固定的模式，但各组织在进行组织结构设计时，可以把已有的组织结构模式作为参考。

拓展案例

1904年，在美国圣路易举行的奥运会撑竿跳高比赛中，一名日本选手从容不迫地慢慢走进沙坑，把手中的撑竿用力插入沙土中，然后顺着竿子爬到最高处，越过横竿跳下来。在场的所有人都看得目瞪口呆，裁判十分为难，不知道该不该记他的成绩，因为他并没有违反比赛规则，只不过是投机取巧罢了。但裁判组经过讨论，还是取消了他的成绩。在日本选手据理力争时，裁判补充了撑竿跳高的比赛规则，要求运动员必须要有一段助跑过程。日本选手听罢，在第二次试跳中有了助跑动作，但跑到沙坑边又故技重演，顺着竿子爬到了最高处，然后越过横竿跳下来，并再次取得了最好的成绩。这次让裁判组更加难堪，不得不再次举行紧急会议。最后规定：撑竿跳高比赛必须要有助跑，并且不能交替使用双手动作，这项规则被明确下来，一直沿用至今。显然，制度的规范性、严谨性是非常重要的。

资料来源：崔卫国，刘学虎. 管理学故事会［M］. 北京：中华工商联出版社，2005.

一、组织管理职能

组织管理职能主要包括以下四个方面的内容。

1. 组织设计

这是以组织结构安排为核心的组织系统设计活动，是组织总体设计的重要组成部分，是有效地实施管理职能的前提条件。组织设计的主要内容包括：

（1）职能分析和职位设计。首先要分析，整个组织活动要得以正常有序、有效地进行，组织应该具备哪些职能？然后根据职能设计职位。

（2）部门设计。根据一定的标志和原则划分部门，形成合理的部门结构。

（3）管理层次与管理幅度的分析与设计。首先要对影响管理层次和管理幅度的各种因素加以分析，然后划分出不同的管理层次，并确定适当的管理幅度，目的是要保证整个组织结构安排的精干与高效。

（4）组织决策系统的设计。包括组织的领导体制的确立，高层组织的权力结构设计，组织高层决策机制的设计，各种咨询性或顾问性组织的设计等。

（5）组织执行系统的设计。组织的执行系统和相应职能部门的设计，目的在于有效地开展各项组织活动。

（6）横向联系和控制系统的设计。

（7）组织的行为规范设计。

（8）组织变革与发展的规划设计。

2. 组织运用

组织运用就是执行组织所规定的功能，通过开展各种管理活动使组织发挥功效，最终实现组织的目的。因此，组织运用是一个从静态结构到动态活动的过程，主要内容包括：

（1）制定各部门的活动目标和工作标准。

（2）制定办事程序和办事规则。

（3）建立检查和报告制度。

（4）做好各种原始记录和信息资料的整理。

（5）具体开展各种管理活动。

3. 人员任用

人员任用就是要根据因事设职、因职择人、量才使用的原则，根据职务的需要，在每一个工作岗位和部门配备最适当的人选，同时也为每一个人找到最适合的岗位，以便人尽其才。在人员任用时要特别注意以下几点：

（1）要给每一个部门配备一个有能力的领导人。

（2）要注意各类人员性格与能力的互补。

（3）克服因人设事。

（4）不要启用消极和悲观的人。

（5）不要启用对组织缺乏忠诚和奉献精神的人。

4. 组织变革

任何组织都不会是一成不变的，任何组织也都不会是完美无缺的，随着组织内部条件与外部环境的变化，一个富有生命力的组织为了适应这种变化，必然会及时地作出相应的调整，也就是进行组织的变革，以达到组织的自我发展和自我完善。

组织的变革有三种基本的方式：

（1）改良式的变革。在原有的组织结构框架内作些日常的小改小革，修修补补。如局部改变某些科室职能，新设某些机构，新任命某些人员，或小范围地精简、合并或撤销某些部门等。

（2）革命式的变革。即断然采取革命性的措施，彻底打破原有框架，在短期内迅速完成组织机构的重大改组。

（3）计划式的变革。先对改革方案进行系统研究，制定全面规划，设计出理想的变革模式，然后有计划、有步骤、分阶段地实施。这是一种比较理想的组织变革方式，在实际工作中得到普遍采用。

思考题 4.2

有人讲，员工喜欢在扁平的分权化的组织中工作。你认为是这样吗？为什么？

二、组织结构设计

1. 组织结构设计的理论

组织结构设计是以组织结构安排为核心的组织系统的整体设计工作，是一项操作性很强的工作，它是在组织理论的指导下进行的。组织结构设计理论又分为静态的组织设计理论和动态的组织结构设计理论。静态的组织结构设计理论主要研究组织的职权结构、部门结构和规章制度等。动态的组织结构设计理论则在静态组织结构设计理论的基础上，加进了人的因素，并研究了组织结构设计完成以后运行中的各种问题。

2. 组织结构设计的目的

进行组织结构设计时，首先考虑到的一个问题是组织结构设计的目的。要做好正式组织的设计，必须符合下列六个要求：

（1）应该设计成符合组织活动目的的组织。
（2）应该设计成能使组织成员的能力得以发挥最大效用的组织。
（3）应该设计成能使组织成员对组织作出贡献的欲望得以提高的组织。
（4）应该设计成能使组织成员对组织有归属感的组织。
（5）应该设计成一个能不断持续发展的组织。
（6）应该设计成富有高效率的组织。

3. 常见组织结构类型

常见的一些组织结构的基本类型有直线制、职能制、直线－职能制、矩阵制、事业部制、超事业部制、模拟分散制、委员会形式等。下面以企业为例介绍几种基本的组织结构形式。

思考题 4.3

在创新人物比较多、生产经营环境复杂多变的条件下，采用哪种组织结构形式比较适宜？

（1）直线制。直线制形式（如图 4-1 所示）又称"军队式组织"，是最古老的一种企业管理组织形式。这种组织结构形式是人类社会各种组织存在的最基本形式。

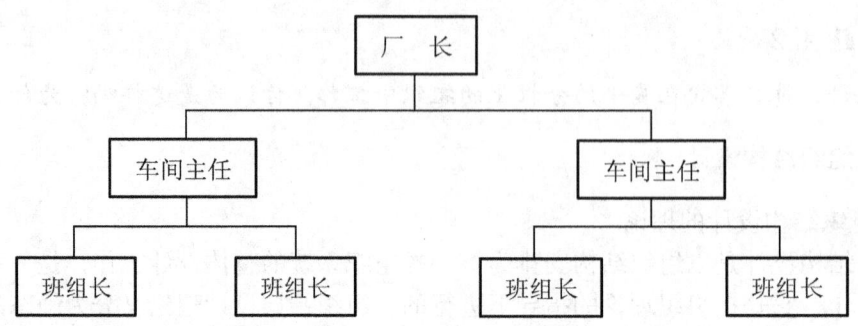

图 4-1 直线制组织结构形式

直线制组织的优点是：管理机构简单，管理费用低，厂长的指挥命令系统单纯，命令统一，决策迅速，责任明确，指挥灵活，直接上级和下级关系十分清楚，维护纪律和秩序比较容易。这种管理方式的不足是：缺少专业分工，权力过于集中，领导负担较重。因一个人的精力毕竟有限，所以多数情况下厂长难以深入、细致、周到地考虑每一个问题。

这种组织形式适用于规模较小、任务比较单一、人员较少的组织，创业初期的企业。以制造业企业为例，直线制组织的结构如图 4-1 所示。

（2）职能制。职能制组织形式（如图 4-2 所示）的特点是：采用专业分工的管理者，代替直线制的全能管理者，在组织内部设立职能部门，各职能机构在自己的业务范围内，有权向下级下达命令和指示，直接指挥企业的生产活动；各级负责人除了服从上级行政领导的指挥外，还要服从上级职能部门在其专业领域的指挥。

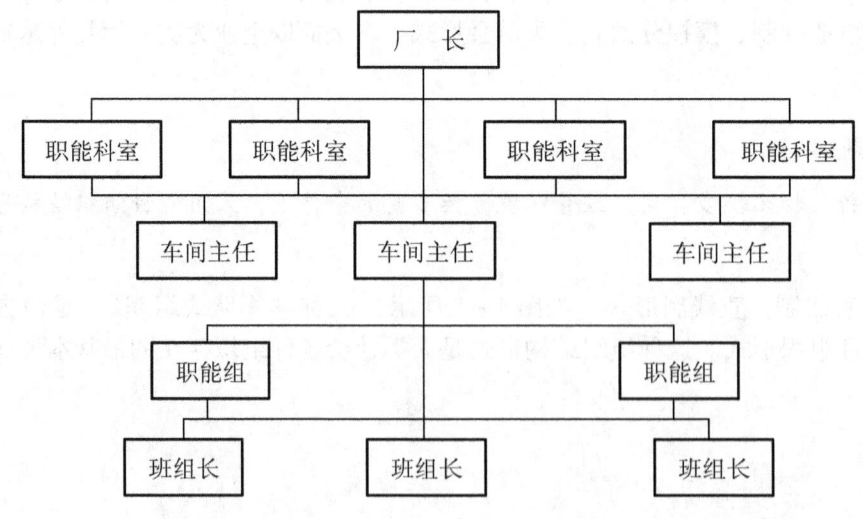

图 4-2 职能制组织结构形式

职能制的优点是：由于每个管理者只负责一方面的工作，就可充分发挥职能机构的专业管理作用，减轻各级行政领导的工作负担，对下级工作知道具体，还可以弥补各级行政领导人管理能力的不足。其缺点是：上头千条线，下边一根针，容易形成多头领导，削弱统一指挥原则，易造成管理上的混乱。

这种组织形式适用于任务较复杂的社会管理组织和生产技术复杂、各项管理工作需要具有专门知识的企业管理组织。

(3) 直线－职能制。直线－职能制，又称直线－参谋制，结构如图4-3所示，它是综合直线制和职能制两种类型组织特点而形成的组织结构形式。以直线制为基础，既设置了直线行政领导，又在各级行政领导之下设置了相应的职能部门，分别从事职责范围内的专业管理。在这种组织结构中，两类人员的职权必须是十分清楚的，即一类是直线行政领导人员，他们拥有对下级的指挥和命令的权力，承担着实现所管理的部门的业务目标的任务；另一类是职能部门的职能管理人员，他们只能起参谋和助理的作用，对下级机构可以进行业务指导、提出建议，但无权向下属机构及其管理人员发布命令。

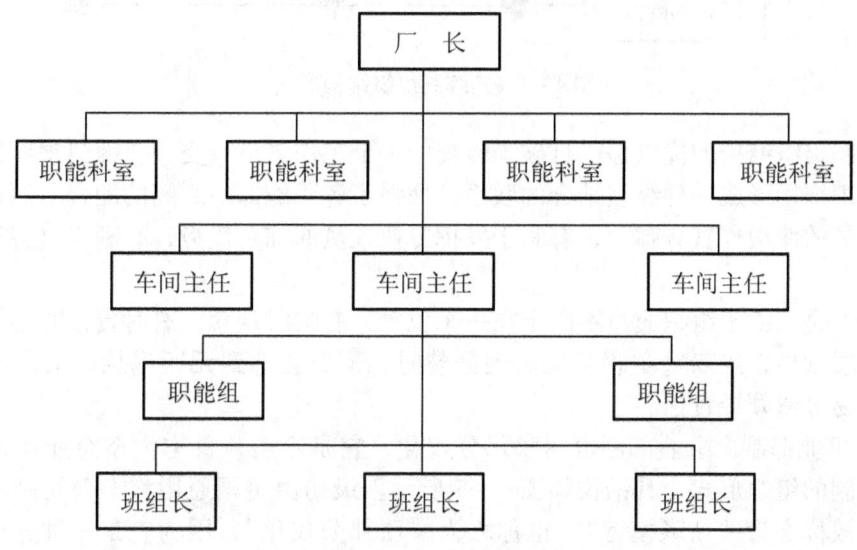

图4-3 直线－职能制组织结构形式

直线－职能制组织结构的优点是：既发挥了职能机构专业管理的作用，又便于领导者统一指挥，避免多头领导。其缺点是：各职能部门之间横向联系较差，信息传递路线较长，适应环境变化差。

直线－职能制是一种普遍适用的组织形式，我国大多数企业和一些非盈利组织均采用这种组织形式。

(4) 矩阵制。矩阵制又叫规则－目标结构，如图4-4所示。它由纵横两套管理系统叠加在一起组成一个矩阵，其中纵向系统是按照职能划分的指挥系统，横向系统一般是按产品、工程项目或服务划分的管理系统。矩阵组织实际上可以称为之"非长期固定性组织"。为了完成某一项目（如航空、航天领域某个型号产品的研制），由各个职能部门抽调人员组成项目经理部，该项目经理部包括了完成项目所必需的各类专业人员；当项目完成后，各类人员另派用场，此项目经理部即不复存在。

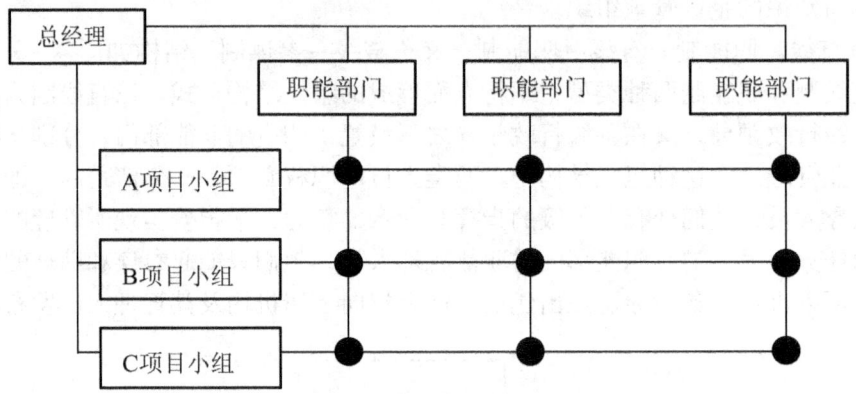

图 4-4 矩阵制组织结构形式

矩阵制组织结构的优点是：打破了传统的一个工作人员只受一个部门领导的管理原则，使组织结构形成一种纵横结合的联系，加强了各职能部门之间的配合。而且，组织对专业人员的使用也富有弹性，有利于发挥专业人员的综合优势，有利于改善整体工作效率。

其缺点是：由于组织成员不固定在一个位置，有临时观念，有时责任心不够强；人员接受双层领导，当双重主管意见出现分歧时，下属会感到无所适从；工作出现差错时，又不易分清领导责任。

（5）事业部制。事业部制也叫联邦分权化，它是欧美、日本大型企业所采用的典型的分权制的组织形式，其结构如图4-5所示。最初由美国通用汽车公司副总经理斯隆创立，故称之为"斯隆模型"。也称之为"联邦分权化"，因为它是一种分权制的企业组织形式。这种组织形式之所以被广泛采用，是由于大型企业和集团型企业的出现及日趋激烈的市场竞争。新的外部环境要求企业既具有与强大对手抗衡的雄厚实力，又要有对市场经常变化迅速作出反应的经营灵活机制。

事业部主要特点是：经营单一产品系列，对产品的生产和销售统一管理，自主经营，独立核算。其优点有：①有利于发挥各事业部的积极性、主动性；②有利于最高管理层摆脱日常事务，集中精力去考虑宏观战略；③有利于锻炼和培养部门高级管理人员。因此，事业部制得到了比较广泛的采用。

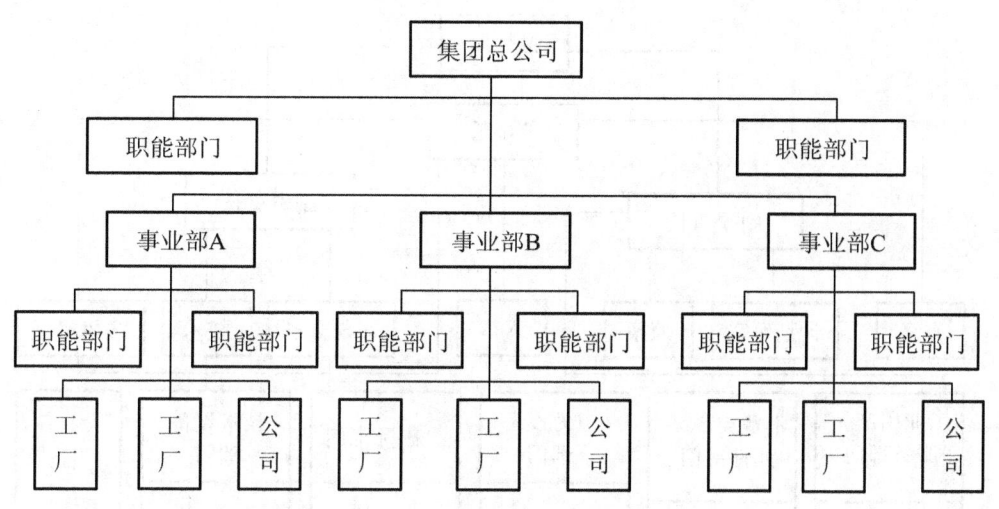

图 4-5 事业部制组织结构形式

事业部制组织的主要缺点：①事业部制要求管理者精干得力，知识面广，经验丰富，如果管理者素质达不到要求，则会造成事业部管理的困难；②事业部制还存在着分权所带来的一些不足，如本位主义、指挥不灵、架空公司领导的现象，从而削弱对事业部门的控制；③职能机构重复设置，管理人员增多，增加管理费用等一些不良现象。

小讨论

事业部制与直线-职能制在框架结构上非常相似，你认为两者的本质差别是什么？

（6）超事业部制。又叫"执行部制"。这种组织形式就是在事业部的上面，增加一层管理组织。它是因为企业的规模越来越超大型化，总公司直接领导各事业部显得管理跨度大，难以实行有效管理，因而设置的一级机构，实际上相当于"分公司"。以美国通用电器公司推行的超事业部制为例，其结构如图 4-6 所示。

超事业部制的特点是：它在统辖和协调所属各事业部活动时，使管理体制在分权的基础上又适当地再度集中。这样可以更好地协调和利用几个事业部的力量搞产品开发和市场开拓。但它的适用范围相对缩小，对规模很大的公司才较为适宜。

（7）模拟分散制。这是在一些生产规模大而生产过程的连续性或经营活动的整体性又很强的企业，如大型化企业，既不宜采用职能制的组织形式，又不宜采用直线-职能制的组织形式，也不宜采用事业部制的组织形式，于是产生了介于上述两种组织形式之间的模拟分散制的管理组织形式，如图 4-7 所示。

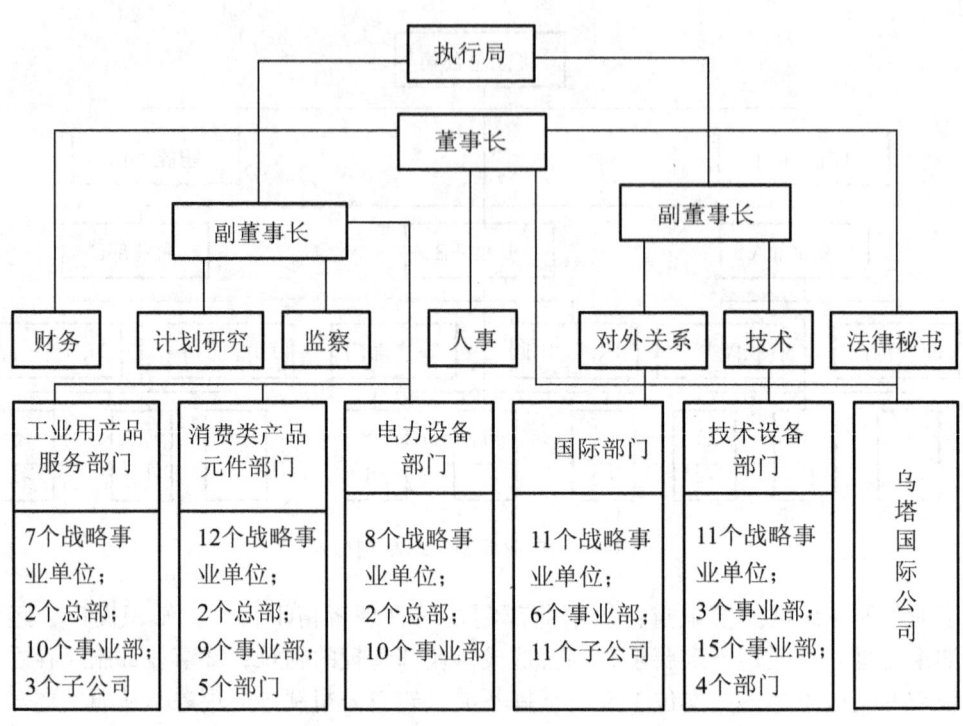

图4-6 超事业部制组织结构形式

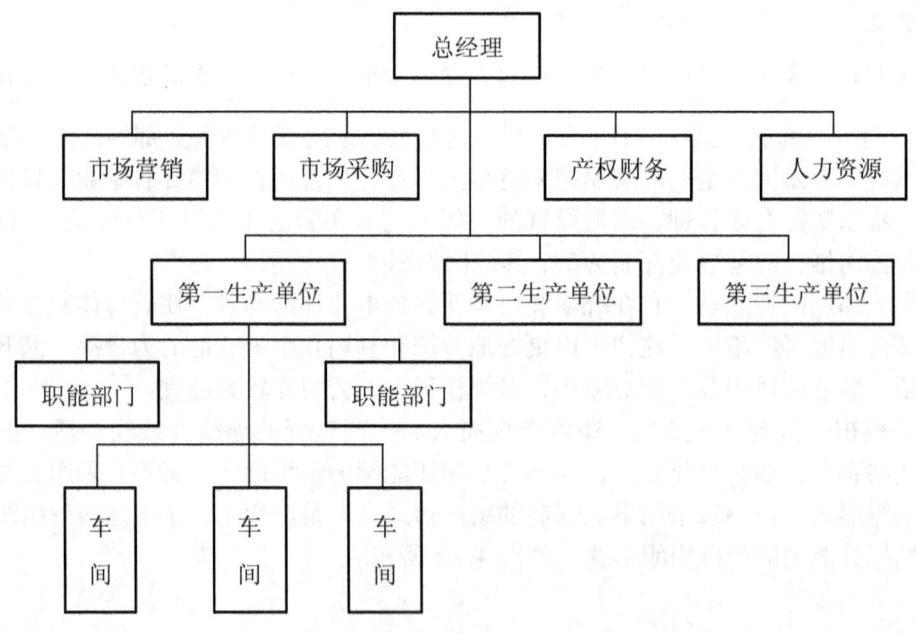

图4-7 模拟分散制组织结构形式

这种组织形式的特点是：把企业按生产阶段划分为许多相对独立的生产经营单位，在保证生产过程连续性的条件下，给他们尽可能大的生产经营自主权，但不直接和市场发生联系。这些模拟存在的"责任单位"，拥有自己的职能机构，负有模拟性的盈亏责任，各个组织之间按转移价格进行产品和劳务交换，用内部结算价格计算盈亏。

这种组织形式的优点是：可以调动各个模拟单位的积极性和主动性。其缺点是：难以明确责任。

小练习

请你在了解自己所处院校的教学及其他工作情况下，谈谈应如何设计所在学校的组织结构？

三、影响组织结构设计的因素

每一个组织内外的各种变化因素，都会对其内部的组织结构设计产生重大的作用，如组织的规模、战略、环境、技术和权力控制等因素。

1. 规模因素

早在20世纪60年代初期，管理学家琼·伍德沃德等就对英国南部的100多个公司进行了深入的调查研究。他们发现，一个组织的组织结构设计与其本身规模的关系大体为：①组织规模越大，工作就越专业化；②组织规模越大，标准操作程序和制度就越健全；③组织规模越大，分权的程度就越高。

2. 战略因素

一个组织的战略就是它的总目标，它涉及一定时期内组织的全局方针、主要政策与任务的运筹谋划，它决定着本组织在一定时期内的活动方向和水平，它是制定策略和计划的准绳。

知识链接

最近，美国管理学家亨利·明兹伯格又进行了更为深入的研究。他在1979年出版的《组织的结构》一书中明确提出，一个单位的战略决定着其任务、技术和环境，而这些方面的因素又决定着其本身的组织结构设计。他还认为，一个组织的战略还决定着它的权力分配形式和生产增长率；而权力的分配形式和生产率的增长也影响着其组织结构。

3. 环境因素

在不同环境中的两个单位，其组织结构也不相同。因为不同的环境形成了两种不同的组织结构，即机械式组织结构与动态式组织结构。机械式组织结构，一般来说，处于

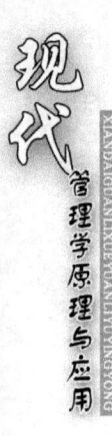

相对稳定状态中的组织单位都采用这种机械式的组织结构。动态式组织结构，适用于处在不稳定或不可预测环境下的组织。因为环境动荡，要求其组织结构也具有相对灵活的动态性。

4. 技术因素

一个单位的技术不仅是限于机器设备和自动装配线，还包括其情报信息系统和教育培训人才等。

小案例

美国管理学家琼·伍德沃德首先对技术与组织设计的关系进行了调查与研究，她重点分析了企业的技术与组织结构之间的关系。按照组织的"工艺技术连续性"的程度，她把组织分为三种类型：单一和小批量的生产技术、大批量和大量的生产技术、管道连续性的流水作业生产技术。她对这三种技术类型的组织及其组织结构进行了比较和考察，并对管理的层次、管理人员的管理幅度，以及生产工人与管理人员的比例进行了分析比较。

5. 权力控制因素

以斯蒂芬·罗宾斯为代表的权力控制决定组织结构的研究者认为，组织的规模、战略、技术和环境等因素对组织结构模式的备选方案起着限制性作用，但是，从诸个备选方案中挑选哪一个方案，则最终由权力控制者决定。

第三节 组织人员配备

在一个组织中，有一个设计合理的组织结构固然十分重要，但组织结构的存在只是一个框架，人才是组织的灵魂。从某种意义上来说，为组织结构配备合适的人员更为重要。如果组织的结构合理，而人员配备不合理，那么，组织的工作就无法做好，任务就无法完成，组织目标就无法实现。

管理的十大经典理论之五

彼得原理

每个组织都是由各种不同的职位、等级或阶层的排列所组成，每个人都隶属于其中的某个等级。彼得原理是美国学者劳伦斯·彼得在对组织中人员晋升的相关现象研究后，得出的一个结论：在各种组织中，雇员总是趋向于晋升到其不称职的地位。彼得原理有时也被称为向上爬的原理。这种现象在现实生活中无处不在：一名称职的教授被提升为大学校长后,却无法胜任;一个优秀的运动员被提升为主管体育的官员,而无所作为。对一个组织而言,一旦相当部分人员被推到其不称职的级别,就会造成组织的人浮于事,效率低下,导致平庸者出人头地,发展停滞。因此,这就要求改变单纯的根据贡献决定晋升的企业员工晋升机制,不能因某人在某个岗位上干得很出色,就推断此人一定能够胜任更高一级的职务。将一名职工晋升到一个无法很好发挥才能的岗位,不仅不是对本人的奖励,反而使其无法很好发挥才能,也给企业带来损失。

在组织的人员配备中,主管人员的配备是最重要的,受过良好训练的主管人员能够为人们创造集体努力工作的环境,保证组织目标的实现。组织人员配备受许多因素的影响,既包括外界因素,也包括内部因素。因此,有效的人员配备取决于对诸多内外部环境因素的认识。

研讨与思考

如果为你所熟悉的学校一个部门或工作岗位制定部门(岗位)责任制,请分析应包括哪些基本内容?

一、影响组织人员配备的因素

1. 内部影响因素

一般地,组织内部的影响因素主要有:组织目标、技术特点、组织结构、组织所雇用的人员类别、组织风气、组织内部对主管人员的供求量、报酬制度,以及各种人事政策等。

2. 外部影响因素

外部影响因素则主要包括社会文化教育水平、处事态度、经济条件、直接影响人员配备工作的一些法令或条例以及组织外部对主管人员的供求情况等。

以上这些内外影响因素互相交织在一起,使人员配备显得格外复杂。尽管如此,仍可以按一定的系统的逻辑内容和程序步骤描述这一活动过程。

二、人员配备的任务、数量和原则

1. 人员配备的任务

人员配备,就是利用合格的人力资源对组织结构中的职位进行不断填充的过程,它包括明确组织人才的需求,对现有的人力资源进行摸底、选拔、安置、提拔、考评、奖酬、训练和培养等一系列活动,或从外部招募。近年来,人力资源管理受到了很大的重视。

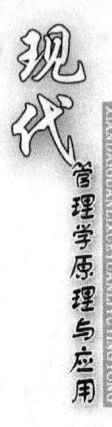

人员配备的直接任务是为组织结构中的各个职位配备合适的人员,不仅要满足组织的需要,同时也必须关注组织成员个人的特点、爱好和需要,以便为每个人员安排适当的工作。

2. 人员配备的数量

人员配备是在组织设计的基础上进行的。人员需要量的确定主要以设计出的职务数量和类型为依据。职务类型指出了需要什么样的人,职务数量则说明了每种类型职务所需要的人员数量。

一个组织中人员的需要量,基本上取决于组织的计划、组织结构的规模与复杂程序,以及组织的扩充发展计划和人员的流动率。组织结构设计完成后,其中所设计的各个职务,就是组织所管的人员数。对人员的需求分析除了数量以外,在质量上也有要求,即每一职位所要求的资格,二者结合起来,才能选出最合适的人员。对占据各个位置的管理者的职务履行情况进行考核和评价。要根据组织的成员、技术、活动、环境等特点,利用科学方法,有计划、有组织、有重点地进行全员培训,特别是要加强有发展潜力的未来管理人员的培训。

3. 人员配备的原则

为求得人与事的优化组合,人员配备过程必须遵循因事择人、因材使用、人事动态平衡的原则。因事择人的原则,就是根据岗位要求,选择具备相应知识与能力的人员到合适的岗位,以使工作卓有成效地完成。因材使用的原则,要求根据人的不同特点来安排工作,使人的潜能得到最充分的发挥。人事动态平衡的原则,要求以发展的眼光看待人与事的配合关系,不断根据变化了的情况,进行适时调整,实现人与工作的动态平衡与最佳匹配。

三、管理人员的选聘

管理人员的赞扬、培养和考评,是人员配备职能中最关键的核心,不仅直接影响到人员配备的其他方面,而且对完善管理过程的进行乃至组织的活动,都有着极其重要的影响。管理人员的质量是任何一个组织不断成功的最重要的决定因素。

1. 管理人员需要量的确定及来源

一个组织中未来主管人员的需要量,基本上取决于组织的现有规模、机构、岗位设置与复杂程度,以及组织的扩充发展计划和主管人员的流动率。选聘主管人员的途径有两种:一是从组织内部提升(内升制),二是从组织外部选聘(外求制)。

从内部提升是指随着组织内部成员能力的增强,在得到充分证实后,对那些能够胜任的人员委以承担更大责任的更高职位。

内部提升的优点是:有利于对选聘对象的全面了解,以保证选聘工作的正确性;被提升的组织内成员对组织的历史、现状、目标以及现存的状态比较了解,有利于被聘者开展工作;有利于鼓舞士气,激励组织成员的上进心和工作热情,调动组织成员的积极性；可使组织对其成员的培训投资获得回报，获得比当初投资更多的培训投资效益。

内部提升的缺点是：当组织内部人才储备的质或量不能满足组织发展的需要，如果仍然坚持从内部提升，将会使组织既失去得到一流人才的机会，又使不称职的人占据主管职位；由于组织成员习惯了组织内的一些既定的做法，不易带来新的观念，容易造成"近亲繁殖"；同时，因为提升的人员数量毕竟有限，若有些人条件大体相当，有的被提升，有的仍留在原来的岗位，没有被提升的人的积极性将会受到一定程度的挫伤。

从外部招聘是指根据一定的标准和程序，从组织外部的众多候选人中选择符合空缺职位工作要求的管理人员。外部招聘的渠道很多，可以通过广告、就业服务机构、一些管理协会或学校、组织内成员推荐等途径来进行。

外部招聘的优点是：有比较广泛的人才来源满足组织的需求，有可能招聘到第一流的管理人才；可避免近亲繁殖，给组织带来新的思想、新的方法，防止组织的僵化和停滞；可避免组织内没有提升的人的积极性受挫，避免造成因嫉妒心理而引起的情绪不快和组织成员之间的不团结；大多数应聘者都具有一定的理论知识和实践经验，因而可节省在培训方面所耗费的大量时间和费用。

外部招聘的缺点是：组织内部员工的士气或积极性将会受到影响；应聘者对组织的历史和现状不了解，不能很快开展工作；在招聘过程中不可避免地会过多注重其学历、文凭、资历等，有时会导致对应聘者产生很大的失望。

主管人员的选聘无论是内升制还是外求制，都不是十全十美的，但在实际工作中，还是有一些一般的规律。一般说来，当组织内有能够胜任空缺职位的人选时，应先从内部提升；当空缺的职位不是很重要，并且组织已有既定的发展战略时，应当考虑从内部提升。然而，当组织急缺一个关键性的主管人员，而组织内又无胜任这一重要职位的人选时，就需从外部招聘，否则将会导致组织处于停顿甚至后退状态。在通常情况下，选拔主管人员往往是采用内部提升和外部招聘相结合的途径，成功的企业大都主张采取内部提升和培养的方法，但一个组织选聘主管人员究竟是采用"内升制"，还是采用"外求制"，要根据具体情况而定，随机制宜地选择选聘的途径。

1. 管理人员选聘的程序和方法

在组织未来所需主管人员的数量和要求已经明确，并且制订了选聘政策之后，就要开始实施具体的选聘工作。选聘可在组织内由各级负责人员配备的主管人员和人事部门主持进行，也可委托组织外的机构或专家对候选人进行评价。选聘的具体程序应包括的步骤，随组织的规模、性质以及空缺主管职位的性质和要求而有所不同。不过在设计步骤时，应考虑到时间、费用、实际意义以及难易程度等因素。通过竞争方式选聘管理人员的主要程序和方法如下：

（1）公开招聘。选聘工作机构通过适当的媒介，向组织内外公布待聘职务的数量、性质以及对候选人的要求等信息，鼓励自认为符合条件的候选人踊跃报名。

（2）粗选。根据报名者的背景情况进行初步筛选。

（3）对初选合格者进行知识与能力考核。对粗选合格者，进行细致全面的考核和评价。采用的具体考核方式通常有：智力与知识测验、竞聘演讲与答辩、案例分析与实际能力考核。

（4）民意测验。在选聘管理人员时，特别是选聘组织中较高管理层次的管理人员时，可以进行民意测验以判断组织成员对其接受程度。

（5）选定管理人员。在上述各项工作的基础上，综合考虑每个候选人的知识、智力和能力情况，结合民意测验反映的组织成员的拥护程度，根据待聘职务的性质，最终选聘既有工作能力、又被同事和部属广泛接受的管理人员。

2. 管理人员考评的目的和内容

（1）管理人员考评的目的。管理人员考评是为了确定占据职位的人员是否确实符合要求，值得进一步提拔还是应当加以调整，管理人员的培训和培养工作的效果，管理人员的薪酬应当依据什么基准确定等。此外，通过考评，还可以起到互相学习、促进组织内部沟通的作用。因此，管理人员考评的目的有两大类：一是将考评作为决定人事提拔、调整工资或进行奖励的依据；二是将考评作为激励和改进人员配备的手段。

（2）管理人员考评的内容。一般来说，为确定工作报酬提供依据，应着重考评管理人员的现时表现；而为人事调整或组织培训进行考评，则偏重技能和潜力的分析。然而，组织具体进行的人事考评，往往不是与某一种目的有关，而是为一系列目的服务的。因此，考评的内容不能只侧重于某一方面，而应尽可能全面。公平的考评包括以下几个方面：

① 贡献考评。贡献考评是指考核和评估管理人员在一定时期内担任某个职务的过程中对实现企业目标的贡献程度，即评价和对比组织要求某个管理职务及其所辖部门提供的贡献与该部门的实际贡献。贡献往往是努力程度和能力强度的函数。因此，贡献考评可以作为决定管理人员报酬的主要依据。贡献评估需要注意以下两个问题：应尽可能把管理人员的个人努力和部门的成就区别开来，即力求在所辖部门的贡献或问题中辨识出有多大比重应归因于主管人员的努力；贡献考评既是对下属的考评，也是对上级的考评，是考评上级组织下属工作的能力。

② 能力考评。能力考评是指通过考察管理人员在一定时间内的管理工作，评估他们的现实能力和发展潜力。即分析他们是否符合现任职务所具备的要求，任现职后素质和能力是否有所提高，从而确定能否担任更重要的工作。根据对管理人员的工作要求来进行能力考评，不仅具有方便可行、能够保证得到客观结论的好处，而且可以促使被考评者注重自己的日常工作，根据组织的期望改进和完善自己的管理方法和管理艺术，从而起到促进管理能力发展的作用。

研讨与思考

你是否赞成只抓工作绩效的管理者是"半个管理者"，而同时抓人的社会生活质量与成长的管理者，才是"完整的管理者"的观点？试说明理由。

第四节 组织变革

一、组织变革的必要性和影响因素

设计得再完美的组织，在运行了一段时间之后也必须变革，以便更好地适应组织内外条件的变化要求。组织变革应该成为组织发展过程中一项经常性的活动。既然变革是任何组织都无法回避的问题，那么能否抓住时机顺利地推进组织变革则成为衡量管理工作有效性的重要标志。

诱发组织变革的因素主要有以下几种：

（1）战略。组织在发展过程中需要不断地从形式到内容对其战略作出调整。新的战略一旦形成，组织结构就要进行调整、变革，以适应新战略实施的需要。结构追随战略，战略的变化必须带来组织结构的更新。

组织发展战略可以在两个层次上影响组织结构：一是不同的战略要求开展不同的业务和管理活动，由此就影响到管理职务和部门的设计；二是战略重点的改变会引起组织业务活动重心的转移和核心职能的改变，从而使各部门各职务在组织中的相对位置发生变化，相应地就要求对各管理职务以及部门之间的关系作出调整。

（2）环境。环境变化是导致组织结构变革的一种主要影响力量。任何组织都是个开放的系统，组织作为整个社会经济大系统的一个组成部分，它与外部的其他社会经济子系统之间存在着各种各样的联系，所以，外部环境的发展和变化必然会对组织结构的设计产生重要的影响。

（3）技术。组织的任何活动都需要利用一定的技术和反映一定技术水平的特殊手段来进行。技术以及技术设备的水平，不仅影响组织活动的效果和效率，而且会对组织的职务设置与部门划分、部门间的关系，以及组织结构的形式和总体特征等产生相当程度的影响。

从生产作业技术来看，组织将投入转换为产出所使用的过程和方法，依技术的常规化程度而各不相同，越是常规化的技术，越需要高度结构化的组织；反之，非常规化的技术，要求更大的结构灵活性。计算机手段在生产作业活动中广泛、深入的应用，促使生产技术向非常规化演进，相应地也促使管理组织结构变得更具有柔性特征。

（4）组织规模和成长阶段。组织的规模往往与组织的成长或发展阶段相关联。伴随着组织的发展，组织活动的内容会日益复杂，人数会逐渐增多，活动的规模和范围会越来越大，这样，组织结构也必须随之调整，才能适应成长后的组织的新情况。组织变革伴随着企业成长的各个时期，不同成长阶段要求不同的组织模式与之相适应。企业组织在成长的早期，组织结构常常是简单、灵活而集权的。随着员工的增多和组织规模的

扩大，企业组织必须由创业初期的松散结构转变为正规的、集权的结构，其通常的表现形态就是职能型结构。而当企业组织的经营进入多元产品和跨地区市场后，分权的事业部制结构可能更为适宜。企业组织进一步发展而进入集约经营阶段后，不同领域之间的交流与合作以及资源共享、能力整合、创新力激发问题日益突出，这样，以强化协作为主旨的各种创新型组织形态便应运而生。总而言之，组织在不同成长阶段所适合采取的组织模式是各不一样的。管理者如果不能在组织步入新的发展阶段之际及时地、有针对性地变革其组织设计，那就容易引发组织发展的危机。而这种危机的有效解决，必须依靠组织结构的变更。所以说组织变革伴随着企业发展的各个时期，组织的跳跃式变革与渐进式演变相互交替，由此推动企业的发展。

> 📖 **管理的十大经典理论之六**
>
> ### 酒与污水定律
>
> 酒与污水定律是指把一匙酒倒进一桶污水，得到的是一桶污水；如果把一匙污水倒进一桶酒，得到的还是一桶污水。在任何组织里，几乎都存在几个难弄的人物，他们存在的目的似乎就是为了把事情搞糟。最糟糕的是，他们像果箱里的烂苹果，如果不及时处理，它会迅速传染，把果箱里其他苹果也弄烂。烂苹果的可怕之处，在于它那惊人的破坏力。一个正直能干的人进入一个混乱的部门可能会被吞没，而一个无德无才者能很快将一个高效的部门变成一盘散沙。组织系统往往是脆弱的，是建立在相互理解、妥协和容忍的基础上的，很容易被侵害、被毒化。破坏者能力非凡的另一个重要原因在于，破坏总比建设容易。一个能工巧匠花费时日精心制作的陶瓷器，一头驴子一秒钟就能毁坏掉。如果一个组织里有这样的一头驴子，即使拥有再多的能工巧匠，也不会有多少像样的工作成果。如果你的组织里有这样的一头驴子，你应该马上把它清除掉，如果你无力这样做，就应该把它拴起来。

二、组织变革的动力与阻力

1. 组织变革中的动力和阻力

在现代社会，组织管理呈现出长期的变革伴随着短期的稳定的特点。在这种情况下，管理者必须比以往任何时期都更加关注变革和变革管理，帮助员工更好地适应不断变革中的工作环境，并采取措施激发变革的动力，克服变革的阻力，使组织在变革中求得繁荣和发展。

组织变革常面临着动力和阻力这两种力量的较量。这两种相反的力量及其强弱程度的对比，会从根本上决定组织变革的成败。

（1）组织变革的动力，是指发动、赞成和支持变革并努力去实施变革的驱动力。组织变革动力来源于人们对变革的必要性及变革所能带来的好处的认识。例如，组织本身存在的缺陷和问题，各层次管理者居安思危的意识等，这些都可能形成变革的推动力量，引发变革的动机、欲望和行为。

（2）组织变革的阻力，是指人们反对、阻挠甚至对抗变革的制约力。这种力量可能源于个体、群体，也可能来自组织本身甚至外部环境。组织变革阻力的存在，意味着组织变革不可能一帆风顺，这就给变革管理者提出了更严峻的变革管理的任务。成功的变革者，应该既注意到所面临的变革阻力可能会对变革成败和进程产生消极的、不利的影响；同时还应看到，这种阻力并不完全是破坏性的，在妥善的管理或处理下是可以转化为积极性的和建设性的力量。

2. 组织变革阻力的主要来源

（1）个体和群体方面的阻力。个体对待组织变革的阻力，主要是因为其固有的工作和行为习惯难以改变、就业安全需要、经济收入变化、对未知状态的恐惧以及对变革的认知存在偏差等而引起。群体对变革的阻力，可能来自于规范的束缚，群体中原有的人际关系可能因变革而改变，群体中某些人的既得利益受到损害等。

（2）组织的阻力。来自组织层次的对变革的阻力，可能包括现行组织结构的束缚、组织运行的惯性、变革对现有结构的破坏，以及追求稳定、安逸和确定性等。这些都是影响和制约组织变革的因素。

（3）外部环境的阻力。组织的外部环境条件也是形成组织变革阻力的一个不可忽视的来源。比如，缺乏竞争性的市场、全社会对变革者的支持太小等都是组织变革的重要阻力。

3. 组织变革的管理对策

组织变革管理者的任务，就是要采取措施改变这两种力量的对比，促进变革顺利进行。概括地说，改变组织变革力量及其对比的策略有三类：一是增强或增加驱动力，二是减少或减弱阻力，三是同时增强动力与减少阻力。

思考题4.4

为什么谈判被认为是减少组织变革阻力的一种必要策略？

三、组织变革的过程

组织变革是一个过程。为了科学、有效地进行变革，需要遵循一定的过程，目前有四种较完善的组织变革过程。

1. 分八个阶段进行的重大变革过程

（1）形成紧迫感。通过研究有关市场和竞争激烈程度的真实状况，发现危机、潜在的危机或重大机遇，商讨对策，在组织内形成组织必须变化的紧迫感。

（2）建立联合指导委员会。组织一旦决定进行变革，就应该建立一个联合指导委员会，规划、组织、领导组织的变革。

（3）努力构思设想，制定相应的战略。在指导委员会领导下，提出变革的设想，指明组织变革的方向，并确定实现组织变革目标的战略。

（4）传播改革设想。利用所能获得的传播媒介，不断传播新的设想和战略，让联合指导委员会以自己的言行告诉员工应该怎样做。

（5）授权各级员工采取行动。通过消除变革的障碍、改变破坏改革设想的体制和结构，鼓励冒险，鼓励人们提出反传统的观念，采取不符合传统观念的行动。

（6）创造短期收益。制订能使经营状况有明显改善或者取得收益的计划，创造短期收益，并大张旗鼓地奖励那些给企业带来收益的人。

（7）以新计划、新观念和革新人物给变革注入活力。利用已得到加强的信誉，改变互不相容和不符合变革设想的制度结构和政策，雇用、提拔和培养能实施改革设想的人，以新计划、新观念和革新人物给这一进程注入活力。

（8）使新方法在企业文化中制度化。采取面向顾客和旨在提高生产力的行动，加强领导，改变领导工作作风，通过有效的管理改善经营状况，明确新行为同企业成功之间的关系，采取措施加强对领导人的培养和解决领导人接班问题。

2. 组织变革系统模型

这个模型主要可以分为三大部分：输入、改革的目标因素、输出，如图4-8所示。

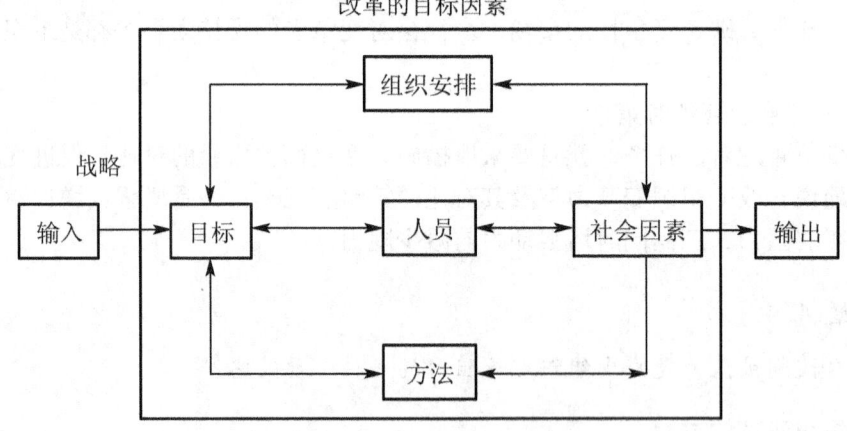

图4-8 组织变革模型图

（1）输入。主要输入内部信息和外部信息。内部信息主要包括组织的长处和短处，外部信息主要包括外部的机会与威胁。输入应该与组织的战略相一致。

（2）改革的目标因素。改革的目标因素有五个：人员、目标、组织安排、社会因素和方法。这五个因素以人员为核心，相互影响。人员主要是指人的知识、能力、奉献度、动机和行为。目标主要包括：要达到的最终结果、优先考虑的事项、标准、资源、贯穿整个组织的联系。组织安排主要包括：政策、程序、角色、结构、奖励和物资条件。社会因素主要包括：组织文化、群体过程、人际关系、沟通和领导。方法主要包括：工序、工作流程、工作设计和技术。

（3）输出。输出代表了一次变革的最终结果。

3. 组织变革三步骤模型

有的学者认为，成功的组织变革应该遵循以下三个步骤：解冻现状、移动到新状态、重新冻结新变革。

按照这一模型，现状可以看做是一种平衡状态，要打破这一平衡状态，解冻就是必要的。解冻可以通过增强驱动力使行为脱离现有状态，减弱妨碍脱离现有平衡状态的力量，或这两种方法混合使用。

解冻一旦完成，就可以推行本身的变革。但仅仅引入变革并不能确保它的持久，新的状态需要加以再冻结。再冻结的目的就是通过平衡驱动力和制约力，使新的状态稳定下来。

4. 组织变革的活动研究

活动研究是指一种变革过程，这种过程首先是系统地收集信息，然后在信息分析的基础上选择变革行为。活动研究的重要性在于它为推行有计划的变革提供科学的方法论。

活动研究的过程包括五个阶段：诊断、分析、反馈、行动和评价。

（1）诊断。变革推动者在活动研究中通常是外部顾问，他们从组织成员那里收集变革需要的信息。这种诊断与医生了解病人到底患什么病相似。在活动研究中，变革推动者提出问题、与员工面谈、记录并倾听员工所关注的问题。

（2）分析。对诊断阶段所收集的信息进行分析。变革推动者把信息综合成这几个方面：主要关心的问题、问题的范围和可能采取的行动。

（3）反馈。在变革者的推动下，让员工共同参与了解发现的问题。

（4）行动。变革者和员工采取具体行动来改进所发现的问题。

（5）评价。变革者评价行动计划的效果，他们以收集到的原始资料为参考点，对随之发生的变革进行比较和评价。

组织变革的讨论中，应理解组织发展。组织发展就是指组织为适应内外环境的变化，建立在组织价值观之上的有计划变革的措施的总和，它寻求的是增进组织的有效性和组织员工的安全与满足。组织发展应重视人员和组织的成长、合作与参与等精神。从这个意义上讲，组织发展的最前端话题是建立学习型组织，即使组织将学习视为一种循环方式，一直不断学习，不断发展新的技术、智慧和能力。学习性组织特征的技能和能力有：抱负、反省、交谈以及概念化。

课后思考与练习

1. 组织的含义是什么？组织的作用是什么？
2. 组织结构设计应坚持哪些原则？
3. 组织结构的基本类型有哪些？各有什么特点？
4. 如何看待组织中的非正式组织？如何发挥非正式组织的积极作用？
5. 管理人员培训的目标和方法有哪些？
6. 在组织发展中，如何对待变革的动力与阻力？

实训项目

绘制组织结构图

实训内容：根据给定的某制造业公司所设置的一部分职位的名称和配备人员数，绘制一张组织图。

实训目的：锻炼学生对组织结构类型及人员配备的掌握。

实训指导：

（1）上课前，由任课老师介绍几个现实中不同企业的组织结构图。

（2）给定资料。某制造业公司所设置的一部分职位的名称和配备人员数：财务副总裁、财务主管、董事长、环境工程师、工业关系专家、总裁、安全主管、技术主任、设计工程师、生产计划专家、审计师、招聘面谈专家、信用贷款经理、预算主任、销售经理、营销副总裁、主任会计、会计人员（3名）、广告经理、人事副总裁、顾客服务代表、装运与验收、工厂厂长、采购主任、设备维护计划专家、设备维修主管、质量管理主任、总裁助理生产副总裁、地区销售经理（3名）、工长（24名）、销售人员（12名）、工程技术人员、技术与研究副总裁、车间主任（4名）、研究开发主任、工厂安全总监。

实训组织：

（1）将本班学生分成4～8人的若干小组；

（2）安排每组学生参观不同的制造企业；

（3）分组讨论绘制组织结构图；

（4）给定的材料可以根据实际情况配备。

实训考核：

（1）分组派代表在全班介绍该组所绘制的组织结构图，并由同学们点评，提出不同的意见；

（2）老师再根据实际情况进行点评，并给出每组的成绩。

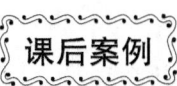

通用公司的组织结构变革

当杜邦公司刚取得对通用汽车公司的控制权的时候，通用公司只不过是一个由生产小轿车、卡车、零部件和附件的众多厂商组成的"大杂烩"。这时的通用汽车公司由于不能达到投资人的期望而濒临困境，为了使这一处于上升时期的产业为投资人带来应有的利益。公司在当时的董事长和总经理皮埃尔·杜邦以及他的继任者艾尔弗雷德·斯隆的主持下进行了组织结构的重组，形成了后来为大多数美国公司和世界上著名的跨国公司所采用的多部门结构。

在通用公司新形式的组织结构中，原来独自经营的各工厂，依然保持各自独立的地位，总公司根据它们服务的市场来确定其各自的活动。这些部门均由企业的领导，即中层经理们来管理，它们通过下设的职能部门来协调从供应者到生产者的流动，即继续担负着生产和分配产品的任务。这些公司的中低管理层执行总公司的经营方针、价格政策和命令，遵守统一的会计和统计制度，并且掌握这个生产部门的生产经营管理权。最主要的变化表现在公司高层上，公司设立了执行委员会，并把高层管理的决策权集中在公司总裁一个人身上。执行委员会的工作完全用于研究公司的总方针和制定公司的总政策，而把管理和执行命令的负担留给生产部门、职能部门和财务部门。同时在总裁和执行委员会之下设立了财务部和咨询部两大职能部门，分别由一位副总裁负责。财务部担负着统计、会计、成本分析、审计、税务等与公司财务有关的各项职能；咨询部负责管理和安排除生产和销售之外的公司其他事务，如技术、开发、广告、人事、法律、公共关系等。职能部门根据各生产部门提供的旬报表、月报表、季报表和年报表等，与下属各企业的中层经理一起，为该生产部门制定出"部门指标"，并负责协调和评估各部门的日常生产和经营活动。同时，根据国民经济和市场需求的变化，不时地对全公司的投入与产出作出预测，并及时调整公司的各项资源分配。

公司高层管理职能部门的设立，不仅使高层决策机构——执行委员会的成员们摆脱了日常经营管理工作的沉重负担，而且也使得执行委员会可以通过这些职能部门对整个公司及其所属各工厂的生产和经营活动进行有效的控制，保证公司战略得到彻底和正确的实施。这些庞大的高层管理职能机构构成了总公司的办事机构，也成为现代大公司的基本特征。

另外，在实践过程中，为了协调职能机构、生产部门及高级主管三者之间的关系和联系，艾尔弗雷德·斯隆在生产部门间建立了一些由三者中的有关人员组成的关系委员会，加强了高层管理机构与负责经营的生产部门之间广泛而有效的接触。实际上这些措施进一步加强了公司高层管理人员对企业整体活动的控制。

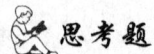 思考题

1. 通用公司由一个"大杂烩"变成世界知名的大公司，主要经验是什么？
2. 通用公司是如何进行组织变革的？它的经验在我国能否行得通？
2. 通用公司的组织变革最终创立了事业部制的原因是什么？

第五章 领导职能

君子之度己则以绳，接人则用曳。度己以绳，故足以为天下法则矣；接人用曳，故能宽容，因求以成天下之大事矣。

——《荀子·非相》

用人不在于如何减少人的短处，而在于如何发挥人的长处。

——著名管理学家 彼得·杜拉克

{ 学习目标 }

知识目标：
- 了解有关领导本质与权力；
- 理解领导者与管理者的联系与区别；
- 掌握领导者权力的来源及构成；
- 了解领导者的素质；
- 掌握领导风格理论、情景理论；
- 掌握激励的理论与方法；
- 掌握沟通的方法与艺术。

能力目标：
- 培养提高自身权威与有效运用权力的能力；
- 培养有效指挥的能力；
- 培养激励员工的能力；
- 培养人际交往与沟通的能力；
- 培养协调与交涉的能力；
- 培养化解冲突，构建和谐的能力；
- 培养团队建设的能力。

{ 开卷有益 }

青蛙国王

青蛙们没有国王，看到别的动物都有国王，所以认为自己也应该有一个国王来统

治。于是请神指派一个国王给他们。神觉得它们的行为特别可笑，便将一根又圆又粗的木头扔进池塘里。青蛙们听到木头落下的声音吓了一大跳，全都潜到深水里去了。这根由神扔下来的木头，被青蛙们认为是神赐予的国王，其实它只是根普通的木头，没有什么特别的，但当它出现在水面时，整个池塘比平日安静多了。或许是畏于这个一言不发的国王的威严，他们彼此说话的声音小多了，而且每当要爆发一场口角或武斗时，他们会顾及到国王的存在，便互相地克制，一场战争也就在无声中平息了。但好景不长，平静的日子并没有持续太久。青蛙们每天面对这个木头国王，很快就厌倦了。而且当他们做出一些出格的事情时，这个国王并没有任何的反应，更谈不上处罚他们。于是青蛙王国里又恢复了往日的热闹与喧哗。王国里比以前还多了一个游戏的场所，那就是他们的木头国王。经过一段时间的疯狂与混乱后，又有青蛙向神提出他们必须要有一个国王：请重新给我们派一个国王，我们需要一个活生生的，而且十分强健的国王。于是，青蛙王国新的国王从空中下来了，竟然是一只强健的鹤。鹤一落到池塘里，连招呼都没打，就把一只只青蛙吞进肚子里了。

管理启示

公司就是一个微型的小王国，你就是这个王国的国王。好的国王是威严而仁慈的。威严表示你一丝不苟，赏罚分明；仁慈则表示你有爱心并且有情谊。在公司中对员工进行管理时，有两大忌：①与员工太亲近；②对员工太威严，会让他们没有安全感。

引导案例

工人们为何不满？

高明最近由大冶某总公司委派到下属的油漆厂，担任油漆厂厂长助理，以协助厂长搞好管理工作。高明毕业于某名牌大学，主修企业管理，来油漆厂之前在公司企业管理处负责人力资源管理工作。这次来油漆厂工作，他信心十足。

到油漆厂上班的第一周，高明深入车间体察"民情"。一周后，他不仅对工厂的生产流程了如指掌，同时也发现生产效率低下，工人们怨声载道，他们认为在车间工作又脏又吵。工厂对他们工作的环境压根儿就没有改善性措施，冬去夏来，他们常常要忍受气温从冬天的零下10度到夏天的40多度的剧烈变化，而且报酬也少得可怜。

在第一周里，高明还看到了工厂工人们的有关记录，从中他获悉以下信息：

工厂以男性工人为主，约占92%。50%的工人年龄处于25～35岁，36%的工人在25岁以下，14%在35岁以上。工人的文化程度低下，66%的工人小学毕业，初高中毕业的占32%，具有中专、技校学历的占2%。任职时间较短，50%的人在油漆厂工作仅1年或更短，30%的人工作不到5年，工作5年以上的仅占20%左右。

高明将他一周来所了解的情况向钱厂长做了汇报，同时向他提出自己的一些想法："钱厂长，与车间工人们在一起，我发现他们的某些需要没有得到满足，我们厂要想真正把生产效率搞上去，必须首先想办法去满足他们的需要。"没想到钱厂长却振振有词地说："要满足工人们的需要？你知道，他们是被金钱驱动着，而我们是被成就激励着。他们所关心的仅仅是通过工作获得外在的报酬，如能拿到多少工资。他们根本不关心内在的报酬。"钱厂长稍稍停顿了一下，语气更加激愤："小高，你在车间一周也看到了吧？工人们很懒，他们逃避责任，他们不全力以赴。问题在于，他们对工作本身根本不关心。"

钱厂长的一席话使高明颇为吃惊。他认为钱厂长对工人们的评价不太正确。通过与工人们一周的接触，他觉得他了解工人，也相信工人。

于是，高明准备第二周向所有的工人发出调查问卷，以便确定工人们有哪些需要，并找到哪些需要已被满足，哪些未被满足。他希望通过问卷调查结果来说服厂长，重塑油漆厂工人的士气。在问卷中，他根据对工人工作的重要程度排列了15个因素，每个因素都涉及他们的特定工作。

调查问卷的结果显示，工人们并不认为他们懒惰，只要工作合适，他们并不在乎多做额外工作。工人们还要求工作具有挑战性，能运用创造性，并激发他们的潜力。比如：他们希望工作复杂多样，能让他们多动脑筋，并提供良好的回报。此外，工人们表达了工作中需要友情的愿望。他们乐于在良好的合作关系中工作并互相帮助，分享快乐和分担忧愁，并且能了解到怎样才能把工作做得更好。

由此，高明得出了一个简单的结论，即导致工人怨恨情绪和低的生产效率的最主要的原因来自：报酬低、工作单调和人情冷漠。

◆ 讨论题：
1. 根据问卷结果，请你设计出高明调查问卷的主要项目。
2. 试分别列出保健因素和激励因素可能包括哪些项目？

领导是管理工作的一个重要组成部分。在任何社会，无论在正式组织中还是在群体中，都离不开领导。无数事实证明，大到一个国家，小到一个工商企业的兴衰成败，都同领导水平的高低关系极大。在人类的社会实践活动中，领导不可或缺。人们一直在思考，领导是什么？它的作用是什么？内容又是什么？

第一节　领导与领导者

一、领导的本质

1. 领导的含义

要研究领导，首先要给领导下个定义。汉语中的"领导"可以作名词用，即领导者，也可以作动词用，即一种行为过程，管理学研究的领导是指后者。管理学界对"领导"下过许多定义，它们各有长处与特点。美国管理学家孔茨、奥唐奈和韦里奇（Weihdch）给领导下的定义更具代表性。他们认为，领导是一种影响力，是对人们施加影响的艺术或过程，从而使人们情愿地、热心地为实现组织或群体的目标而努力。

（1）领导职能。管理者在顺序进行计划、组织职能之后，就要执行领导职能，即领导所属人员去实现组织的目标。这是管理者最经常性的职能。领导职能归结起来主要是处理三方面的关系。①处理与人的关系。领导工作首先是做人的工作。领导面对的是人，是通过一系列的措施来了解、掌握人的需要，从而有目的地引导、指挥和协调人的行为，千方百计地通过提高员工的满意度来调动人的积极性。②处理与事的关系。领导另一个职能是处理事务，特别表现在制定各种决策，进行现场指挥，使各项工作有条不紊地进行。③处理与时间的关系。领导需合理安排个人和组织的时间，有计划、有条理地根据轻重缓急原则安排组织的各项活动，从而充分有效地利用时间，达到组织目标，使组织持续发展。

（2）领导。领导是指管理者指挥、带领和激励下属努力实现组织目标的行为。这个定义包含三方面内容：①领导的主体是组织的管理者，领导的客体是管理者的部下，有部下并对其施加影响才可称之为领导。②领导的作用方式是带领与影响，包括指挥、激励、沟通等多种手段。③领导的目的是有效实现组织的目标。领导是管理者一种有目的的行为，是管理者的一个重要职能。

2. 领导的实质

（1）领导实质上是一种对他人的影响力，即管理者对下属及组织的行为与心理的影响力。这种影响力能改变或推动下属及组织的行为，从而有利于实现组织的目标。这种影响力可以称为领导力量或领导者影响力，管理者对下属及组织施加影响力的过程就是领导的过程。

（2）领导工作有效性的核心内容是领导者影响力的大小及其有效程度。管理者要实施有效的领导，关键就是要增强其对下属及组织影响力的强度与有效性。提高领导影响力的机制与途径，将在本章权力的来源机制中进行研究。

3. 领导手段

领导作为一种影响力，其施加作用的方式或手段主要有指挥、激励、沟通以及执行力。

（1）指挥。指挥是指管理者凭借权威，直接命令或指导下属行事的行为。指挥的具体形式有：部署、命令、指示、要求、指导、协调等。指挥具有强制性（不同程度的）、直接性、时效性等特点。指挥是管理者最经常使用的领导手段。

（2）激励。激励是指管理者通过作用于下属心理来激发其动机、推动其行为的过程。激励的具体形式包括能够满足人的需要，特别是心理需要的种种手段。激励具有自觉自愿性、间接性和作用持久性等特点。激励是管理者调动下属积极性，增强群体凝聚力的基本途径。

（3）沟通。沟通是指管理者为有效推进工作而交换信息、交流情感、协调关系的过程。沟通的具体形式包括：信息的传输、交换与反馈，人际交往与关系融通，说服与促成态度（行为）的改变等。这是管理者保证管理系统有效运行，提高整体效应的经常性职能。

管理者经常进行各种协调工作。领导也是一种服务，即为下级出主意，提供帮助，创造条件等。这些工作形式与上述三种领导手段有一定程度的交叉。所以，这里主要研究指挥、激励和沟通这三种基本领导手段。

（4）执行力。执行力是近年来在我国管理界一些人提出的较为盛行的概念。就一般意义而言，执行力是相对于决策而言的，是一种管理者实现组织战略、目标、任务的能力。从管理职能的角度看，它大致类似于除计划与决策能力之外的组织、领导与控制能力。从这种角度划分，组织的管理主要涉及两大类：一是战略与目标的制定，二是战略与目标的执行与落实。一些数据显示，组织的成功，30%在战略，70%在执行。组织中的各级管理者既要具备决策能力，又要具备执行能力。但高层管理者更注重决策能力，而中基层管理者更注重执行能力。因此，执行力是中基层管理者应具备的最重要的管理能力。

思考题5.1

有人讲"领导的实质就是影响别人"。你的看法呢？

4. 领导作用

领导活动对组织绩效具有决定性影响，领导者在带领、引导和鼓舞部下为实现组织目标而努力的过程中，要具有指挥、协调、激励、沟通四个方面的作用。

（1）指挥作用。组织活动中，需要有头脑清醒、胸怀全局、高瞻远瞩、运筹帷幄的领导者帮助组织成员认清所处的环境和形势，指明活动的目标和达到目标的路径，并对下属进行悉心的指导、热情支持，帮助和鼓舞他们去实现目标。另外，领导者还要身先士卒，带动组织成员为实现既定目标而共同努力。

（2）协调作用。在组织中虽然确立了组织成员协同工作的集体活动的目标，但往

往由于组织成员的个体差异（个性、脾气、价值观、态度、责任心、作风、地位等）的客观存在，导致他们对组织目标接受理解的程度以及认同感的不同，再加上外部其他因素的干扰，使得人们在思想上、认识上产生各种各样的分歧，进而表现在行动上偏离组织的目标，这就需要领导者认真观察，及时发现问题，采取有效措施协调人们之间的关系和活动，争取把每个成员的行为统一到共同目标上来。

（3）激励作用。在复杂的社会生活中，组织中每个成员都有各自不同的经历和遭遇。如果一个人在生活或工作中遇到困难或不幸，某种精神的或物质的需要得不到满足，就势必影响工作热情。这就要求领导者主动关心下属需要，激发和鼓励他们的斗志，并为组织成员主动创造能力发展空间。

（4）沟通作用。领导者是组织的各级首脑和联络者，在信息传递方面发挥着重要的作用，是信息的传播者、监听者、发言人和谈判者，在管理的各层次中起到上情下达、下情上述的作用，以保证管理决策和管理活动顺利地进行。

二、领导权力的来源

领导是领导者个人向组织的其他成员施加影响的过程，领导的核心在权力。领导权力通常就是指影响他人的能力，在组织中就是排除各种障碍完成任务，达到目标的能力。在正式组织中，领导者是以担任某一职位的职务、享受相应权力和承担相应责任，以及以自己的威望来引导和影响别人来完成组织目标的。领导不仅意味着使下属和组织的其他成员乐意去工作，而且还意味着能够使他们以持续的热诚和自信去工作。

1. 权力

作为管理活动的一个重要职能，领导起源于权力。不管什么领导，都涉及对权力的运用问题。领导者的权力也并不完全取决于职位的高低。权力可以看做是引导或影响他人行为或信仰的能力或控制力。权力主要来自于两个方面：

（1）领导者的组织性权力。这种权力是由上级和组织所赋予的，并由法律、制度明文规定的，属于正式的权力。这样的权力随职务的变动而变动。有职位者就有这种权力，无职位者就无正式权力。正式权力的基本内容，包括对组织活动的决定权、指挥权和对组织成员的奖惩权。组织成员往往出于压力和习惯不得不服从这种权力。

（2）领导者的个人性权力。这种权力不是由领导者在组织中的职位产生的，而是由领导者自身的某些特殊条件才具有的。例如，领导者具有高尚的品德、丰富的经验、卓越的工作能力、良好的人际关系；善于体贴关心他人，令人感到可亲、可信、可敬；不仅能完成组织目标，而且善于创造一个激励人的工作环境，以满足组织成员的需要等。这种权力不随职位的消失而消失，这种权力所产生的影响是组织成员发自内心的、长时期的敬重与服从。

2. 领导者权力构成

根据综合心理学家弗兰奇、法兰西和雷文等人的研究，领导权力可划分为五种：合法权（Legitimate Power）、强制权（Coercive Power）、奖励权（Reward Power）、专长权（Expert Power）和人格权（Referent Power）。

（1）合法权（Legitimate Power）。这种权力来自于上司在组织机构里的地位。这是由组织中等级制度所规定的正式权力。这种权力是被组织、法律、传统习惯甚至常识所认可的，它通常因职位而产生，这种职位是人们所接受的合法地位。例如，公司经理比副经理有更多的法定权力，部门经理比下属单位的领导者有更多的法定权力。

（2）强制权（Coercive Power）。强制权也就是惩罚权。强制权是建立在组织其他成员认识到违背上司的行动、态度或指示的结果是受到惩罚的基础上的，因此强制权来自于下级的恐惧感，即下属意识到不服从上司的意愿会招致惩罚。

（3）奖励权（Reward Power）。奖励权是惩罚权的相对物。奖励权建立在组织成员意识到下属服从上司的意愿会带来积极奖励的基础之上。这些奖励可以是金钱方面的，如提高报酬，也可以是非金钱的，如因工作做得好而受到表扬。奖励权来自于下属追求满足的欲望，即下属人员感到领导者有能力奖赏他，使他产生愉快感或满足他的某些需求。

（4）专长权（Expert Power）。具有这种权力的领导者是具有某些专门知识、特殊技能或知识的人。具有一种或多种这种能力的领导者会赢得同事和下属们的尊敬和服从。这种权力来自于下属人员对具有这种权力的领导的尊敬和崇拜。

（5）人格权（Referent Power）。也即模范权。这种权力主要来自于个人的魅力，是建立在下属对领导者的认可和信任的基础之上的。领导者由于具有一种或更多的个人好品质而受到敬佩，下属人员认可和相信领导者具有他所敬佩的智慧和品质，从而愿意模仿和追随。拥有个人影响权的人能激起人们的忠诚和极大的热忱，一些体坛及文艺界的超级明星及一些著名的政治领袖，都具有这种能力，他们能影响许多人的行为。

3. 领导者如何用权

领导者必须正确地运用组织赋予的权力，才能进行有效的领导。为了正确地运用权力，必须注意以下三个问题：

（1）慎重用权。作为领导有着相当的人事、财务等管理权力。若领导者头脑不够清醒，以为有了权就有了一切，炫耀手中的权力，试图以此树立自己的权威。这样做的结果，通常只能招致同事的反感和群众的厌恶，损害自己的形象，降低自己的威信。成熟的领导者必须十分珍惜国家和人民赋予自己的权力，十分珍惜自己在群众中形成的权威，绝不可滥用权力。

（2）公正用权。领导者运用权力的最重要原则是公正廉明。领导者必须用自己的实际行动使部下相信，在他运用权力时一定能做到不分亲疏、不徇私情、不谋私利。只有如此，才能服众。因此，领导者必须充分认识公正用权的重要性。

（3）例外处理。规章制度是组织成员应当共同遵守的行为准则。领导者必须维护规章制度的严肃性，但也有权进行例外处理。例外处理不是为了破坏规章制度，而是为

了使规章制度更加合理，更能得到职工的拥护和执行。但是进行例外处理，必须有充分的正当的理由，必须光明正大，并有助于树立正气、强化职工的"期望行为"。通过实施例外处理，使职工知道领导者是通情达理的，同时又要使职工对领导者期望自己表现出何种行为产生明确的认识。

> **📖 拓展知识链接**
>
> 　　公元 11 世纪，德意志皇帝亨利四世和教皇格列哥利七世展开了争夺主教主任权的斗争。皇帝自认为拥有绝对的权力，断然宣布废黜教皇；教皇则针锋相对地宣布开除皇帝的教籍。双方较量的胜负，最终取决于臣民服从与拥护谁。由于很多臣民都站在教皇一边，服从于教皇，亨利四世失去了臣民的支持。面临失去皇位的危险，他不得不冒着风雪严寒到教皇的城堡外赤足披毡，等候了三日，才得到教皇的赦免。

三、领导者与管理者

　　领导是管理的一个职能，组织中的领导行为仍然属于管理活动的范畴。虽然领导与管理密切相关，但它们之间的功能和作用是有明显区别的。

　　（1）在范围方面，管理的范围要大，领导的范围相对要小。

　　（2）在作用方面，领导在组织中的作用表现在为组织的活动指出方向、设置目标、创造态势、开拓局面等方面，管理则是为组织活动选择方法、建立秩序、维持运转等活动。

　　（3）在层次方面，管理注重较具体的实用操作性，领导体现的是管理过程的战略性，具有较强的综合性。

　　（4）在过程方面，管理过程划分为计划、执行和控制三个主要的阶段。领导活动处于不同阶段之中，集中起来就表现为独立的职能。即为了实现组织目标，使计划得以实施，使建立起来的组织能够有效运转，就要组织和配备人员，并对各个过程的结果进行监督检查。

　　领导与管理之间在实际管理工作中是很难分开的，为了达到有效管理的目的，一个组织不仅需要有管理的功能，也需要有领导的功能。可以说，管理的主要功能是解决组织运行的效率，而领导的主要功能是解决组织活动的效果；效率涉及活动的方式，而效果涉及活动的结果，有效的领导不仅使活动达到目标，而且要尽可能使达到目标的过程更有效率。管理者的作用在于通过管理在组织中建立良好的秩序，领导者的作用在于引导组织不断进行创新和改革。两者有效地配合才能确保组织的有效运行和长期发展。管理需要有领导者来领导有序的改革，领导的思想和战略则需要有管理方面的有效实施和配合才能完成。两者的密切配合是保证一个组织取得良好绩效的必不可少的条件。

第二节 领导理论与风格

一、领导者的素质

> 📖 **知识链接**
>
> 玛格丽特·撒切尔（Margret Thatcher）执政英国首相时期，她的领导风格非常引人注目，人们常常这样描述她：自信、铁腕、坚定、雷厉风行……这些特点均指的是素质。许多撒切尔首相的拥护者都认为她之所以成为一个令世人瞩目的领袖，就是由于她具备了领导者的这些素质。

领导者的素质有广义和狭义之分。狭义的素质通常是指对领导者心理和生理特征的评价，如身高、天赋、智商以及气质等遗传性因素；广义的素质则包括对领导者德、智、体方面的综合评估。

领导者究竟应该具有什么样的素质，这些素质是来自先天还是后天，与组织所处的环境有无关系，历来就是管理学者争论和研究的重点。虽然领导素质理论的研究结果并没有最终给出关于领导者素质的一般结论，但是，一般认为，作为一个领导者，其政治素质、业务素质和身体素质必须符合一些基本的条件。

1. 政治素质

政治素质主要包括思想观念、价值体系、政策水平、职业道德、工作作风等方面的要求，具体表现在以下几方面：

（1）正确的世界观、价值观与人生观。社会主义市场经济中的企业领导者，必须坚持四项基本原则，认真执行党和国家的各项方针政策，遵守国家的法规法令，正确处理国家、企业和职工三者的关系。

（2）现代化的管理思想。建设现代化的企业，必须以现代科学理论为指导，树立一系列全新的观念，主要有：系统观念、战略观念、信息观念、时间观念、人才观念、竞争观念、质量观念、创新观念、法制观念、效益观念等。

（3）强烈的事业心、高度的责任感、正直的品质和民主的作风。

（4）实事求是，勇于创新。

2. 业务素质

领导者应具有管理现代化企业的业务知识和业务技能。领导者应掌握的业务知识包括：

（1）应懂得马克思主义政治经济学的基本原理，掌握社会主义市场经济的基本理论。

（2）应懂得组织管理的基本原理、方法和各项专业管理的基本知识。

（3）应懂得思想工作、心理学、人才学、行为科学、社会学等方面的知识，以便做好政治思想工作，激发职工士气，协调好人与人之间的关系，充分调动人的积极性。

领导者不仅应具有一定的业务知识，还要有较高的业务技能。业务技能主要表现为：

（1）较强的分析、判断和概括能力。

（2）决策能力。

（3）组织、指挥和控制能力。

（4）沟通、协调组织内外各种关系的能力。

（5）不断探索和创新的能力。

（6）知人善任的能力。

3. 身体素质

领导者的指挥、协调、组织活动，一般需要足够的心智，而且要消耗大量体力，因此，必须有强健的体魄、充沛的精力。

应当指出的是，有关领导者素质的研究只是在实证基础上所作出的一种理论上的抽象和概括。事实上，完全具备上述条件的领导者并不多见。尽管如此，对领导者素质的研究还是为我们选择领导者提供了标准，也为领导者的教育和培训奠定了基础。

小练习

共同分享：你最崇拜、欣赏的领导者是谁？他（她）身上有哪些素质最打动你？

二、领导风格理论

领导行为理论认为，领导是集体中的一种现象，所谓领导就是领导者推动和影响集体成员或下属，引导他们的行为按领导者预期的方向发展，为共同的目标而努力。因此，它必然涉及领导者与其下属成员之间的相互关系，这就要求人们不仅仅考察领导者的个人特性，而且必须着重考察领导者的行为对其下属的影响，找出领导行为中的哪些因素在影响着下属成员的行为和集体的工作成效。

1. 三种典型的领导方式

美国依阿华大学的研究者、著名心理学家勒温和他的同事们从20世纪30年代起就进行关于团体气氛和领导风格的研究。他们将把领导方式划分为专制式、民主式和放任式三种基本的领导风格。

（1）专制型（autocratic）领导。专制型的领导者只注重工作的目标，仅仅关心工作的任务和工作的效率。他们对团队成员不够关心，被领导者与领导者之间的社会心理距离比较大，领导者对被领导者缺乏敏感性，被领导者对领导者存在戒心和敌意，容易使群体成员产生挫折感和机械化的行为倾向。

专制型团队的权力定位于领导者个人手中，领导者只注重工作的目标，只关心工作任务的完成和工作效率的高低，对团队成员个人不太关心。在这种团队中，团队成员均处于一种无权参与决策的从属地位。团队的目标和工作方针都由领导者自行制定，具体的工作安排和人员调配也由领导者个人决定。团队成员对团队工作的意见不受领导者欢迎，也很少会被采纳。

（2）民主型（democratic）领导。民主型的领导者注重对团队成员的工作加以鼓励和协助，关心并满足团队成员的需要，营造一种民主与平等的氛围，领导者与被领导者之间的社会心理距离比较近。在民主型的领导风格下，团队成员自己决定工作的方式和进度，工作效率比较高。

民主型团队的权力定位于全体成员，领导者只起到一个指导者或委员会主持人的作用，其主要任务就是在成员之间进行调解和仲裁。团队的目标和工作方针要尽量公诸于众，征求大家的意见并尽量获得大家的赞同。具体的工作安排和人员调配等问题，均要经共同协商决定。

（3）放任型（laissez-faire，free-rein）领导。放任型的领导者采取的是无政府主义的领导方式，对工作和团队成员的需要都不重视，无规章、无要求、无评估，工作效率低，人际关系淡薄。

放任型团队的权力定位于每一个成员，领导者置身于团队工作之外，只起到一种被动服务的作用，其扮演的角色有点像一个情报传递员和后勤服务员。领导者缺乏关于团体目标和工作方针的指示，对具体工作安排和人员调配也不做明确指导。

以上三种领导方式的领导特点存在明显差异。勒温根据实验得出结论：放任型的领导方式工作效率最低，只能达到组织成员的社交目标，但完不成工作目标；专制式的领导方式虽然通过严格管理能够达到目标，但组织成员没有责任感，情绪消极、士气低落；民主型领导方式工作效率最高，不但能够完成工作目标，而且组织成员之间关系融洽、工作积极主动、有创造性。

2. 利克特的四种领导基本方式

密歇根大学伦西斯·利克特（Rensis Likert）教授和他的同事对领导人员和经理人员的领导类型及作风做了长达30年的研究，于1967年提出了领导的四系统模型，即把领导方式分成四类系统：专制-权威式、开明-权威式、协商式、群体参与式。

（1）专制-权威式。领导者非常专制，这种领导方式的特征是：权力集中于最上层，上级对下属没有信心、缺乏信任，下属根本不能参与决策，也没有任何发言权，下属对组织目标没有责任感，组织内部几乎不存在相互协作关系；上级经常以威胁、恐吓、惩罚以及偶尔的奖赏来激发下属人员的工作意识；沟通采取自上而下的方式。

（2）开明-权威式。采用这种领导方式的领导者对下属有一定的信任和信心，其特点是：领导者仍然是专制的，但采取了家长制的恩赐式领导方式；权力控制在最上

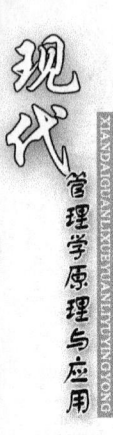

层，但也授予中下层部分权力；领导人对下属有主仆之间的那种信赖关系，一般员工都不参与决策，但有时也能听取他们的某些意见；下属人员对组织目标几乎没有责任感，组织中极少有相互协作的关系；运用奖励和有形、无形的惩罚调动下属人员；有一定程度的自下而上的沟通。

（3）协商式。这种领导方式的领导者对下属抱有相当大但并不是完全的信任，其特征是：沟通是上下双向的，但重要问题的决定权仍掌握在领导手中，下属只能对某些特定问题参与决策；大部分组织成员、尤其是上层人员对组织目标具有责任感；主要运用奖励、偶尔也运用惩罚手段激励下属人员。

（4）群体参与式。在一切问题上，领导对下属人员都能完全信任，其特点是：上下之间对工作问题可以自由地交换意见，上级都尽力听取和采纳下属人员的意见，组织内形成了紧密的协作关系；以参与决策、经济报酬、自主地设定目标、自我评价等手段调动下属人员的积极性，因而组织的各类成员对组织目标都具有真正的责任感，实行集体参与、自我管理。

根据利克特的研究，由于员工参与管理的程度不同，以及在实践中相互支持程度的不同，生产率高的企业大都采取群体参与式的领导方式，生产率低的企业则大都采取专制－权威式的领导方式。因此，利克特主张，采取专制－权威式、开明－权威式的领导方式，应向协商式和群体参与式的领导方式转变。他认为，领导者的职责在于，要使每个成员都能在组织中真实地感受到尊重和支持，上下级之间形成相互信任、相互支持的关系，建立有效的协作，真心实意地让职工参与管理，以充分发挥他们的智慧和潜力，并保证决策得到迅速地贯彻实施，共同实现组织的目标。这时，群体的所有成员，包括主管人员在内都形成一种相互支持的关系，在这种关系中，所有成员感到在需求、愿望、目标与期望方面有真正的共同利益。因此，以利克特为首的"密执安研究"又称为"支持关系理论"。

📖 讨论与思考

一次夭折的改革

卫刚原是公司人事部的干事，最近被提升到公司营销部任经理。这个部门管理混乱，人心涣散，营销绩效不断下滑，公司领导很不满意，这次派卫刚来是想彻底解决这一难题。卫刚到任后不动声色，但暗中做了许多调查，已弄清情况。他针对本部门实际，制定出一整套整顿措施与方案。于是，他大刀阔斧地进行改革，整顿劳动纪律，批评处罚违纪者，改革奖金发放办法，对营销业绩明显不好的还扣了部分工资。他想，这些是各单位改革的成熟举措，而且力度又大，一定会迅速奏效。但是，令他十分震惊的是，改革不但没能奏效，而且遭到部下的强烈抵制，奖金发放办法明明是富有激励性的好办法，可是却遭到几乎所有人的反对；被他批评的人，竟然当众与他"顶牛"；被他扣了工资的人，居然找到他家里闹……营销业绩更差了，卫刚已被弄得狼狈不堪。

◆ 讨论题：
1. 你认为是卫刚的改革措施不当，还是领导方式出了问题？
2. 卫刚的领导权威明显受到挑战，原因何在？

3. 斯托格弟和沙特尔的"四分图理论"

1945年，美国俄亥俄州立大学工商企业研究所在罗尔夫·斯托格弟和卡罗·沙特尔两位教授的领导下，开始了领导行为的研究。他们首先提出了1800项标志领导行为特征的因素，然后经过反复筛选、归纳，最后概括为"抓工作组织"和"关心人"（体贴）两大主要因素。

"抓工作组织"的内容包括：设计组织结构，明确职责、权力，确定工作目标和要求，制定工作程序、方法和规章制度，给下属成员分配任务等。总之，"抓工作组织"是要求领导者运用组织手段，通过确定目标、分配任务、制定政策和措施，使其下属成员的行为纳入预定的轨道，以严密的组织和控制来提高工作效率。

"关心人"的内容包括：倾听下属成员的意见和要求，注意满足下属的要求，以友好、平易近人的态度对待下属等。总之，"关心人"要求领导者与其下属成员之间建立友谊、信任、体谅的关系，以良好的人际关系调动员工的积极性。

以上两个因素不是互相排斥的。只有二者结合起来，才能实现有效的领导。这两种因素可以有多种结合方式，形成不同的领导行为类型，如图5-1所示。图中强"工作组织"和强"关心人"是高效的领导方式。

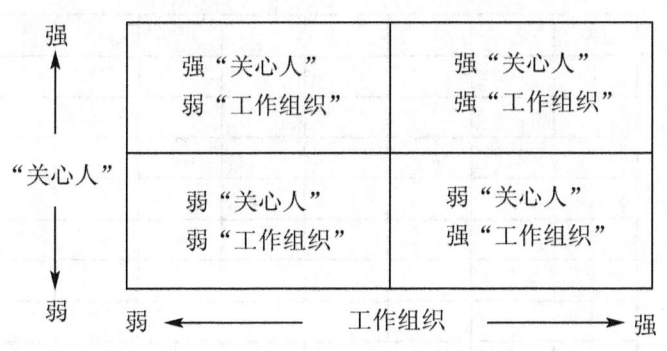

图5-1 领导行为四分图

📖 **拓展思考**

爱穿工作服的总裁

当我们在旅行中或在电视里看到驰骋在世界五大洲的本田轿车和摩托车时,会自然而然地想起本田公司的创始人——本田宗一郎。这个传奇的创始者并非富家子弟,也不是名牌大学的高才生。本田宗一郎出身清贫,没钱上学,一生全靠自我奋斗、自学成才。他是从修自行车起家的,在艰苦的创业道路上曾屡遭挫折。

他的公司只认才干,不认文凭,不拘一格选拔人才是他一贯的用人之道。在公司里,经常可以看到他身穿白色工作服和工人们一同出入车间,同桌进餐。本田宗一郎认为,这样有利于沟通意见,协调关系,也能够及时了解工人的生产情况和情绪。在他眼里,工人绝非机器,如果将工人和机器置于同等地位,那么企业就要破产了。他鼓励员工发牢骚、提建议、献计献策,工人的建议被采纳后记录评分,当积分达到某一标准时,颁发"本田奖"或免费出国旅游。因此,工人非常喜欢这位爱穿工作服的总裁。

◆ **讨论题:**

在本田宗一郎先生身上,体现了哪些类型的领导方式?

4. 管理方格理论

在俄亥俄州立大学提出的领导行为四分图的基础上,美国得克萨斯大学布莱克教授和穆顿在他们的《管理方格》一书中提出了管理方格图。他们将对生产的关心和对人的关心这两个方面的程度各划分为九等分:1 代表关心程度最小,9 代表关心程度最大,交叉形成 81 个方格。每一方格代表这两个方面以不同程度结合的不同的管理方式。如图 5-2 所示。

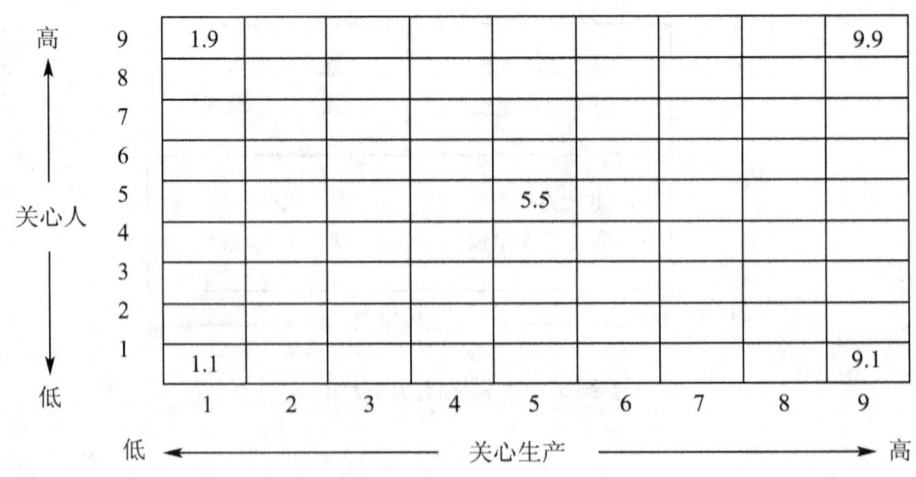

图 5-2 管理方格图

布莱克和穆顿在管理方格中列出了五种典型的领导方式。

（1）贫乏的管理（1.1）：领导者对职工和生产都极不关心，领导效果最差。

（2）乡村俱乐部式的管理（1.9）：领导者充分注意搞好人际关系，注意对职工的支持与体谅，导致和谐的组织气氛，但对任务、效率、规章制度、指挥监督很少关心。

（3）任务式的管理（9.1）：领导者的注意力集中于任务的效率，但不关心人的因素，对下属的士气和发展很少注意。

（4）团队式管理（9.9）：领导者对生产和人都极为关心，努力协调各项活动，生产任务完成得好，职工关系协调，士气旺盛，职工个人目标与企业目标相结合，形成一种团结协作的管理方式。

（5）中间式管理（5.5）：对人和生产都有适度的关心，保持完成任务和满足职工需要之间的平衡，追求正常的效率和令人满意的士气，倾向于维持现状。

管理方格理论，对于培养有效的管理者是有用的工具，它提供了一个衡量管理者所处领导形态的模式，使管理者能较清楚地认识到自己的领导方式，并指出改进的方向。但上述五种典型的领导方式仅仅是理论上的概括，在实际工作中，很难出现这样一些特殊的领导方式。

到底哪一种领导方式最佳呢？布莱克和穆顿组织了许多研讨会，参加者绝大部分人认为（9.9）型最佳，但也有不少人认为（9.1）型最佳，还有人认为（5.5）型最佳。布莱克和穆顿提出，哪种领导方式最佳要看实际工作情况，最有效的领导方式不是一成不变的，要依情况而定。领导者倾向于采用何种领导方式，往往与他们对人性的认识有关，也要视具体的工作环境而定。领导者在紧急状态下可能是十分专断的。如在有火灾情况下，消防队长很难花更长的时间同消防队员商量灭火的最好方式。而同科研人员打交道的领导者则可能在研究和试验过程中给科研人员以更充分的自由。

二、情景理论

20世纪60年代之后，随着权变理论的出现，又产生了领导的权变理论或情势理论。该理论认为，领导行为的有效性不单取决于领导者个人的行为，并没有固定的有效领导类型，应当根据具体情景和场合（情势）之不同，而采取不同的领导方式。即领导是一种动态的过程，其有效性将随着被领导者的特点和环境的变化而异。它是在领导特性理论和行为理论的基础上发展起来的。

1. 领导行为连续统一体理论

1958年，坦南鲍姆和施米特在《哈佛商业评论》上发表了《怎样选择一种领导模式》一文，提出了领导方式的连续统一体理论。该理论并不存在一种固定的理想领导模式。在领导者与下属的关系中，究竟应当给予下属多少参与决策的机会，是采取专制命令型更好一些，还是采取民主参与型更好一些，取决于多种相关因素，因而要采取随机相宜的态度。在专制独裁型和民主参与型两种极端的领导方式中间，存在着许多过渡型的领导方式，这些不同的领导方式构成一个连续的统一体，如图 5-3 所示。

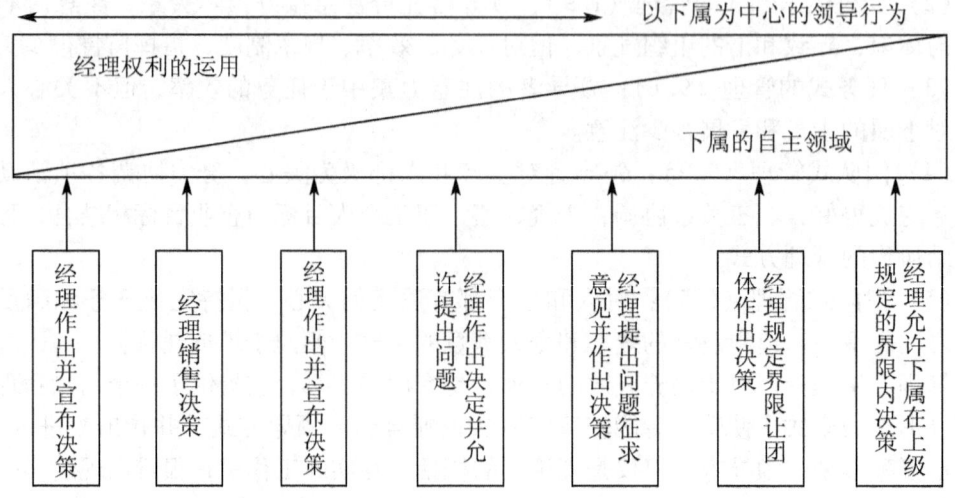

图 5-3 领导行为连续统一体

从图 5-3 中可以看出，领导者的领导行为或作风可有多种选择，其中有两种极端类型的领导作风：一种以领导者为中心（在连续统一体的左边），这样的领导者具有独裁的领导作风，往往自己决定所有的政策，对下属保持严密的控制，只告诉下属他们需要知道的事情并让他们完成任务；另一种以员工为中心（在连续统一体的右边），这样的领导者具有民主的领导作风，允许下属对所从事的工作有发言权，不采取严密的控制，鼓励下属参与决策、自我管理。从左到右，领导者行使越来越少的职权，而下属人员得到越来越多的自主权。模型中例举了七种有代表性的领导风格。

领导行为的连续统一体理论描述了从主要以领导为中心到主要以下属为中心的一系列领导方式的转化过程，这些方式因领导者授予下属的权力大小的差异而不同。这一理论很好地说明了领导风格的多样性和领导方式所具有的因情况而异或随机制宜的性质。

坦南鲍姆和施米特认为，对上述七种领导方式，不能说哪一种总是正确的，或哪一种总是错误的。人们究竟应当采取哪一种领导方式，不能一概而论，应主要考虑以下三个方面的相关条件而定。

（1）领导者方面的条件。包括领导者自己的价值观念，对下属的信任程度，他的领导个性（是倾向于专制的还是倾向于民主的）等。

（2）下属方面的条件。包括下属人员独立性的需要程度，是否愿意承担责任，对有关问题的关心程度，对不确定情况的安全感，对组织目标是否理解，在参与决策方面的知识、经验、能力等。

（3）组织环境方面的条件。包括组织的价值标准和传统，组织的规模，集体的协作经验，决策问题的性质及其紧迫程度等。

总之，必须全面考虑以上各方面的条件，才能确定一种适当的领导方式。但是，有人也批评这个模式只是描述性的，对实际工作没有很大的帮助。

2. 途径－目标理论

途径－目标理论是由加拿大多伦多大学埃文斯教授等人提出的。这种理论认为，领导者是使下属获得更好的激励、更高的满意程度和工作成效的关键人物，提出领导的主要职能是为下属在工作中获得满足需求的机会，并使下属清楚哪些行为能导致目标的实现并获得价值及奖励。简而言之，领导者应为下属指明达到目标的途径。

途径－目标理论是以期望理论和领导行为四分图为依据建立起来的。它把领导行为分为四种类型：

（1）支持型。这种类型的领导者考虑下属的需要，努力营造愉快的组织气氛，当下属受挫和不满意时，能够对下属的业绩产生很大的影响。

（2）参与型。这种类型的领导者在作出决策时征求、接受和采纳下属的建议，允许下属对领导决策施加影响，并以此来提高激励效果。

（3）指令型。这种类型的领导者发布指示，明确告诉下属做什么、怎么做。决策完全由领导者作出，下属不参与。

（4）成就型。这种类型的领导者设置富有挑战性的目标，希望下属最大限度地发挥潜力，对下属能够达到这些目标表示出信心。

通过实验和分析，埃文斯认为"高组织"和"高关心人"的组合不一定是最有效的领导方式，必须补充环境因素。在选择领导方式时应考虑以下两方面的因素：

（1）职工个人的特点，如教育水平、灵敏感、责任心、对成就的需求等。自我评价较高并能够影响周围的人或事务的组织成员，更乐于接受参与型的领导方式，而一些缺乏主见的人较喜欢指令型的领导方式。

（2）环境因素，包括工作性质、权力结构、工作小组等情况，在工作任务十分明确的情况下，一般要强调"高关心人"的领导方式；而在工作任务不是十分明确的情况下，则应强调"高组织"的领导方式。

3. 领导生命周期理论

领导生命周期理论是美国管理学家科曼于1966年首先提出的。"领导生命周期理论"以领导的"四分图理论"和"管理方格理论"为基础，同时又结合了阿吉瑞斯的"不成熟－成熟理论"。它在前两者的两维结构的基础上，又加上了成熟程度这一因素，形成了一个由工作行为、关系行为和成熟程度组成的三维结构，如图5-4所示，其中：工作行为是指领导者和下属为完成任务而形成的交往形式，代表领导者对下属完成任务的关注程度。关系行为是指领导者给下属以帮助和支持的程度。成熟程度，是指人们对自己的行为承担责任的能力和意愿的大小。它包括两个要素：工作成熟度和心理成熟度。工作成熟度指一个人的知识和技能，如果一个人拥有足够的知识、能力和经验完成他的工作任务而不需要他人的指导，则其工作成熟度就高，反之则低。心理成熟度指一个人做某事的意愿和动机，如果一个人能自觉地去做某事而无需太多的外部激励，则其心理成熟度就高，反之则低。

由工作行为和关系行为相组合，形成四种情况，对应着四种领导方式：

（1）高工作低关系——命令式。领导者对下属的工作进行详细、具体的指导，告诉下属应该干什么、怎么干、何时干、何地干等，它强调直接指挥。

（2）高工作高关系——说服式。领导者既给下属以一定的指导，又注意激发和鼓励其积极性。

（3）低工作高关系——参与式。领导者与下属就工作问题共同决策，领导者着重为下属提供便利条件，搞好协调沟通。

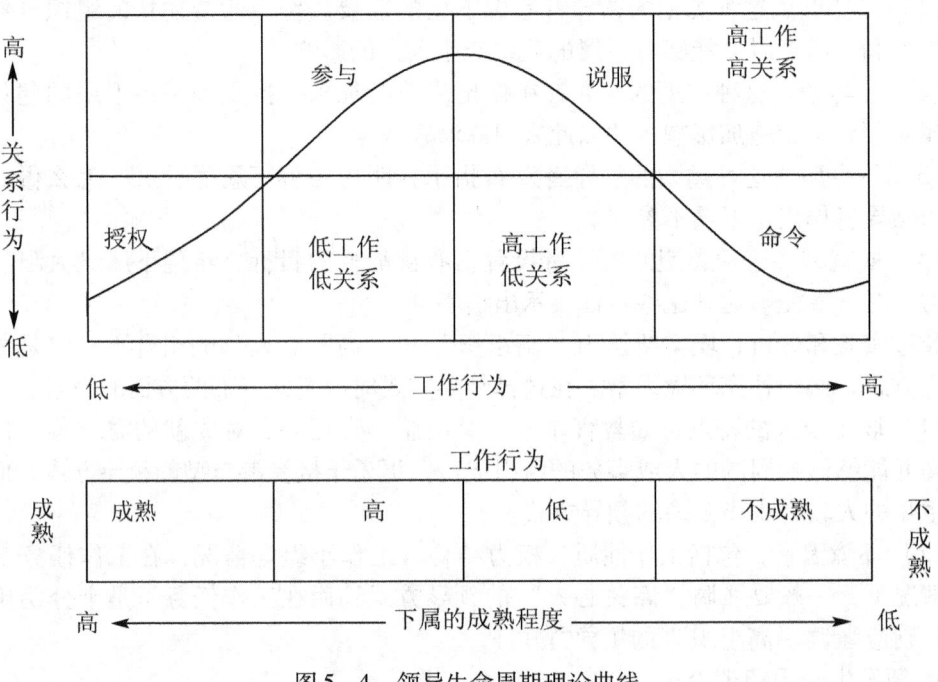

图5-4 领导生命周期理论曲线

（4）低工作低关系——授权式。领导者提供极少的指导或支持，授予下属一定的权力，由下属自己独立地开展工作，完成任务。

同时，赫西和布兰查德又把成熟程度分为四个等级：

（1）不成熟（M1）：下属对工作任务缺乏接受的意愿和承担的能力，既不能胜任工作又不被信任。

（2）稍成熟（M2）：下属愿意承担工作任务，但缺乏足够的能力，他们有积极性，却没有完成任务所需的技能。

（3）较成熟（M3）：下属有能力完成工作任务，但却没有动机，不愿去做。

（4）成熟（M4）：下属既有能力又愿意去做领导者分配给自己的工作。

赫西和布兰查德认为，随着下属从不成熟走向成熟，领导者不仅可以逐渐减少对工作的控制，而且还可以逐渐减少关系行为。当下属不成熟时，领导者必须给予下属明确而具体的指导以及严格的控制，需要采取高工作低关系的行为，即命令式领导方式；当下属稍微成熟时，领导者需要采取高工作高关系的行为，即说服式领导方式，高工作行为可以弥补下属能力上的不足，高关系行为可以保护、激发下属的积极性，给下属以鼓励，使下属领会领导者的意图；当下属比较成熟时，由于下属能胜任工作，但却没有动机，或不愿意领导者对他们有过多的指示和约束，因此领导者的主要任务是做好激励工作，了解下属的需要和动机，通过提高下属的满足感来发挥其积极性，宜采用低工作高关系的行为，即参与式领导方式；当下属成熟时，由于下属既有能力又愿意承担工作、担负责任，因此领导者可以只给下属明确目标、提出要求，由下属自我管理，此时可采用低工作低关系的行为，即授权式领导方式。

总之，"领导生命周期理论"揭示出，随着下属成熟程度的提高，领导者应相应地改变自己的领导方式。从另一方面来说，对于不同成熟程度的下属，领导者应该采用不同领导方式。

"领导生命周期理论"实际上是科曼通过父母对子女在不同的成长时期所采取的不同管理方式类比而来的：

（1）当人处在儿童时期，一切都需要父母的照顾和安排，此时父母的行为是高工作低关系。在这里要注意，疼爱不是高关系，高关系涉及尊重、信任、自立、自治等。

（2）当孩子进入小学和初中时，父母除安排照顾外，必须给孩子以信任和尊重，增加关系行为，即采取高工作高关系。

（3）当孩子进入高中和大学时，他们逐步要求独立，开始对自己的行为负责，此时父母过多的安排照顾在孩子心中变成了干涉，因此应采取低工作高关系。

（4）当孩子成人走向社会、成家立业以后，父母即开始采取低工作低关系的行为。

在组织中，随着下属成熟程度的提高，领导者对下属的管理也表现出类似的规律。由此，可以更好地理解、掌握该理论。

4. 领导参与模型

领导参与模型是由弗鲁姆和耶顿提出的。这一模式试图确定出适合某些特定环境和情景的领导方式，这些不同的领导方式是由下属参与决策的程度决定的。它强调在各种决策活动中应允许下属参与，因此它也为决策、包括下属参与确定了标准和准则。

该模型认为，决策的有效性可用决策的质量和决策被接受的程度来衡量。决策的质量客观上影响了下属的绩效，而下属对决策的接受程度又将影响他们对此决策的执行和负责任程度。为了提高决策效果，他们建议，根据七种不同的权变因素，在五种可供选择的领导方式中进行选择，如表5-1所示。

表5-1 弗鲁姆-耶顿模式的决策方式

决策方式	定义
独裁方式Ⅰ（A1）	领导者独立作决定
独裁方式Ⅱ（A2）	领导者向下属取得资料，然后独自作决定，下属不一定被告知决策情况
协商方式Ⅰ（C1）	领导者以个别接触的方式，让下属了解情况，征求下属的意见并获得信息，再由管理者自行作出决定
协商方式Ⅱ（C2）	领导者和下属一起讨论问题，征求集体的意见和建议，但决定仍由管理者作出
集体决策方式（G）	领导者和下属共同讨论问题，一起提出并评估各备选方案，最后由集体决定

领导者在决定采用哪一种领导方式时，可以根据七种不同的情景因素，对下述七个问题进行回答：

（1）此决策是否有质量上的要求？如果有此要求，则领导应当寻求提供一个能够达到所需质量的方案。

（2）是否有足够的信息作出高质量的决策？如果没有，让下属在一定程度上参与显然是合适的。

（3）决策是否明确需要哪些信息以及如何获得？

（4）下属是否接受决策，对有效地执行此决策很重要吗？如果是肯定的，那么就应当让下属更多地参与决策。

（5）下属对领导者单独作出决策的接受程度如何？如果是否定的，那就应当让下属更多地参与决策。

（6）下属是否明确此决策与实现组织目标的联系？

（7）如果采用所选的方案，在下属中是否会引起矛盾？

前三个问题主要是针对如何确保决策的质量提出的，而后四个问题则强调下属对决策的接受程度。弗鲁姆和耶顿认为，对上述七个问题的不同的回答可组合成各种情景，运用决策树的方式可相应地选择各种领导决策方式，其中，A1、A2为集权方式或称独裁方式，C1、C2称为协商方式，G称为集体决策方式。

领导理论的最新进展是关于维持型领导与变革型领导的研究。本节介绍的大多数领导理论涉及的都是维持型领导，他们通过明确角色和任务要求而指导或激励下属向着既定目标从事活动。还有另一种领导类型，他们鼓励下属为了组织的利益而超越自身的利益,并能对下属产生深远而不同寻常的影响,这是变革型领导。变革型领导者比维持型领导者更注重为组织的下属提供远见和使命感,通过逐步向下属灌输荣誉感,以赢得下属更多的尊重和信任;变革型领导比维持型领导以更简单明了的方式表达重要意图,使用各种方式强调努力的重要性,以转达对下属更高的期望;并更为关注组织内的每一个人,针对每一个人的不同情况给予培训、指导和建议。

第三节　激励理论

激励在管理活动中起着重要的作用。任何组织都是由人创建,由人来管理的,组织内的一切物流、资金流、信息流都是由人来运作的,因此人是决定组织成败的最关键因素。组织中人的积极性的高低,直接影响工作的绩效;而要提高人的工作积极性,就离不开激励。和其他管理活动不一样,激励可能不直接对组织的利益有所贡献,但它却是组织目标能够得以实现的最可靠保障。

一、激励的含义

虽然激励这一词汇在组织管理过程中被广泛运用,但要对它下一个确切定义却有相当的难度。"激励"从字面上看是激发和鼓励的意思,在管理工作中,可把"激励"定义为调动人们积极性的过程。如果讲得再全面一点,可以解释为:为了特定目的而去影响人们的内在需要或动机,从而强化、引导或改变人们行为的反复过程。这里有几点需要特别加以强调。

1. 激励的目的性

任何激励行为都具有其目的性,这个目的可能是一个结果,也可能是一个过程,但必须是一个现实的、明确的目的。所以从这个意义上讲,虽然一般来说激励是管理者的工作,但任何希望达到某个目的的人都可以将激励作为手段。

2. 激励通过人们的需要或动机来强化、引导或改变人们的行为

人们的行为来自动机,而动机源于需要,激励活动正是对人的需要或动机施加影响,从而强化、引导或改变人们的行为。因此,从本质上说,激励所产生的人们的行为是其主动、自觉的行为,而不是被动的、强迫的行为。

3. 激励是一个持续反复的过程

激励是一个由多种复杂的内在、外在因素交织起来持续作用和影响的复杂过程,而不是一个互动式的即时过程。

虽然从定义来看,激励的目的是强化、引导或改变人们的某种行为,然而事实上成功的激励达到的往往是一种精神力量或状态,而这种力量或状态恰恰可以起到加强、激发和推动人们积极性的作用,并且引导行为指向目标;相反,如果激励不能改变人们的内心状态而只得到机械、单调而且是被动的行为时,那恰恰是激励的失败。

二、激励中对人的认识

激励的对象始终并且也只能是人。人既是管理的主体即管理者,又是管理的客体即管理对象。作为管理者,他的人性观以及他对被管理者人性方面的基本认识,决定着他将追求的目标、为实现目标可能采取的行为以及对被管理者所采取的基本态度。因此,正如人们操纵一台机器之前必须首先了解它的工作原理一样,管理者研究激励人的工作之前,也必须首先对人有一个正确的认识。关于人性假设的理论很多,归纳起来主要有如下四种。

1. "经济人"假设

美国行为科学家道格拉斯·麦格雷戈于1957年在其《企业中的人性面》一文中提出了著名的"X–Y理论",对当时西方社会对于人性的两种主要认识进行了分析研究,其中的"X理论"就代表了"经济人"的人性假设。

"X理论"的主要观点如下:

(1) 多数人都是生性懒惰,尽可能地逃避工作。

(2) 多数人都缺乏雄心壮志,不愿承担责任,宁愿被人领导。

(3) 多数人都天生以自我为中心,对组织需要漠不关心,为了达到组织目标,必须靠外力严加管制。

(4) 多数人都不怎么机灵,缺乏理智,易于受到欺骗和煽动。

(5) 多数人都是为了满足基本生理需要和安全需要,所以他们将选择那些在经济上获利最大的事去做。

(6) 人大致可以分为两类,多数人都是符合上述设想的人,另一类是能够自己鼓励自己,能够克制感情冲动的人,这些人应当负起管理责任。

基于"经济人"的假设,管理者相应的管理方式和要点是:

(1) 管理人员关心的是如何提高劳动生产率,完成任务,而不考虑感情;管理就是计划、组织、经营、指引、监督。这种管理后来称为"任务型管理"。

(2) 管理工作只是少数人的事,而对方的主要任务是听从管理者的指挥。

(3) 强调严密的组织和制定具体的规范和工作制度,如工时定额、技术规程等。

(4) 在奖励制度方面,主要用金钱刺激员工的积极性,同时对消极怠工者采取严厉的惩罚措施。这就是俗语所说的"胡萝卜加大棒"的政策。

由此可见,此种管理方式是:一方面靠金钱的收买与刺激;另一方面靠严密的控制、监督和惩罚,迫使被管理者为组织目标努力。泰勒制就是这类管理的典型代表。

2. "社会人"假设

"社会人"假设是由霍桑试验的主持人梅奥提出的。梅奥认为,人是有思想、有感情、有人格的、活生生的"社会人"。作为一个复杂的社会成员,金钱和物质虽然对积极性的产生具有重要的影响,但是决定因素不是物质报酬,而是职工在工作中发展起来的人际关系。

"社会人"假设的基本内容是：

（1）交往的需要是人们行为的主要动机，也是人与人的关系形成整体感的主要因素。

（2）工业革命所带来的专业分工和机械化的结果，使劳动本身失去了许多内在的含义。传送带、流水线以及简单机械的动作使人失去了工作的动力，因此只能从工作的社会意义上寻求安慰。

（3）工人之间的影响力比管理部门所采取的管理措施和奖励具有更大的作用。

（4）管理人员应当满足职工的归属、交往和友谊的需要，工人的效率随着管理人员满足他们社会需要的程度的增加而提高。

基于"社会人"的假设，管理者相应的管理方式和要点是：

（1）作为管理人员，不能只把目光局限在完成任务上，而应当注意对人的关心、体贴、爱护和尊重，建立相互了解、团结融洽的人际关系和友好的感情。

（2）管理人员在进行奖励时，应当注意集体奖励，而不能单纯采取个人奖励。

（3）管理人员的职能也应有所改变，他们不应只限于制定计划、组织工序、检验产品，而应在职工与上级之间起联络人的作用：一方面要倾听职工的意见和了解职工的思想感情；另一方面要向上级反映和呼吁。

根据"社会人"的观点，提出了"参与管理"的管理方式，即在不同程度上让职工和下级参与决策。美国的一些企业曾提倡劳资结合、利润分享。除了建立劳资联合委员会、发动群众提建议之外，还将超额的利润按原工资比例分配给职工以谋取良好的人际关系。

3. "自我实现人"假设

"自我实现人"又称 Y 理论，也是由麦格雷戈提出来的。该理论是说，人需要发挥自己的潜力，表现自己的才能，只有人的潜力和才能充分地发挥出来，人才会感到满足。"Y 理论"对人的本性作了如下假设：

（1）一般人都是勤奋的，如果环境有利，工作如同游戏或休息一样自然。

（2）控制和惩罚不是实现组织目标的唯一办法，人们在执行任务中能够自我指导和自我控制。

（3）人生来并不一定厌恶工作，要求工作是人的本能。在适当的条件下，人们能够承担责任，而且多数人愿意对工作负责任，并有创造才能和主动精神。

（4）人所追求的需要与组织的需要并不矛盾，并非所有人都对组织的目标产生消极和抵触态度，只要管理得当，就能够实行自我管理和自我控制。

（5）组织的目标与个人的目标并不是完全对立的，只要有适当的机会，个人的目标与组织目标是可以统一起来的。

基于"自我实现人"的假设，管理者采取相应的管理方式和要点是：

（1）管理重点的改变。"自我实现人"假设认为，注意的重点应该从人的身上转移到工作环境上。但对环境的重视与"经济人"重视工作任务不同，重点不放在计划、组织、指导、监督和控制上，而是创造一种适宜的工作环境、工作条件，使人们能在这种条件下充分挖掘自己的潜力，充分发挥自己的才能。

（2）强调人的主观因素。这要求管理者注意发挥人的主观能动作用，重视人的自身特点，把责任最大限度地交给工作者，相信他们能自觉地完成任务。

（3）奖励方式的改变。依据"自我实现人"假设，对人的奖励可分为两大类：一类是外在奖励，如加工资、提升、良好的人际关系；另一类是内在的奖励，如在工作中能够获得知识、增长才干、充分发挥自己的潜能等。这种观点认为，只有内在激励，才能满足人的自尊和自我实现的需要，从而极大地调动职工的积极性。因此，外部控制如说服、奖罚不是促使人们努力工作的唯一办法，应该采用启发、诱导、信任的方式对待每一位工作人员，使他们获得"内在奖励"。

（4）管理制度的改变。"自我实现人"的观点认为，管理制度应该保证职工能够充分地表露自己的才能，达到自己所希望的成就。

4．"复杂人"假设

"复杂人"假设是在20世纪70年代初提出来的。长期的实践证明，无论是"经济人"、"社会人"，还是"自我实现人"的假设，虽然各有其合理的一面，但并不适用于一切人。因为人是复杂的，不仅因人而异，而且一个人本身在不同的年龄、不同的时间和不同的地点会有不同的表现。人会随着年龄、知识、地位、生活以及人与人关系的变化而出现不同的需要。因此研究者认为人是复杂的，并提出了"复杂人"假设。其内容主要有如下几点：

（1）人的需要是多种多样的，这种需要随着人类社会的发展和社会条件的变化而改变。

（2）人在同一个时间内会有多种需要和动机，它们会发生相互作用并结合为统一的整体，形成错综复杂的动机模型。

（3）在人生活的某一特定阶段和时期，其动机是内部需要和外部环境相互作用而形成的。人在组织中的工作和生活条件是不断变化的，因而会产生新的需要和动机。

（4）一个人在不同单位或同一单位的不同部门、不同岗位工作，会产生不同的需求和动机。一个人在正式组织中可能郁郁寡欢，而在非正式组织中有可能非常活跃。

（5）一个人是否感到满足或是否表现出献身精神，取决于自己本身的动机构造及他跟组织之间的相互关系。工作能力、工作性质、与同事相处的状况等都可以影响他的积极性。

（6）由于人的需要各不相同，能力也各异，因此，对不同的管理方式每个人的反应是不同的，没有一套对任何时代、任何组织和任何个人都普遍有效的管理方法。

"复杂人"假设没有要求采取和上列假设完全不同的管理方法，而只是要求了解每个人的个别差异。对不同的人,在不同的情况下采取不同的措施,即一切随时间、条件、地点和对象变化而变化,不能一刀切。由于"复杂人"的假设强调对人性的认识要根据具体情况具体分析,因此对实际工作具有更强的实用价值。同一个管理方式,对不同类型的单位以及不同的地区,效果可能是不同的,所以调动积极性的办法也应不同。

三、激励过程

激励的实质就是通过影响人的需求或动机达到引导人的行为的目的,它实际上是一种对人的行为的强化过程。因此研究激励,首先要了解人的行为过程,图5-5揭示了人的行为的一般过程。

人的行为的始点是需要。所谓需要就是人们对某种事物或目标的渴求和欲望,包括基本需要(如各种生理需要:衣、食、住、空气等),到各种高层次的需要(如社交、自尊、地位、成就、自我实现等)。除最基本的生活需要外,人的其他需要往往不是独立的、内生的,而是受环境影响的。

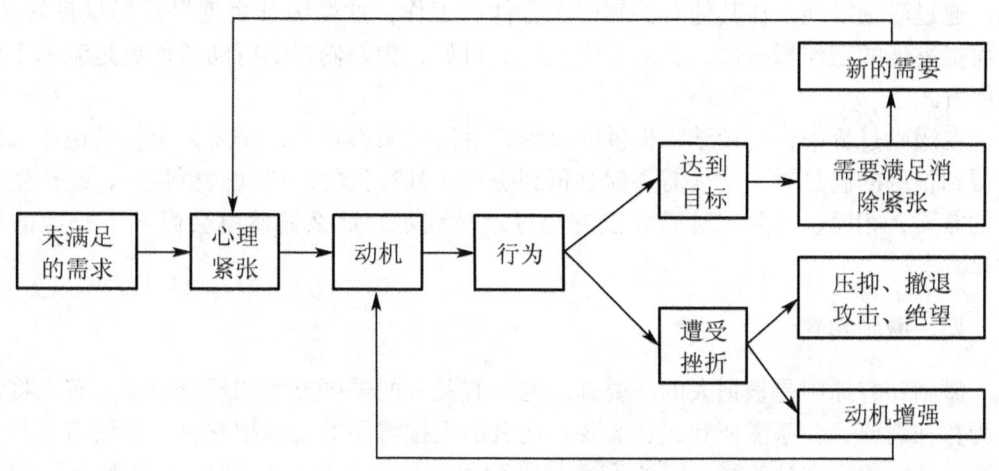

图5-5 人的行为过程模型

当人的需要未得到满足时,心理上会产生一种不安和紧张状态,这种状态会促成一种导向某种行为的内在驱动力,这就是动机。所谓人的动机,就是诱发、活跃、推动并指导和引导行为指向目标的一种内在状态。当人有了动机之后就会导致一系列寻找、选择、接近和达到目标的行为。如果人的行为达到了目标,就会产生心理和生理上的满足。原有的需要满足了,新的需要又会产生,从而又引发人的新的行为,如此周而复始。

激励是与人的行为过程紧密联系在一起的,激励的作用主要表现在以下三个方面。

（1）需要的强化。人的需要不仅复杂，有时还相互矛盾。不仅不同种类的需要之间存在着矛盾，即使同类需要之间也存在着矛盾（比如，是先买一台空调呢，还是先购置一套音响）。而激励工作要强化的是那些有利于组织目标实现的人的需要。强化其前一层的需要，从而使其产生有利于组织目标的行为。事实上，往往人们作出的选择最后并不是完全偏向一种需要，而是多种需要的调和与相互妥协。如何能在这种调和中去强化最有利于组织目标的需要，这里就包含着激励的艺术。

（2）动机的引导。强化了需要不一定就能得到预期的行为，因为可能有多种行为都能提供同一满足。如一名销售员想要得到更多的报酬，他可以更加努力地工作以获得更多的提成或奖励，也可以考虑保持现状而业余再兼一份销售工作，甚至干完就跳槽到另一家收入更高的公司；甚至有更糟的情况，他会违反公司的纪律，以不正当的手段谋取更高的收入。这时管理者可以通过说服教育以及相应的激励措施来杜绝其不良动机，从而引导其动机向对组织目标有利的行为上来。

（3）提供行动条件。要鼓励人行动，就应该为他们的行动提供条件，帮助他们实现目标。例如，要让一名销售员提高其销售业绩，就应该为他提供各种产品和客户信息，通过激励措施，让其他有关部门配合他的工作，这样为其实现目标提供良好条件，从而提高他的工作积极性，获取工作业绩。可见，为人们提供行动条件也是激励工作的重要方式。

在激励过程中，行动结果提供的反馈又会反过来影响人的需要，也就是说当人的需要得到很好的满足时，这种需要就会得到强化，其行为的动机就会更强烈，或产生进一步的需要；相反，如果这种需要没有很好地被满足，那么显然就会影响下一次的激励效果。

四、激励相容

激励相容原则是根据人的需要确定的，有关人的需要方面的理论很多，有人将需要分为存在需要、关系需要和成长需要；还有的人按需要的起源把它分为自然需要与文化需要；按对象把它分为物质需要和精神需要等。但是马斯洛的"需要层次论"和赫茨伯格的"双因素理论"，对人的需要方面的研究影响最大，成为内容型激励理论的两个主要代表理论。

1. 需要层次理论

美国心理学家马斯洛在1943年出版的《人的动机理论》一书中，提出了需要层次理论，他把人的需要归纳为五个层次（如图5-6所示），由低到高依次为生理需要、安全需要、社交需要、尊重需要和自我实现需要。

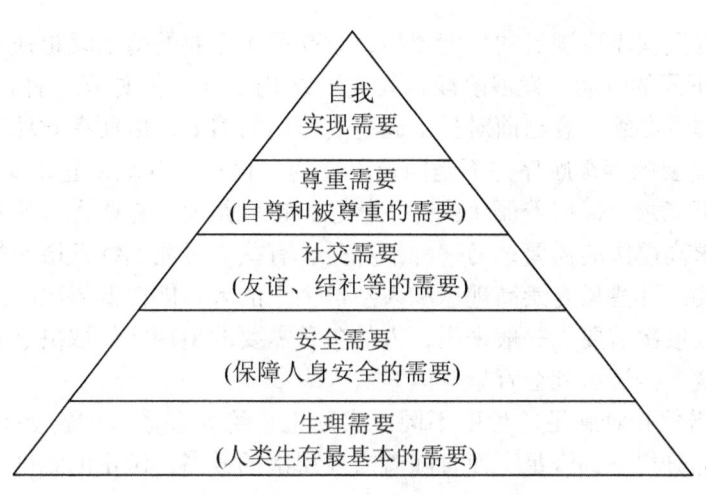

图 5-6 需要层次理论图

（1）生理需要。是指一个人对维持生存所需的衣、食、住、行等基本生活条件的需要。在一切需要中，生理需要是最基本、优先的。当一个人什么也没有时，首先要求满足的就是生理需要。

（2）安全需要。是指对人身安全、就业保障、工作和生活的环境安全、经济保障等的需求。当一个人生活或工作在惊恐和不安之中时，其积极性是很难调动起来的。

（3）社交需要。是指人希望获得友谊、爱情及归属的需要，希望得到别人的关系和爱护，成为社会的一员，在他所处的群体中占有一个位置，否则就会郁郁寡欢。

（4）尊重需要。是指希望自己保持自尊和自重，并获得别人的尊敬，得到别人的高度评价。这种需要可分为两类：一类是那种要求力量、成就、信心、自由和独立的愿望；另一类是要求名誉和威信、表扬、注意、重视和赞赏的愿望。每一个人都有一定的自尊心。这种需要得到满足，就会使人感到自信、有价值、有力量、有能力并适于生存；若得不到满足，就会产生自卑感、软弱无能感，从而导致情绪沮丧，失去自信心。

（5）自我实现需要。是指促使自己的潜在能力得以实现的愿望，即希望成为自己所期望的人。一个人能够做什么，他就必须做什么，这样才能最终感到愉快。当人的其他需要得到基本满足以后，就会产生自我实现的需要，这种需要会产生巨大的动力，使人努力尽可能实现自己的愿望。

马斯洛需要层次理论的基本观点如下：

（1）人的需要是分层次等级的，一般按照由低层次到高层次的顺序发展。生理需要是人最基本、优先的需要，自我实现是最高层次的需要。任何人对各需要层次都无法完全满足，需要的满足是相对的。一般能满足生理需要的85%、安全需要的70%、社交需要的50%、自尊需要的40%、自我实现需要的10%，就算是相对满足了。人们首先追求满足较低层次的需要，只有在低层次的需要满足以后，才会进一步追求较高层次的需要，而且低层次需要满足的程度越高，对高层次需要的追求就越强烈。

（2）人在不同的时期、发展阶段，其需要结构不同，但总有一种需要发挥主导作用。因此，管理者必须注意当前对员工起主要作用的需要，以便有效地加以激励。

（3）五种需要的等级顺序并不是固定不变的，存在着等级倒置现象。一种情况是，有些人的愿望可能永远保持着僵化或低下状态，也就是说，有些人可能只谋求低层次的需要而不再追求高层次的需要；另一种情况是，有些人可能牺牲低层次的需要，谋求实现高层次的需要。那些具有崇高理想和人生价值观的人，即使低层次的需要尚未得到满足，仍会追求高层次需要。一般来说，人的各种需要的出现往往取决于职业、年龄、性格、受教育程度、经历、社会背景等因素。

（4）各种需要相对满足的程度不同。实际上，绝大多数人的需要只有部分得到满足，同时也有部分得不到满足，而且随着需要层次的升高，满足的难度相对增大，满足的程度逐渐减小。

马斯洛的"需要层次理论"是影响最大的有关研究人类需求的理论，虽然它存在着许多的缺陷，但它对我们正确认识人的需要，并在激励工作中做到激励相容仍然具有重大的启发和指导作用。

研讨与质疑

你认为马斯洛的"需要层次理论"与"雷锋现象"是否一致？试加以说明。

2. 双因素理论

美国心理学家赫茨伯格（F. Herzberg）等人于 20 世纪 50 年代末期在匹兹堡地区对 200 名工程师和会计师进行了大规模的访问谈话，调查被访者对工作感到满意和不满意的原因各是什么？

通过调查发现，在工作中，使员工对工作感到满意的往往是成就、赞赏、工作本身、责任和进步等五种因素，是属于工作本身和工作内容方面的因素；使员工感到不满的往往是公司政策与管理方式、上级监督、工资、人际关系和工作条件等五种因素，是属于工作环境和工作条件方面的因素。赫茨伯格把影响人们动机与行为的因素分为"激励因素"和"保健因素"两大类，如图 5-7 所示。

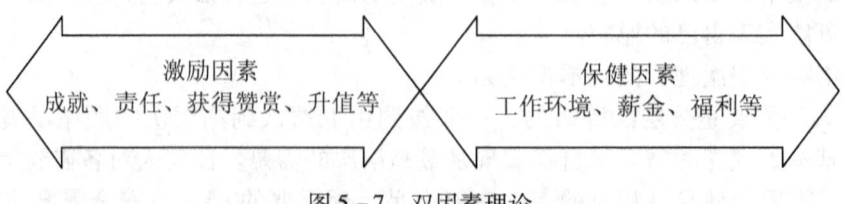

图 5-7 双因素理论

（1）激励因素。是指能带来积极态度、满意和激励作用的因素，它是那些能满足个人自我实现需要的因素，包括：成就、赏识、挑战性的工作、责任，以及成长和发展的机会。如果这些因素具备了，就能对人们产生更大的激励。

从这个意义出发，赫茨伯格认为传统的激励假设，如工资刺激、人际关系的改善、提供良好的工作条件等，都不会产生更大的激励；它们能消除不满意，防止产生问题，但这些传统的"激励因素"即使达到最佳程度，也不会产生积极的激励。按照赫茨伯格的意见，管理当局应该认识到保健因素是必需的，不过它一旦使不满意中和以后，就不能产生更积极的效果。只有"激励因素"才能使人们有更好的工作成绩。

（2）保健因素。是指不能直接起激励员工的作用，但能预防员工的不满情绪的因素。它包括公司政策、管理措施、监督、人际关系、工作物质条件、薪金、福利等。当这些因素恶化到人们认为可以接受的水平以下时，就会产生对工作的不满意。但是，当人们认为这些因素很好时，它只是消除了不满意，并不会导致积极的态度，这就形成了某种既不是满意、又不是不满意的中性状态。

赫茨伯格告诉人们，满足各种需要所引起的激励程度和效果是不一样的。物质需求的满足是必要的，没有它会导致不满，但是即使获得满足，它往往是很有限的、不能持久的。要调动人的积极性，不仅要注意与工作条件等外部因素，更重要的是要注意工作的安排，量才录用，各得其所，注意对人进行精神鼓励，给予表扬和认可，注意给人以成长、发展、晋升的机会。随着温饱问题的解决，这种内在激励的重要性越来越明显。

小讨论

按照双因素理论观点，你认为激励员工工作积极性最重要的激励因素有哪些？这一原理是否也可以应用于学习领域？用你或你的同学的实例加以说明。

五、激励行为

需要理论的研究能帮助管理者更好地识别人的需要，并运用激励相容原则，采取恰当的管理措施来调动人的积极性。然而并不是满足了人们的需要就能调动他们工作的积极性，使他们产生组织所希望的行为。要有效地进行激励，还需要科学正确的激励行为，即能根据人的行为特点，按照正确的激励方式，采取科学的激励措施来达到有效激励的效果。过程型激励理论的研究重点就在于此。过程型激励理论主要有：期望理论，公平理论，成就需要理论，生存、关系、发展理论，强化理论等。这里只介绍其中的三种。

1. 期望理论

美国心理学家弗鲁姆（V. H. Vroom）于1964年在他的著作《工作与激励》一书中首先提出了比较完备的期望理论，成为这一领域的主要理论之一。弗鲁姆认为，一种激励因素（或目标），其激励作用的大小，受到个人从组织中取得报酬（或诱因）的价值判断以及对取得该报酬可能性的预期双重因素的影响，前者称为效价，后者称为期望值

(期望概率)，可用下式表示：

$$激励力(M) = 效价(V) \times 期望值(E)$$

式中 激励力——指一个人受激励的程度，愿意为达到目标而努力的程度；

效价——指一个人对行动结果能满足其需要的程度的估计，其取值范围为 +1～-1。结果对个人越是重要，效价值越接近于 +1；结果对个人无关紧要、是无所谓的事，效价值就接近于 0；个人很不希望发生而要尽力避免的结果，其效价值就接近于 -1；

期望值——指个人对行动会导致某一预期结果的概率估计，其取值范围为 0～+1。

弗鲁姆认为，效价和期望值都是个人的一种主观判断，即对人的行为的激励力涉及三部分心理过程：报酬本身是否能够吸引人们为之付出努力？付出努力的行为是否能够取得预期的结果？努力和工作绩效的结果能否带来期望的报酬？

期望理论揭示出对人的行为的激励，实际上是一种很复杂的过程。管理者在向员工下达任务时，必须考虑工作本身的挑战性，使其效价能产生重要的刺激作用。同时，也要考虑任务的合理性，使人们通过努力可以完成，员工在取得绩效之后奖励又能及时兑现，这样才能使激励与绩效之间形成良性循环。

2. 公平理论

该理论是研究在社会比较中个人所作出的贡献与他所得到的报酬之间如何平衡的问题，研究报酬的公平性对人们工作积极性的影响。公平理论认为，当一个人作出成绩并取得报酬以后，他不仅关心自己所得报酬的绝对量，而且关心自己所得报酬的相对量。也就是说，每个人都会自觉不自觉地把自己所获的报酬与投入的比率，同他人的收支比率或本人过去的收支比率相比较，如下式所示：

$$\frac{Q_p}{I_p} = \frac{Q_x}{I_x}$$

式中 Q_p——自己对所获报酬的感觉；

I_p——对自己所付出的感觉；

Q_x——对参照系的报酬的感觉；

I_x——对参照系的付出的感觉。

这里的报酬可能包括工资报酬，组织对其的承认和尊重程度，职位的提升，人际关系的变化及其心理上的报酬（如感到被承认、更安全、更快乐）等；所谓的付出可以包括时间、教育、经验、努力程度和负责精神等。但是应该特别强调的是，这里的报酬和付出都是个人的主观感觉，都是客观事物经过主观的加工处理后所得到的印象。各人感知的精确度不同，各人判别的标准不同，因而对同一种报酬和付出可能会产生不同的感觉。

这里的参照系可能是"他人"、"制度"和"自我"。"他人"可能包括组织中的其他成员，以及朋友、邻居及同行等；"制度"则包括组织中的报酬政策以及这种政策的实际运作等;"自我"则是自己在过去的工作中所得报酬与付出的比例。

虽然这样得出的报酬与付出的比例是非常不精确的,但个人的态度会大受其影响,比较下来无非会有三个结果:当公式中取等号时,个人会觉得自己的报酬是合理的、公平的,其心态就比较平衡;当公式中取小于号时,个人就会觉得自己的报酬低了,不公平了,因而就要设法消除这种不公平,通常会要求增加报酬,如果不能做到,则会产生抱怨情绪,降低工作的积极性,用减少付出的办法来求得心理平衡;当公式中取大于号时,说明自己的报酬水平大于别人,对多数人而言不会构成太大问题,但研究表明也有一些人会去努力减少这种不公。

公平理论第一次把激励和报酬的分配联系在了一起,说明人是要追求公平的,从而揭示了现实生活中的许多现象。比如一名研究生的月工资是2000元,他并没有觉得不满,但当单位新来的一名大学生每月也拿2000元时,他就会觉得不公平,马上会产生不满情绪。所以,管理者在激励工作中不应用孤立的眼光看待某个人,而应该考虑其参照对象,充分运用公平理论的原理。此外,公平理论表明公平与否都源于个人感觉,个人判别报酬与付出的标准往往都会偏向于对自己有利的一方,这对组织是不利的。因此,管理者应能以敏锐的目光察觉个人认识上可能存在的偏差,适时做好引导工作,确保个人工作积极性的发挥。

思考题5.2

在实际生活中,当个人认为不公平时会有哪些表现?

3. 强化理论

美国心理学家斯金纳(B. F. Skinner)在20世纪50年代提出人的行为是其所获刺激的函数。斯金纳通过试验研究得出结论,认为人的行为可分为三类:①本能行为,这是人生来就有的行为;②反应性行为,这是环境作用于人而引起的反应;③操作性行为,这是人为了达到一定目的而作用于环境的行为。

该理论认为,人的行为只是对外部环境刺激所作出的反应。管理人员可以通过强化手段,营造一种有利于组织目标实现的环境和氛围,使组织成员的行为符合组织的目标。强化可分成两大类:

(1)正强化。这是指奖励那些符合组织目标的行为,以便使这些行为得以进一步加强,重复出现,从而有利于组织目标的实现。正强化的内容可以多种多样,包括物质奖励和精神奖励,如增加薪金、提升职位、对其工作成果的承认和赞赏等。

(2)负强化。就是惩罚那些不符合组织目标的行为,以便使这些行为减弱,甚至消失,从而保证组织目标的实现。这种强化方式能从反面促使人们重复符合要求的行为,达到与正强化同样的目的。负强化的方法也包括物质惩罚和精神处罚。不进行强化或者忽视,也是负强化可用的方法。与正强化不同的是,负强化要维持其连续性,即对

每次不符合组织目标的行为都应及时予以处罚,从而消除人们的侥幸心理,减少甚至完全消除这种行为重复出现的可能性。

在管理工作中运用强化理论时,应遵循以下原则:要明确强化的目的或目标,明确预期的行为方向,使被强化者的行为符合组织的要求。要选准强化物。每个人的需要不同,因而对同一种强化物的反应也各不相同。这就要求具体分析强化对象的情况,针对他们的不同需要,采取不同的强化措施。可以说,选准强化物是使组织目标与个人目标统一起来,以实现强化预期要求的中心环节,并及时反馈。为了实现强化的目的,必须通过反馈的作用,使被强化者及时了解自己的行为后果,并及时兑现相应的报酬或惩罚,使有利于组织的行为得到及时肯定,促使其重复;不利于组织的行为能得到及时的制止。要尽量运用正强化的方式,避免运用惩罚的方式。

为了尽可能避免惩罚所引起的消极作用,应把惩罚同正强化结合起来。在执行惩罚时,应使被惩罚者了解受到惩罚的原因和改正的办法,而当其一旦有所改正时,即应给予正强化,使其符合要求的行为得到巩固。

六、激励方法

在激励理论的指导下,领导者需要选择有效的激励方法,常用的激励方法可以归纳为如下几种:

1. 目标激励

通过在企业中全面推行目标管理(MBO),加强员工对组织管理的参与意识和行动,员工围绕企业的总目标,制定和落实个人目标和完成目标的措施,从而可以大大加强他们实现组织目标的责任感和积极性。

2. 支持性激励

支持性激励表现在领导活动中,领导者对下级的尊重、信任、关心,千方百计创造条件满足他们的合理需要,并且积极为困难员工排忧解难。感情投资在现代管理中是一个非常重要的因素,它能密切上下级关系,增强员工的动力,振奋员工的精神。美国学者麦克马克说过:"你越使你的下级显得精明强干,就越显得你是一个精明强干的管理者。"任何高明的领导者,都应当尽可能对下属采取更多的支持性激励手段。

3. 榜样激励

榜样激励的核心是在组织中树立正面典型和标兵,以他们良好的行为鼓舞员工,创造业绩。从心理学的观点看,任何人(特别是青少年)都有强烈的模仿心理,榜样的力量是无穷的。从20世纪50年代以来,我国在各条战线上树立过像雷锋、李向群等一大批英模人物,产生过巨大的影响,对精神文明与物质文明的建设都作出了巨大的贡献。但"榜样"的树立,应当坚持实事求是,不要"虚构"和"夸张",以免引起员工的逆反心理。

4. 评比、竞赛、竞争激励

竞争是市场经济的重要特点之一，组织中经常开展必要的评比、竞赛、竞争，能使员工的情绪保持紧张，提高士气，克服惰性。同时，通过评比竞赛，能使劳动者的业绩得到公正合理的评价，促使他们为企业作出更大的贡献。

5. 强化激励

强化激励就是运用斯金纳的强化理论，来实施对员工的行为改造。领导者应该经常运用表扬、奖励（包括物质奖励和精神奖励）等正强化手段，鼓励员工为组织创造更大的业绩；同时辅助以批评、警告、惩罚等负强化手段削弱某些员工的不良行为。在强化手段的运用上，要坚持以表扬和奖励为主的方法，避免由于惩罚过多所带来的负面效应。

6. 领导行为激励

领导行为激励强调领导者对下属的示范作用。人们常说身教重于言教，领导者作为企业各层次管理的主体，对其下属有巨大的影响力。从权力的概念分析，领导行为表现就是其专长权和个人影响权的具体体现。在我国，党和国家的好干部如焦裕禄、孔繁森等，他们工作中的出色成绩与深远影响都与自身的行为和修养有着密不可分的联系，这充分证明了领导行为激励的重要性。

7. 员工持股激励

员工持股激励是在市场经济条件下，对员工激励的最根本的方法之一，在某些西方国家已经相当普遍。其出发点是实行产权多元化，鼓励员工在企业持股，利润共享。1993年在美国已有一万家公司的1 000万名员工参加厂员工持股。著名的威尔顿钢铁公司过去长期亏损，在全厂7 000多名员工用3.8亿美元买下公司的全部资产后，当年就实现扭亏增盈4 800万美元，其原因就在于员工持股增加了他们对企业的认同感，使他们迸发出巨大的工作热情和责任感，促使了企业效益的提高。

8. 危机激励

危机激励的实质是树立全体员工的忧患意识，做到居安思危，无论是在企业顺利还是困难的情况下，都永不松懈、永不满足、永不放松对竞争对手的警惕。日本学者小山秋义把这种激励方法称为"怀抱炸弹经营"、"置之死地而后生"，唤醒全体员工的危机意识，确保企业立于不败之地。

9. 企业文化激励

企业文化是指一个企业全体成员所共有的信念和期望模式，推行企业文化有助于建立员工共同的价值观和企业精神，树立团队意识。美国、日本有许多企业全面推行企业文化，取得了非常成功的经验，不但增加了员工对企业的凝聚力和自豪感，而且提高了企业素质和整体实力。因此优良的企业文化也是组织必不可少的激励手段。

📖 管理的十大经典理论之七

不值得定律

不值得定律最直观的表述是：不值得做的事情，就不值得做好。这个定律再简单不过了，重要性却时时被人们忽视遗忘。不值得定律反映人们的一种心理，一个人如果从事的是一份自认为不值得做的事情，往往会保持冷嘲热讽、敷衍了事的态度，不仅成功率低，而且即使成功，也不觉得有多大的成就感。因此，对个人来说，应在多种可供选择的奋斗目标及价值观中挑选一种，然后为之奋斗。选择你所爱的，爱你所选择的，才可能激发我们的斗志，也可以心安理得。而对一个企业或组织来说，则要很好地分析员工的性格特性，合理分配工作，如让成就欲较强的职工单独或牵头完成具有一定风险和难度的工作，并在其完成时，给予及时的肯定和赞扬；让依附欲较强的职工，更多地参加到某个团体共同工作；让权力欲较强的职工，担任一个与之能力相适应的主管。同时要加强员工对企业目标的认同感，让员工感觉到自己所做的工作是值得的，这样才能激发职工的热情。

第四节 沟 通

沟通是指信息与思想在两个或两个以上主体与客体之间传递和交流的过程。沟通可以在人与人之间进行，也可以在人与机器之间或机器与机器之间进行。沟通是信息的传递与理解，与管理的成效密切相关。在知识经济时代，沟通越来越显示出重要作用。

一、沟通的含义

所谓沟通就是信息的交流，是指信息的发送者将某一信息传递给客体或对象，以期取得客体或对象做出相应反应的过程。它既可以是通过通信工具之间进行的信息交流，也可以是人一机之间的情思交流，还可以是人与人之间的信息交流。而其中人与人之间的信息交流则是本书所要研究的对象。因此，这里的沟通不仅包含沟通的一般含义，而且更侧重于个体与群体之间传递和交换各自意见、思想、情感的过程，从而达到相互了解、相互认知，完成群体或组织目标的目的。

需要注意的另一点是，良好的沟通常被错误地解释为沟通双方达成一致的意见，而不是准确理解信息的意义。如果信息的发送者和接收者意见不同，许多人会就此认为信息的接收者未能完全领会信息发送者的看法。也就是说，很多人认为良好的沟通是使对方接受自己的观点。但是，即使信息接收者完全明白发送者的意思，却不见得同意他们的观点。事实上，若一场争论持续了相当长的时间，旁观者往往断言这是由于缺乏有效的沟通而导致的。这种想当然的认识，反映了一种错误的倾向，即认为有效的沟通等同于意见一致。

沟通问题包括了人际沟通和组织沟通两大方面。前者指存在于两人或多人之间的沟通。后者指组织中沟通的各种方式、网络和系统等。人际沟通是组织沟通的基础，并且广泛存在于组织沟通中。

二、沟通的过程

沟通是一个复杂的信息传递过程，无论何种沟通都包含7个基本要素：

（1）信息源。信息源又称为信息的发送者，是将信息发出的一方，是信息沟通的主体。信息源既可是个人，也可是组织。

（2）信息。信息是发送者传递的一组符号，可以是语言、文字、图片、手势等。它是沟通主体的观念、需要、意愿等的一种表达。它既可以是客观事实，也可以是个人的主观感受和情感反映。

（3）编码。编码即信息源将需要传递的信息内容进行描述或体现为信息接收人能够接受和理解的信息实体的过程。

（4）通道。通道是指信息传递的途径或媒介。信息必须载于通道才能存在，同时通道也是信息发出者与接收者的连接体。

（5）解码。解码是指信息接收者将发送者所传递的信息翻译成他所能理解的形式。

（6）接收者。接收者是信息沟通的对象，可能是个体，也可能是群体。沟通必须在两个或两个以上的人或群体之间进行，否则不能称为沟通。

（7）反馈。反馈是接收者对信息做出反应后并将之传送给发送者的过程。它是沟通持续发生的保证，也是对沟通效果的评价。

沟通过程就是由这7个要素相互作用的结果，其模型如图5-8所示。

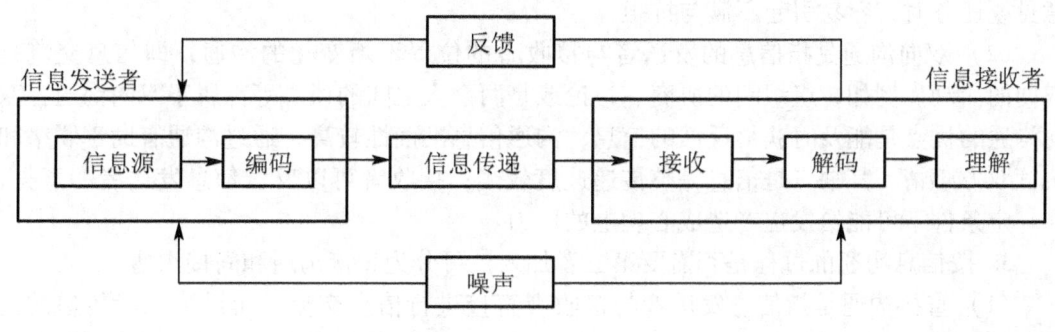

图5-8 沟通过程

该模型反映的是信息沟通的一般规律，作为人与人之间的信息沟通过程也遵循这一基本模型，不过它与其他沟通过程有着质的差异或特殊性。首先，人与人之间的沟通主要是通过语言进行的；其次，人与人之间的沟通不仅仅是信息的传递，同时还包括情感、思想、态度及观点的交流；最后，在人与人之间的沟通过程中，心理因素尤为突出，因而会使沟通过程遇到特殊的障碍。

思考题5.3

有人说在沟通过程中，信息发送者和接受者都需要提高倾听能力，你同意吗？

三、沟通类型

1. 按沟通的组织结构特征，可分为正式沟通和非正式沟通

（1）正式沟通是指按照组织明文规定的渠道进行信息的传递和交流。例如组织内部的文件传达，上下级之间例行的汇报、总结，工作任务分配以及组织之间的信函往来等都属于正式沟通。正式沟通具有组织的严肃性、程序性、稳定性、可靠性及信息不易失真的特点。它是组织沟通的主要方式。

（2）非正式沟通是指除正式沟通渠道以外自由进行的信息传递和交流，它是正式沟通的补充。例如，员工之间私下交换意见、交流思想感情或传播小道消息等。其特点是自发性、灵活性、不可靠性。非正式沟通作为正式沟通的补充有其积极的作用，通过它可以掌握群体成员的心理状况，并在一定程度上为组织决策提供依据。但由于在非正式沟通中信息失真比较大，所以作为管理人员既不能完全依赖它获得必要的信息，又不能完全忽视它。

2. 按信息发送者与接收者的位置是否变换，可分为单向沟通和双向沟通

（1）单向沟通是指信息的发送者与接收者之间相对位置不发生变化的沟通，即信息的交流是单向的流动。例如演讲、作报告、广播消息等都属于单向沟通。单向沟通的优点是信息传递快，其缺点是缺少信息反馈，沟通的信息准确性差。当接收者不愿接受意见或任务时，容易引起不满与抗拒。

（2）双向沟通是指信息的发送者与接收者的位置不断变化的沟通，即信息交流是双向的活动。例如，组织间的协商、讨论或是两个人之间的谈心等都属于双向沟通。双向沟通的优点是能及时获得反馈的信息；沟通信息准确性较高；通过沟通有助于联络和巩固双方感情。其缺点是信息完整传递速度较慢；接收者可以反对信息发送者的意见，在一定条件下可能给发送者造成心理上的压力。

3. 按信息沟通的过程是否需要第三者加入，可分为直接沟通和间接沟通

（1）直接沟通是指信息发送者与接收者直接进行信息交流，无需第三者传递的沟通方式。例如面对面的交谈、电话交谈等。直接沟通的优点是沟通迅速，双方可以充分交换意见，交流信息，迅速取得相互了解。其缺点是信息的有效传递需要时间和空间的一致性，有时直接沟通存在一定困难。

（2）间接沟通是指信息发送者必须经过第三者的中转才能把信息传递给接收者。

间接沟通的优点是不受时间和空间条件的限制。其缺点是较浪费人力和时间，且可能使信息失真。

4. 按信息沟通时所凭借的媒介，可分为口头沟通和书面沟通

（1）口头沟通是指以口头语言为媒介的沟通，例如演讲、口头汇报等。口头沟通是人际关系中最常用的一种形式，人们借助口头语言的表达方式彼此传递着不同的信息、情感和思想。口头沟通的优点是信息发送和反馈快捷并及时。其缺点是信息传递经过的中间环节越多，信息被曲解的可能性就越大。

（2）书面沟通与口头沟通都属于语言沟通的过程，但书面沟通更加规范、正式和完整。书面沟通是以书面文字为媒介的沟通，例如通知、文件、备忘录等。在组织和群体正式的、比较规范的沟通中通常用书面沟通。书面沟通的优点是沟通的内容具体化、直观化；沟通信息能够被永远保存，便于查询。其缺点是花费大量时间，缺乏及时的反馈，而且不能保证接收者完全、正确地理解信息。

5. 按信息传播的方向可划分为上行沟通、下行沟通和横向沟通

（1）上行沟通是指自下而上的沟通，即信息按照组织职权层次由下向上流动，如下级向上级汇报情况、反映问题等。这种沟通既可以是书面的，也可以是口头的。为了作出正确的决策，领导者应该采取措施如开座谈会、设立意见箱和接待日制度等，鼓励下属尽可能多地进行上行沟通。

（2）下行沟通是指自上而下的沟通，即在组织职权层次中，信息从高层次成员向低层次成员流动，如领导者以命令或文件的方式向下级发布指示、传达政策、安排和布置计划工作等。下行沟通是传统组织内最主要的一种沟通方式。

（3）横向沟通主要是指同层次、不同业务部门之间以及同级人员之间的沟通。横向沟通符合过程管理学派创始人法约尔提出的"跳板原则"，它能协调组织横向之间的联系，在沟通体系中是不可缺少的一环，具有业务协调的作用。

6. 按沟通网络的基本形式划分有链式、轮式、Y式、环式和全通道式等沟通

沟通网络是指各种沟通路径的结构形式，它直接影响到沟通的有效性。正式沟通可以有链式、轮式、Y式、环式和全通道式五种网络形式。几种沟通的形式如图5-9所示。

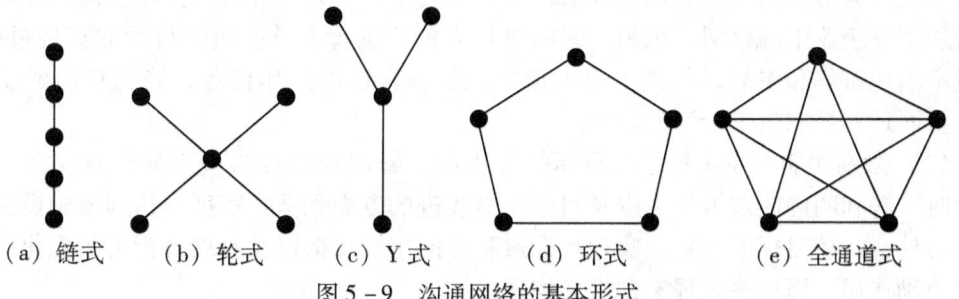

图5-9　沟通网络的基本形式

（1）链式沟通属于控制型结构，在组织系统中相当于纵向沟通网络。网络中每个人处在不同的层次中，上下信息传递速度慢且容易失真，信息传递者所接收的信息差异大。但由于结构严谨，链式沟通形式比较规范，在传统组织结构中应用较多。

（2）轮式沟通又称主管中心控制型，在该种沟通网络图中，只有一名成员是信息的汇集发布中心，相当于一个主管领导直接管理几个部门的权威控制系统。这种沟通形式集中程度高，信息传递快，主管者具有权威性。但由于沟通渠道少，组织成员满意程度低，士气往往受到较大的影响。

（3）Y式沟通又称秘书中心控制型，这种沟通网络相当于企业主管、秘书和下级人员之间的关系。秘书是信息收集和传递中心，对上接受主管的领导，这种网络形式能减轻企业主要领导者的负担，解决问题速度较快。但除主管人员以外，下级人员平均满意度与士气较低，容易影响工作效率。

（4）环式沟通又称工作小组型沟通，该网络中，成员之间依次以平等的地位相互联络，不能明确谁是主管，组织集中化程度低。由于沟通渠道少，信息传递较慢，但成员之间相互满意度和士气都较高。

（5）全通道式沟通是一个完全开放式的沟通网络，沟通渠道多，成员之间地位平等，合作气氛浓厚，成员满意度和士气均高。全通道沟通与环式沟通的相同之处在于，网络中主管人员不明确，集中化程度低，一般不适用于正式组织中的信息传递。

除此之外，在非正式组织中，还存在着一种"葡萄藤"式的沟通形式，沟通可随处延伸。

四、沟通的作用

对于群体而言，没有沟通，群体就不可能存在。只有通过不断的沟通才能增进了解，促进群体目标的完成。而对于组织而言，各部门之间的分工协作和组织目标的完成过程同样需要沟通。在群体和组织中，沟通具有以下几种作用。

（1）控制作用。沟通可以控制群体和组织中个人的行为。比如，当工作群体中某个人工作十分勤奋，使其他人相形见绌时，其他人会通过非正式沟通的方式控制这种行为。又如，当社会群体中某人违反公认的习俗时，其他成员将通过各种非正式的沟通渠道对这类行为进行谴责。而在正式的组织如公司中，沟通同样可以实现控制功能。员工们必须遵守企业中的权利等级和正式的指导方针。主管人员在组织目标的实现过程中，通过不断地讲解和引导，使员工更加清楚地领会自己的工作任务，修正自己的工作方法，从而达到控制员工行为的目的。

（2）激励功能。在实现组织目标的过程中，管理者通过与员工的信息交流，让员工及时了解和明确应该做什么以及自己所需改进的方面和努力程度，达到激励员工的作用。另外，具体目标的设置，实现目标过程中的持续反馈以及对理解行为的强化过程等都有激励作用，而这些过程又都需要沟通。

（3）情感表达功能。对于大多数群体成员来说，工作群体是其主要的社交场所。个体通过群体成员的沟通来表达自己的情感。因此，沟通提供了一种宣泄情感的表达环境，并满足了成员的社交需要。

（4）信息传递功能。沟通为群体和组织决策提供了各种所需的信息，从而保证了决策的正确性，同时，也正因为有效的沟通，加强了组织成员对决策方案和目标的理解，促进了组织成员间的信任与合作，保证了目标的实现。

课后思考与练习

1. 你如何认识领导和管理的关系？
2. 领导的影响力来自哪些方面？
3. 领导行为理论的种类和内容有哪些？
4. 领导情境理论的种类和内容有哪些？
5. 什么是激励？简述激励的过程。
6. 如何理解马斯洛的需求层次理论？
7. 如何理解公平理论的内容？
8. 双因素理论对我们的管理工作有何意义？
9. 怎样理解沟通的含义及作用？
10. 沟通的类型有哪些？

实训项目 1

模拟决策：紧急处理

实训内容：模拟情景，锻炼学生决策或指挥能力。

实训目的：

（1）培养现场指挥能力；

（2）培养应变能力。

实训指导：

建议设置的管理情景：晚上 11 点多钟，男生宿舍一楼的卫生间上水管突然爆裂，此时楼门和校门已经关闭（水闸阀门锈住）。人们都沉睡在梦中，只有邻近几个宿舍的学生被惊醒。水不断地从卫生间涌出，并顺着走廊流出，情况非常紧急。假如你身处其中，如何利用你的指挥才能化险为夷。

实训组织：

（1）先以模拟公司为单位进行分组讨论，然后各公司分别制定应急方案。

（2）在课堂上各模拟公司依据其制订的方案做现场表演。表演后可现场对各公司

方案质疑。

实训考核：

（1）标准：重点考察方案的有效性、可行性以及指挥的果断性与清晰性。

（2）评估：①每个公司起草一份应急方案。②在班级交流与辩论中的表现。

实训项目 2

管理游戏：口头指挥

实训内容：模拟场景，培养学生指挥能力。

实训目的：

（1）训练现场观察与运筹的能力；

（2）培养口头指挥的能力；

（3）培养团队合作意识。

实训指导：

（1）以模拟公司为单位组织进行。在其总经理指挥下，由其成员在一块空地上用一条20米长的绳子围成一个正方形，绳子不能有剩余。

（2）公司成员按照此次任务要求进行分工，除总经理外，设总经理秘书一名、部门经理4名、部门成员若干名。

实训组织：

（1）活动开始时，主持者（轮值主席）先将总经理同其成员隔离，向其说明游戏规则，再由总经理通过其秘书向各部门经理下达用绳子围正方形的命令。总经理不可直接指挥。

（2）部门经理再指挥其下属（要蒙上眼睛）用绳子围正方形。部门经理要与操作人员（其下属）保持5米的距离。

（3）在围的过程中，主持者要不断设置新障碍，增加围正方形的困难。这样，总经理可能有新的指示下达，部门经理有新的或不明确的问题向总经理请示，但都必须通过秘书传递。

实训考核：

（1）标准：能正确运用运筹与指挥的原理与艺术指导活动，并以在最短时间围成标准的正方形为胜利标准。

（2）评估：①分别评估总经理、秘书、部门经理及其成员的能力与表现。②评估每个公司的绩效与团队合作的默契程度。

激励理论与现实

施迪闻是富强油漆厂供应科的科长,厂里同事乃至外厂的同行们都知道他心直口快,为人热情,尤其对新主意、新发明、新理论感兴趣,自己也常在工作里搞点新名堂。

前一阶段,常听见施科长对人嚷嚷说:"咱厂科室工作人员的那套奖金制度,我看,到了非改不可的地步了,是彻底的'大锅饭'平均主义。奖金总额不跟利润挂钩,每月按工资总额拿出5%当奖金,这5%是固定死了的,一共才那么一点钱。说是具体每人分多少由各单位领导按每人每月工作表现去确定,要体现'多劳多得'原则,还要求搞什么'重赏重罚,承认差距'哩。可是谈何容易,'巧妇难为无米之炊'呀!总共就那么一点点,还玩得出什么花样?理论上是说要奖勤罚懒,干得好的多给,一般的少给,差的不给。可是你真的不给试试看?不造反才怪呢!结果实际上是大伙基本上拉平,皆大欢喜;要说有那么一点差距,确定分成三等,不过这差距也只是象征性的。照说这奖金也不多,有啥好计较的?可要是一个钱不给,他就认为这简直是侮辱,存心丢他的脸。唉,难办!一是咱厂穷,奖金拨的就少;二是咱们平均主义惯了,爱犯'红眼病'。"

最近,施科长却跟人们谈起了他一段有趣的经历。他说:"改革科室奖金制度,我琢磨好久了,可就是想不出啥好点子来。直到上个月,厂里派我去市管理干部学院参加一期中层管理干部培训班。有一天,他们不知打哪儿请来一位美国教授,听说还挺有名,来给咱们作一次讲演。"

"那教授说,美国有位学者,叫什么来着?……对,叫什么伯格,他提出一个新见解,说是企业对员工的管理,不能太依靠高工资和奖金。又说,钱并不能真正调动人的积极性。你说怪不?什么都讲金钱万能的美国佬,这回倒说起钱不那么灵来了。这倒要留心听听。"

"那教授继续说,能影响人积极性的因素很多,按其重要性,他列出了一长串单子。我记不太准了,好像是,最要紧的是'工作的挑战性'。这是个洋名词,照他解释,就是指工作不能太简单,轻而易举地就完成了;要艰巨点,让人得动点脑筋,花点力气,那活才有干头;再就是工作要有趣,要有些变化,多点花样,别老一套,太单调。他说,还要给自主权,给责任;要让人家感到自己有所成就,有所提高。还有什么表扬啦,跟同事们关系友好融洽啦,劳动条件要舒服安全啦什么的,我也记不准、记不全了。可有一条我是记准了:工资和奖金是摆在最后一位的,也就是说,最无关紧要。"

"你想想，钱是无关紧要的！闻所未闻，咋一听都不敢相信。可是我细想想，觉得这话是有道理的，所有那些因素对人说来，可不都还是蛮重要的吗？我于是对那奖金制度不那么担心了，或许还有别的更有效的法宝呢。"

"那教授还说，这理论也有人批评，说那位学者研究的对象全是工程师、会计师、医生这类高级知识分子，对其他类型的人未见得合适。他还讲了一大堆新鲜事。总之，我这回可是大开眼界啦。"

"短训班办完，回到科里，正赶上年末工作总结讲评，要发年终奖金了。这回我有了新主意。我那科里，论工作，就数小李子最突出：大学生，大小也算个知识分子，聪明能干，既积极又能吃苦，还能动脑筋。于是我把他找来谈话。"

"别忘了我如今学过点现代管理理论了。我于是先强调了他这一年的贡献，特别表扬了他的成就，还细致讨论了明年怎么能使他的工作更有趣，责任更重，也更有挑战性……瞧，学来的新词儿，马上用上啦。我们甚至还确定了考核他明年成绩的具体指标。最后才谈到这最不要紧的事——奖金。我说，这回年终奖，你跟大伙儿一样，都是那么多。我心里挺得意：学的新理论，我马上就用到实际里来了。"

"可是，小李子竟发起火来了，真的火了。他蹦起来说：'什么？就给我那一点？说了那一大堆好话，到头来我就值那么一点？得啦，您那套好听的请收回去送给别人吧，我不稀罕。表扬又不能当饭吃！'"

"这是怎么一回事：美国教授和学者的理论听起来那么有道理，小李也是知识分子，怎么就不管用了呢，把我搞糊涂了。"

注：案例来源：黄雁芳，宋克勤. 管理学教程案例集［M］. 上海：上海财经大学出版社，2001.

思考题

1. 案例中所提到的激励理论，是指管理学中的哪个激励理论？按照这个理论，工资和奖金属于什么因素？能够起到什么作用？

2. 施科长用美国教授介绍的理论去激励小李，结果碰了钉子，问题可能出现在什么地方？根据案例提示的情况，说出你的理由。

3. 你认为富强油漆厂在奖金分配制度上存在的主要问题是什么？可以用什么办法解决？

第六章　控制职能

通其变，天下无弊法；执其方，天下无善教。

——王通《文中子·周公》

预防是解决危机的最好方法。

——英国危机管理专家　迈克尔·里杰斯特

学习目标

知识目标：
- 了解控制的定义、目标和内容；
- 掌握对人员、财务、作业、信息和组织绩效等五个方面的控制内容；
- 掌握控制的模式和过程；
- 熟悉掌握与灵活应用常用控制的方法；
- 掌握对监控者的监控。

能力目标：
- 能对企业实际管理过程中出现的有关问题进行预防控制、及时控制和反馈控制；
- 能根据控制的对象、内容和条件的不同，选择不同的控制方法对整个组织进行有效的控制；
- 能运用控制原理在确保组织的方向和目标的同时，对监控工作和监控人员本身也得到监控。

开卷有益

扁鹊的医术

魏文王问名医扁鹊说："你们家兄弟三人，都精于医术，到底哪一位最好呢？"扁鹊答道："长兄最好，中兄次之，我最差。"文王再问："那么为什么你最出名呢？"扁鹊答道："我长兄治病，是治病于病情发作之前。由于一般人不知道他事先能铲除病因，所以他的名气无法传出去，只有我们家的人才知道。我中兄治病，是治病于病情初起之时。一般人以为他只能治轻微的小病，所以他的名气只及于本乡里。而我扁鹊治病，是治病于病情严重之时。一般人都看到我在经脉上穿针管来放血、在皮肤上敷药等大手术，所以以为我的医术高明，名气因此响遍全国。"文王说："你说得好极了。"

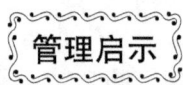

事后控制不如事中控制，事中控制不如事前控制，可惜大多数的事业经营者均未能体会到这一点，等到错误的决策造成了重大的损失才寻求弥补，有时是亡羊补牢，为时已晚。

力行电力建设公司的预算失控

力行电力建设公司总经理张利先生的办公桌上摆着刚刚送来的内部审计报告。报告中指出，公司的财务预算已明显失控，新写出的下一年度预算方案也有一大半指标过高。张先生对此极为重视，将负责编制预算的财务主管李齐女士和负责支付控制的副总经理陈小先生请到他的办公室，共同商讨对策。

李齐女士首先介绍了财务预算的产生过程。根据她的介绍，下一年度的预算，每次都是先由下属项目单位报部门预算，而后由财务部门汇总，并进行资金平衡计算。各下属单位与财务部门都经常采用"下一年度指标＝本年度指标×（1＋变动率）"的公式来试算新的预算指标。当谈到各项目间经费支持原则时，李齐女士说，根据公司惯例，现有工程项目的开支一般获优先保证。

由陈小先生负责的支出控制委员会是公司内部高层次管理机构，负责预算的审核及监督执行，该委员会并有审查批准追加投资的权力。陈小先生指出，委员会每年都接到20份左右来自各个部门的预算外追加投资申请，其中获得批准的比例大约占50%。当问及这些投资的主要原因时，陈小先生说，较常见的原因有：出现了一些临时性的机会；预期的市场情况发生了变化，使原预算不能顺利执行；产品项目等开发工作出现新的进展，争取经费支持等。

张利总经理仔细听了两人的叙述，然后将审计结果告诉他们。审计人员的分析使他们十分震惊：公司预算明显偏高；各个项目工程中普遍存在拖延工时和资金浪费等现象，如果将同样工程交给其他承包商，至少可节省20%的费用。3人一致感到问题的严重性，认为有必要调整公司预算控制程序。

◆ 讨论题：
1. 你认为该公司的预算控制程序有哪些主要问题？
2. 是否需要改进公司的预算编制方法？你有什么建议？

3. 你对公司采用的追加投资的控制办法有什么看法？

现代企业控制职能的产生是现代企业生产社会化的客观要求，在整个现代企业管理职能体系中，控制职能是现代企业整个管理职能体系的最终环节。现代企业的预定目标最终通过控制职能得以实现。在现代社会中，社会化程度的日益发展，现代企业在瞬息万变的环境下必须要善于控制。

控制是一项重要的管理职能。控制首先与计划是密不可分的，离开了控制，一切计划都只能成为空想。控制和组织中的其他各项活动也是分不开的。没有控制就难以保证一切活动按照计划进行。因此，在组织各个层次的管理中，控制都起着重要的作用。本章将从控制的内容、模式、过程以及对监控者的监控四个方面，全面阐述管理中的这项重要职能。

第一节　控制概述

一、控制的含义

所谓控制，就是监督各项活动，以保证它们按计划进行并纠正各种重要偏差的过程。从这个概念中，我们可以清楚地看到如下三点：① 控制有很强的目的性，即控制是为了保证组织中的各项活动按计划进行；② 控制是通过"监督"和"纠偏"来实现的；③ 控制是一个过程。在实践中几乎所有的管理者都必须完成控制的职能，因为要保证组织的活动按照计划进行，控制是必不可少的。

控制和计划是密不可分的，它们的关系具体表现在以下几个方面：

（1）计划为控制提供衡量的标准，没有计划，控制就成了无本之木；同时控制又是计划得以实现的保证，没有控制，计划就等于是一纸空谈。

（2）计划和控制的效果分别依赖于对方，计划越明确、全面和完整，控制工作就越好进行，效果也就越好；而控制越准确、全面和深入，就越能保证计划的顺利执行，并能更多地反馈信息以提高计划的质量。

（3）一切有效的控制方法首先就是计划方法，如预算、政策、程序和规则等，选择控制方法和设计控制系统时必须考虑到计划本身的特点。

（4）计划工作本身也必须有一定的控制，如对计划的程序、计划的质量等实施控制；控制工作本身也必须有一定的计划，如对控制的程序、控制的内容等，都必须进行一定的计划。

思考题 6.1

计划与控制的关系是什么？

二、控制目标

管理控制并不是管理者主观任意的行为，它总是受到一定的目标指引，受到客观规律的制约。管理活动的突出特征是具有目标性，正是管理活动的目标性才把战略或策略的制定者与执行者的行动统一起来，从而形成一个具有特定目的的组织。在组织的动态发展中，目标既是控制活动的起点和依据，也是控制过程循环发展的终点，目标贯串于整个管理控制过程的始终。

一旦计划付诸实施，控制工作对于衡量计划执行的进度、揭示计划执行中的偏差以及指明纠正的措施等，都是十分必要的。但是，控制工作远不仅限于纠正计划执行中出现的偏差，在有些情况下，正确的控制工作也可能导致确立新目标、提出新计划、改变组织结构、改变人员配备以及在指导和领导方法上作出重大的改变等。真正的控制表明，纠正措施能够而且一定会把不符合要求的活动拉回到正常的轨道上来。因此，控制工作使管理工作成为一个连续的循环过程。在多数情况下，控制工作既是一个管理过程的终结，又是一个新的管理过程的开始。正因为如此，管理控制实质上可以看做是管理者确保实际活动与规划活动相一致的过程。

美国著名管理学家亨利·西斯克曾指出："如果计划从来不需要修改，而且是在一个全能的领导人的指导之下，由一个完全均衡的组织完美无缺地来执行，那就没有控制的必要了。"就一般情况而言，由于企业所面临的环境变化、管理权力的分散和组织成员工作能力的差异，管理功能的实施不可能是完美无缺的，组织的战略计划也并不能得到百分之百地执行，因此，优良的管理需要有效的控制。有效的管理控制不仅能够保证组织成员的行为与计划出现偏差时及时得到纠正，也能够修正、调整和更改计划，从而保证管理目标的实现。

在现代管理活动中，管理控制的目标主要有四个：

1. 限制偏差的累积

小的差错和失误并不会立即给组织带来严重的损害，然而时间一长，小的差错就会得以积累、放大，并最终变得非常严重。美国 Whistler 公司是一家制造雷达探测器的大型厂商，曾经由于需求日益旺盛而放松了质量控制。从此，次品率由 4% 上升到 9%，再到 15%，直至 25%。终于有一天该公司的管理者发现，公司全部 250 名员工中有 100 人被完全投入到了次品修理工作中，待修理的库存产品达到 200 万美元。工作中出现偏差在很大程度上是不可完全避免的，关键是要能够及时获取偏差信息，及时采取有效的矫正措施。

2. 适应环境的变化

如果管理者能够建立起目标并立即实现，那么就不需要进行控制。事实上，制订目标之后到目标实现之前，总有一段时间。在这段时间内，组织内部和周围环境会有许多事情发生：竞争对手可能会推出新产品和新的服务项目，新材料和新技术可能会出现，政府可能会制定新的法规或对原有的政策进行修正，组织内部人员可能会产生很大的变动。这些变化不仅会阻止目标的实现，甚至可能要求对目标本身进行修改。因此，需要构建有效的控制系统帮助管理者预测和确定这些变化，并对由此带来的机会和威胁作出反应。这种环境预测越有效，持续时间越长，组织对外部环境的适应能力就越强，组织在激烈变化的环境中生存和发展的可能性就越大。

3. 处理组织内部的复杂局面

如果一个企业只购买一种原材料，只生产一种产品，组织设计简单，并且市场对其产品需求稳定，那么管理者只需一个非常简单的系统就能保持对企业生产经营活动的控制。但在现实中大多数企业要选用很多原材料、制造多种产品，市场区域广阔，组织设计复杂并且竞争对手林立，他们需要复杂的系统来保证有效的控制。

组织内部的复杂局面使得授权成为必要，因为控制作用的价值依赖于它与计划和授权的关系。在前面我们讨论授权时发现，许多管理者认为授权是一件非常困难的事，其中主要原因是害怕下属犯错误而由他来承担责任，从而许多管理者试图靠自己做事来避免授权。但是，如果能形成一种有效的控制系统，这种不愿授权的事情就可以大大减少。

4. 降低成本

低成本优势是企业获得竞争优势的一个主要方面，它要求积极建立起达到有效规模的生产设施，强化成本控制，减少浪费。为了达到这些目标，有必要在管理方面对成本控制予以高度重视，通过有效的控制可以降低成本，增加产出。

> **📖 小知识链接**
>
> 企业管理的一个根本任务，就是不断降低成本。美国管理大师彼得·杜拉克在《新现实》中对成本有一句非常精辟的话，他说："在企业内部，只有成本。"加强成本控制与管理，树立全方位的成本意识，提高企业竞争力是企业最紧迫、最核心的问题之一。

三、控制的内容

控制的内容也就是控制的对象，美国管理学家斯蒂芬·罗宾斯将控制的内容归纳为对人员、财务、作业、信息和组织绩效等五个方面的控制。

1. 对人员的控制

组织的目标是要由人来实现的，员工应该按照管理者制订的计划去做，为了做到这一点，就必须对人员进行控制。对人员控制最常用的方法是直接巡视，发现问题马上进行纠正；另一种有效的方法是对员工进行系统化的评估。通过评估，对绩效好的予以奖

励，使其维持或加强良好表现；对绩效差的管理者就采取相应的措施，纠正出现的行为偏差。

2. 对财务的控制

为保证企业获取利润，维持企业的正常运作，必须进行财务控制。这主要包括审核各期的财务报表，以保证一定的现金存量，保证债务的负担不致过重，保证各项资产都得到有效的利用等。预算是最常用的财务控制衡量标准，因此也是一种有效的控制工具。

3. 对作业的控制

所谓作业，就是指从劳动力、原材料等资源到最终产品和服务的转换过程。组织中的作业质量很大程度上决定了组织提供的产品或服务的质量，而作业控制就是通过对作业过程的控制，来评价并提高作业的效率和效果，从而提高组织提供的产品或服务的质量。组织中常见的作业控制有：生产控制、质量控制、原材料购买控制、库存控制等。

4. 对信息的控制

随着人类步入信息社会，信息在组织运行中的地位越来越高，不精确的、不完整的、不及时的信息会大大降低组织效率。因此，在现代组织中对信息的控制显得尤为重要。对信息的控制就是要建立一个管理信息系统，使它能及时地为管理者提供充分、可靠的信息。

5. 对组织绩效的控制

组织绩效是组织上层管理者的控制对象，组织目标的达成与否都从组织绩效反映出来。无论是组织内部的人员，还是组织外部的人员，如证券分析人员、潜在的投资者、贷款银行、供应商以及政府部门都十分关注组织的绩效。要有效实施对组织绩效的控制，关键在于科学地评价、衡量组织绩效。一个组织的整体效果很难用一个指标来衡量，生产率、产量、市场占有率、员工福利、组织的成长性等都可能成为衡量指标，关键是看组织的目标取向，即要根据组织完成目标的实际情况并按照目标所设置的标准来衡量组织绩效。

四、控制关键点和控制标准

在计划的全部内容中，需要衡量的标准很多，因此，即使是一项简单的计划，管理者也很难将所有的结果与标准进行对照衡量，而在大多数复杂的经营活动中，这就更加难以实现了，况且在很多情况下，衡量所有的活动不仅是不现实的，而且也是不必要的。所以，管理者要做的并不是去观测所有的活动，而是挑选出一些关键的控制点，通过它们对全部活动内容进行控制。

关键控制点的"关键性"在于该因素对整个衡量工作过程和结果的影响大小。它可能是经营活动中的一些限定因素，也可能是能够使计划更好地发挥作用的因素。显然，企业不同部门、不同层次的计划关键控制点是不一样的。管理者应对不同计划和控制工作进行个别分析，同时还要考虑到控制条件、控制技术、对控制工作的要求等因素，在此基础上确定关键控制点。

计划中的每一项内容都可能成为不同情况下的关键控制点。在实际工作中，关键控制点的标准大致可以分为以下几类。

（1）实物标准。这是非货币衡量的标准，在耗用原材料、雇用劳力、提供服务以及生产产品等操作层中运用。例如单位产品工时数、货运吨里数、轴承的硬度、纤维的强度等，它们可以反映数量，也可以反映品质。

（2）费用标准。这是用货币衡量的标准，像实物标准一样，也是适用于操作层。这些标准以货币价值形式来表示经营费用。如每小时的人工成本，每百元销售额的销售费用等。

（3）资本标准。资本标准用于货币计量实物的项目，但它们只与企业投入的资本有关，而与经营费用无关。对于一笔新的投资和总体控制而言，使用最为广泛的标准就是投资报酬率。

（4）收益标准。收益标准就是以货币衡量的销售额，如企业每售一件产品的收入，在一定市场范围内的人均销售额等。

（5）计划标准。计划标准就是以管理者编制的计划质量作为衡量标准，如计划的完成时间、可行性程度以及实际执行情况的吻合程度等。

（6）无形标准。这是指难以确定的既不能以实物又不能以货币来衡量的标准，如员工潜力的发挥、员工的忠诚度以及一项公关活动计划受欢迎的程度等。

（7）指标标准。这是以可以考核的数量或质量目标作为标准。在工商企业中，目前的趋势是要在各级管理部门建立一个指标标准的整体网络，以实施有效控制。

思考题6.2

一个有效的控制系统应是客观准确的、灵活应变的、经济合算的、全局统筹的、有针对性的、面向未来的、有具体行动的系统。你同意吗？为什么？

五、控制的重要性

在管理实践中，人们都深切地体会到，没有控制就很难保证每个计划的顺利执行，而如果各个计划都不能顺利执行，那组织的目标就无法实现，因此控制工作在管理活动中起着非常重要的作用。

显然，如果每个计划都能够完全顺利地被实施并且达到预期的目的，那么控制工作的重要性就不存在了，但问题是几乎所有的计划都不可能完全顺利地得到实施，这主要是由于以下两方面的原因。

（1）组织内部因素的改变。这是指组织中的人、财、物等资源供给分配量的状况或者人员行为的结果等与计划中的条件或假设不符，具体包括人员能力的发挥、资金的

供给、相关部门的配合等各方面组织内部的因素。这些因素与计划中的条件或假设不符就会导致计划不能顺利实施。例如员工的士气会影响预计的工作进度，资金周转的意外困难会影响整个投资计划的实施等。

（2）外部环境因素的影响。即使组织内部各项因素运行正常，但由于外部环境的变化，包括经济、政治、自然、社会等环境的变化，一样也会影响计划的实施，使得计划执行的实际过程和结果与计划目标不相符合。例如银行贷款利率的调高就会影响一项融资计划，汇率的波动可能影响原来制订的出口计划等。

可以看到，由于以上两方面的原因，使得计划常常不能顺利地执行，而控制工作的作用就是要发现执行中的问题和偏差，并且采取纠正措施，使得原计划能够得到顺利的执行。

📖 拓展知识链接

1955年4月18日至28日，在万隆召开的亚非会议上，会议主席、印度尼西亚总理阿里·沙斯特罗阿米佐约的讲话强调会议的责任是为促进世界和平与合作作出贡献。

各国代表的发言大多数都谴责殖民主义、种族主义，但由于受到美国的挑拨，伊拉克代表团团长贾马里却诬蔑共产主义是"新殖民主义"，菲律宾代表团团长罗慕洛也声称亚非人民当前的任务不是反对殖民主义、争取独立，而是反对共产主义。

这两人的发言使得会议气氛异常紧张。在这紧张的时刻，中国代表周恩来总理上台发言的第一句话就出乎人们的意料，他说："中国代表团是来求团结而不是来吵架的，我们是来求同而不是立异的。"周恩来的亲切、宽容的话语赢得了暴雨般的掌声，巧妙地引导亚非会议走上正路。他接着说："在我们中间有无求同的基础呢？有的，那就是亚非绝大多数国家和人民自近代以来都曾经受过，而且现在仍然受着殖民主义所造成的灾难和痛苦，这是我们大家都应当承认的。从解除殖民主义痛苦和灾难中寻找共同的基础，我们很容易相互了解和尊重，相互同情和支持，而不是相互疑虑和恐惧、相互排斥和对立。"然后，周恩来以平静的语调精辟地论述了中美关系和台湾问题、所谓颠覆活动问题、宗教信仰问题，以确凿的事实回答了少数人的误解和指责，有力地说服了各国代表。

◆ 讨论题：

请你就此材料分析控制的主要职能和控制者应有的素质？

第二节　控制模式

一、控制的类型

根据控制时点的不同可以将控制分为反馈控制、同期控制和前馈控制，三者之间的关系如图 6-1 所示。

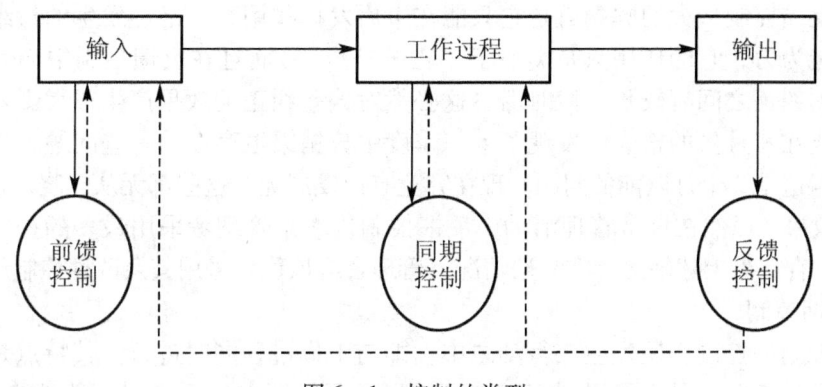

图 6-1　控制的类型

1. 反馈控制

反馈控制是一种最主要也是最传统的控制方式。它的控制作用发生在行动作用之后，其特点是把注意力集中在行动的结果上，并以此作为改进下次行动的依据。其目的并非要改进本次行动，而是力求能"吃一堑，长一智"，改进下一次行动的质量。

反馈控制的过程可用图 6-2 表示。控制的过程首先从预期和实际工作成效的比较开始，指出偏差并分析其原因，然后制订出纠正的计划并进行纠正，纠正的结果将可以改进下一次的实际工作的成效或者将改变对下一次工作成效的预期。可见在评定工作成效与采取纠正措施之间有着很多的重要环节，每个环节的工作质量，都对反馈控制的最终成果有着重大的影响。

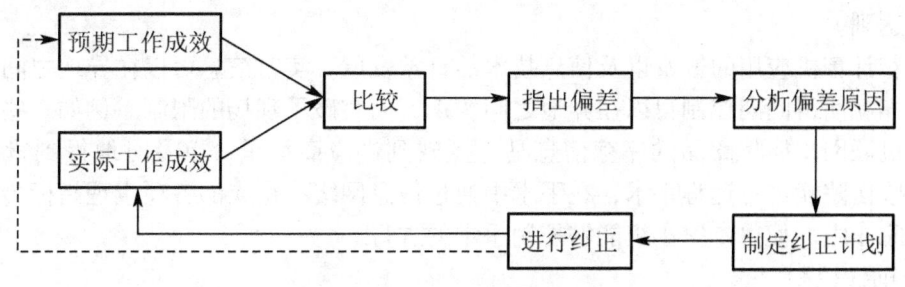

图 6-2　管理控制的反馈回路

反馈控制的对象可以是行动的最终结果，如企业的产量、销售额、利润等；也可以是行动过程中的中间结果，如新产品样机、工序质量、产品库存等。前者称为端部反馈，后者称为局部反馈。通过反馈能够发现被结果掩盖的一些问题，例如对产量的控制。产量的增长可能只是由于劳动时间的大大加长，这就掩盖了实际劳动生产率反而有所下降的严重情况。因此，反馈对于及时发现问题、排除隐患有着非常重要的作用。

在组织中使用反馈控制的例子很多，产成品的质检、人事的考评、对各类财务报表的分析稽查等，都属于反馈控制的内容。这类控制对组织运营水平的提高发挥着很大的作用。但反馈控制最大的弊端就是它只能在事后发挥作用，对已经发生的对组织可能的危害却无能为力，它的作用只是类似于"亡羊补牢"；而且在反馈控制中，偏差发生和发现并得到纠正之间有较长一段时滞，这必然对偏差纠正的效果产生很大影响。例如营销部门可能在8月份的报表中发现了上一季度中分销渠道存在的一些问题，需要采取纠正措施，但这是2个月以前的问题，现在究竟有何发展呢？这些都无从知晓，这必然影响到控制的效果。虽然在日常管理活动中反馈控制仍然是管理者采用最多的控制形式，但是，由于它存在着上述缺陷，在一般情况下管理者应该优先采用其余两种控制形式。

2. 同期控制

同期控制的控制作用发生在行动之中，即与工作过程同时进行。其特点是在行动过程中一旦发生偏差，马上予以纠正。其目的就是要保证本次活动尽可能地少发生偏差，改进本次而非下一次活动的质量。

同期控制被较多地用于对生产经营活动现场的控制，由基层管理者执行。同期控制通常包括两项职能：一是技术性指导，即对下属的工作方法和程序等进行指导；二是监督，确保下属完成任务。在同期控制中，由于需要管理者即时完成包括比较、分析、纠正偏差等完整的控制工作，所以，虽然控制的标准是计划工作确定的行动目标、政策、规范和制度等，但控制工作的效果更多地依赖于现场管理者的个人素质、作风、指导方式以及下属对这些指导的理解程度等因素。因此，同期控制对管理者的要求较高。此外，同期控制的内容还与被控制对象的特点密切相关，对简单劳动或是标准化程度很高的工作，严格的现场监督可能收到较好的效果；但对于高级的创造性劳动而言，管理者应该更侧重于创造出一种良好的工作环境和氛围，这样才有利于计划的顺利实现和组织目标的达到。

随着计算机应用的普及以及信息技术的日益发展，实时信息可以在异地之间迅速传送，这样就使得同期控制得以在异地之间实现，而突破了现场的限制。例如一些超市实行计算机联网，能将商品的库存信息马上反映到供应商那里，以及时地得到货源的补充；一些医院能进行远程手术，在手术中通过信息网络将病人的各项生理指标传送给异地的专家小组，使得专家小组能够控制手术的进行。

3. 前馈控制

如前所说，反馈控制的最大缺点就是只有当最终结果偏离目标之后，控制才可能发挥作用；而且偏差发生和纠正偏差之间存在的时滞也往往会影响偏差纠正的效果。因此，管理者更希望有一个控制系统，能在问题发生之前就告知管理者，使他们能够马上采取措施以使问题不再发生，这种控制系统就是"前馈控制"。

前馈控制的控制作用发生在行动作用之前，其特点是将注意力放在行动的输入端上，使得一开始就能将问题的隐患排除，"防患于未然"，可见前馈控制的效果正是管理者追求的目标。

显然，实行前馈控制，必须建立在对整个系统和计划透彻分析的基础之上，管理者必须对下列两方面的内容了然在胸：

（1）系统的输入量和主要变量。这包括行动中的各项需求因素和要求的各项条件是什么；其中波动的可能性最大，同时对行动结果影响很大的因素是哪些；计划对它们的要求是什么；等等。

（2）系统的输入量和输出结果的关系。这包括以上这些输入量是如何影响输出结果的；如果输入量发生波动，那么输出结果将会如何改变；等等。

在前馈控制中，管理者可以测量这些输入量和主要变量，然后分析它们可能给系统带来的偏差，并在偏差发生之前采取措施，修正输入量，避免最终偏差的发生。可见前馈控制是以系统的输入量为馈入信息，而反馈控制则是以系统的输出量为馈入量，前者是控制原因，后者则是控制结果。

组织中运用前馈控制的例子有很多，比如，工厂在需求高峰来临之前，已添置机器，安排人员，加大了生产量，以防供不应求；公司在预计到产品需求量下跌之前就开始准备开发新产品上市。事实上，前馈控制是一个非常复杂的系统，因为它不仅要输入影响计划执行的各种变量，还要输入影响这些变量的各种因素，同时还有一些意外的或事先无法预测的因素影响，这些因素虽然事先无法了解，但它们的影响必须在事先就进行提防。具体地说，要进行有效可行的前馈控制，必须满足以下几个必要条件：

（1）必须对计划和控制系统进行透彻、仔细的分析，确定重要的输入变量。

（2）必须建立清晰的前馈控制的系统模型。

（3）注意保持模型的动态性，经常检查模型以了解所确定的输入变量及其相互关系是否仍然能反映实际情况。

（4）必须经常收集系统输入量的数据并输入控制系统。

（5）必须定期评估实际输入量和计划输入量之间的差异，并评估其对最终结果的影响。

（6）必须采取行动，不但应指出问题，还应采取措施来解决它们。

二、有效控制的原则

控制是一项很重要的管理职能，控制工作的基本运行过程和原理具有普遍性。有效控制必须具备一定的条件，遵循科学的控制原则。

1. 控制应该同计划与组织相适应

管理的各项职能是相互关联、相互制约的。控制是为了保证计划得以顺利实施，这就要靠组织中的各单位、各部门及全体成员来执行。所以，控制系统和控制方法应当与计划和组织的特点相适应。不同的计划有不同的特点，因而控制所需的信息各不相同。

同样，控制还应当反映组织结构的类型和状况。组织结构既然是明确企业内每个人应当担任什么职务的主要依据，因而它也就成了明确计划执行的职权和产生偏差的职责的依据，为此，控制必须反映一个组织的结构状况并由健全的组织结构来保证，否则只能是空谈。健全的组织结构有两方面的含义：一方面，要能在组织中将反映实际情况和工作状态的信息迅速地上传下达，保证联络渠道的畅通；另一方面，要做到责权分明，使组织结构中的每个部门、每个人都能切实担负起自己的责任。否则，偏差一旦出现就难以纠正，控制也就不可能实现。

2. 控制应该突出重点，强调例外

控制要突出重点，不能只从某个局部利益出发，要针对重要的、关键的因素实施重点控制。作为管理人员，都希望对自己所管理的人员和工作活动进行全面的了解和控制，但组织中的工作活动往往错综复杂、涉及面广，谁也无法对每一方面甚至每一件事予以控制。因此，找出或确定出最能反映经营成果的关键因素并加以控制，是一种有效的控制方法。

控制也应强调例外。控制工作着重于计划实施中的例外情况，可使管理者把精力集中在需要他们注意和应该加以注意的问题上。但是，仅仅注意例外情况是不够的，对例外情况的重视程度不应仅仅依据偏差的大小而定，还应考虑客观实际情况。因为在一个组织中，不同工作的重要程度各不相同。有时，管理费用高于预算5%可能无关紧要，而产品的合格率下降1%却可能使所有产品滞销。所以，在实际管理工作中，例外原则必须与控制关键问题的原则结合起来，注意关键问题上的例外情况。

3. 控制应该具有灵活性、及时性和经济性的特点

灵活的控制是指控制系统能适应主客观条件的变化，持续地发挥作用。控制工作本身是变化的，其依据的标准、衡量工作所用的方法等，都可能随着情况的变化而变化。如果事先制订的计划因为预见不到的情况而无法执行，而实际的控制系统仍在如期运转，那将会在错误的道路上越走越远。例如，假设预算是根据一定的销售量编制的，如果实际销售量远远高于或低于预测的销售量，原来的预算就变得毫无意义了，这时就要求修改甚至重新编制预算，并根据新的预算制定合适的控制标准。

控制工作还必须注意及时性。信息是控制的基础，为提高控制的及时性，信息的收集和传递必须及时。如果信息的收集和传递不及时，信息处理时间又过长，偏差便得不到及时矫正。更有甚者，实际情况已经发生了变化，这时采取的矫正措施不仅不能产生积极作用，反而会带来消极的影响。

为进行控制而支出的费用和由控制而增加的收益都直接与控制程度相关。这就是

说，控制工作一定要坚持适度性的原则，以便提高经济性。所以，从经济性角度考虑，控制系统并不是越复杂越好，控制力度也不是越大越好。控制系统越复杂、控制工作力度越大，所需信息反馈的数量和频率就会越大，这将占用更多的时间、精力、资源和资金，从而导致整个控制系统成本的增加。而且，在许多情况下，这种投入的增加并不一定会导致计划的更顺利实施。

4. 控制应该具有客观性、精确性和具体性的特点

客观性就是坚持"实事求是"的原则。在控制工作中，管理者不能凭个人的主观经验或直觉判断，而应采用科学的方法，尊重客观实事。

精确性是指由控制系统所掌握并向管理者提供的信息必须是精确无误的。如果控制系统提供的情况不精确，就很容易作出错误的决策。

控制系统所提供的信息情报还应该是尽量具体的，对重要的内容应尽可能作具体说明。这样，管理者才能作出有针对性的决策。

5. 控制工作应注重培养组织成员的自我控制能力

职工在生产和业务活动的第一线，是各种计划、决策的最终执行者。所以，职工进行自我控制是提高控制有效性的根本途径。比如，要提高产品质量，仅靠工商部门监督和新闻报道是不够的，重要的是企业改善管理、加强控制；而在企业中，光靠管理者重视和完善控制制度也是不够的，广大职工应加强质量意识，并对产品生产的每个环节严格把关，这才是提高产品质量的最终保证。

自我控制具有很多优点。首先，自我控制有助于发挥职工的主动性和创造性。自我控制是职工主动控制自己的工作活动，是自愿的。这样，他们在工作中便能潜心钻研技术，对工作中出现的问题会主动设法解决。其次，自我控制可以减轻管理人员的负担，减少工业控制费用的支出。再次，自我控制有助于提高控制的及时性和准确性。实际工作人员可以及时准确地掌握工作情况的第一手材料，因而能及时准确地采取措施，矫正偏差。自我控制是减少控制网络系统和官僚作风的最好途径。

当然，鼓励和引导职工进行自我控制，并不意味着对职工可以放任自流。职工的工作目标必须服从于组织的整体目标，并有助于组织整体目标的实现。管理者要从整体目标的要求出发，经常检查各单位和职工的工作效果，并将其纳入企业全面控制系统之中。

三、控制过程

虽然控制的对象各有不同，控制工作的要求也各不一样，但控制工作的过程基本是一致的，大致可分为四个步骤：①确定标准；②将工作结果与标准进行衡量；③分析衡量的结果；④针对问题采取管理行动。它们相互关联，相互依存，缺一不可。

因此，无论在什么地方，也无论控制的对象是什么，基本的控制过程都包括三个步骤，即确立标准、根据建立的标准衡量实际工作情况、纠正实际执行情况偏离标准和计

划的误差。图6-3说明了这一过程的基本步骤。

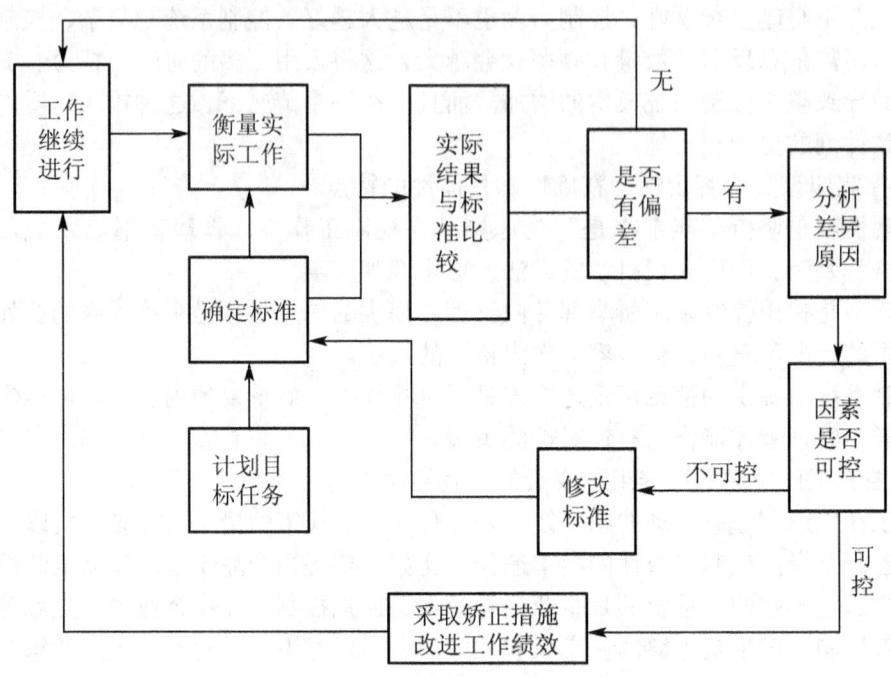

图6-3 控制过程示意图

1. 确定标准

所谓标准,就是评定成效的尺度。根据标准,管理者无需亲历工作的全过程就可以了解整个工作的进展情况。标准是控制的基础,离开了标准就无法对活动进行评估,控制工作也就无从谈起了。

事实上,标准的制订应该是属于计划工作的范畴,但由于计划的详细程度和复杂程度不一,它的标准不一定适合控制工作的要求,而且控制工作需要的不是计划中的全部指标和标准,而是其中的关键点。所以,管理者实施控制的第一个步骤是以计划为基础,制定出控制工作所需要的标准。

标准的类型很多,可以是定量的,也可以是定性的。一般情况下,标准应尽量数字化和定量化,以保持控制的准确性。在工商企业中,经常使用以下几种类型的标准:

(1) 时间标准,是指完成一定工作所需花费的时间限度。
(2) 生产率标准,是指在规定时间里所完成的工作量。
(3) 消耗标准,是指完成一定工作所需的有关消耗。
(4) 质量标准,是指工作应达到的要求,或是产品或劳务所应达到的品质标准。
(5) 行为标准,是对员工规定的行为准则要求。

对不同的组织、不同的计划、不同的控制环节,控制标准也有所不同。比如世界著名的麦当劳快餐店非常注重及时服务，它制订的控制标准其中就包括：①95％的顾客进店3分钟之内应受到接待；②预热的汉堡包在售给顾客前，其烘烤的时间不得超过5分钟；③顾客离开后5分钟之内所有的空桌必须清理完毕，等等。在实际工作中常用的制订标准的方法有以下三种。

（1）统计方法，即根据工商企业历史数据记录或对比同类企业的水平，用统计学的方法确定标准。这种方法常用于拟定与工商企业经营活动和经济效益有关的标准。

（2）工程方法，即指以准确的技术参数和实测的数据为基础制定的标准。这种方法主要用于生产定额标准的制定上。

（3）经验估算法，即指由经验丰富的管理者来制定标准。这种方法通常是对以上两种方法的补充。

标准的制定是全部控制工作的第一步，一个周密完善的标准体系是整个控制工作的质量保证。

小案例

"如果训练一个日本人，让他每天擦6遍桌子，他一定会这样做，而一个中国人开始会擦6遍，慢慢觉得5遍、4遍也可以，最后索性不擦了！"张瑞敏的观察一针见血，他熟悉中国人的秉性，知道中国人做事的最大毛病是不认真，做事不到位，每天工作欠缺一点，天长日久就成为落后的顽症。他想，需要一个管理机制专攻这一毛病，这一机制同时还要承担下述功能：领导在与不在企业照样良性运转。

因此，他发明一套管理方法叫做"OEC"，其中"O"代表"Overall"，意为"全面的"；"E"代表"Everyone, Everything, Everyday"，意为"每个人、每件事、每一天"；"C"代表"Control and Clear"，意为"控制和清理"，其含义是全方位地对每个人每一天所做的每件事进行控制和清理，做到"日事日毕，日清日高"，每天的工作每天完成，而且每天的工作质量都有一点儿（1％）的提高。这就是控制标准，有了这样的控制标准，从车间工人到集团总部的每一位干部都知道自己每天应干些什么，甚至可能自己考核自己的工作，领取自己该得到的那份报酬。

具体地说，OEC管理模式意味着企业每天所有的事都有人管，所有的人均有管理、控制内容，并依据工作标准对各自控制的事项，按规定的计划执行，每日把实施结果与计划指标对照、总结、纠偏，达到对事物发展过程日日控制、事事控制的目的，确保事物向预定目标发展。这一管理方法可以概括为五句话：总账不漏项，事事有人管，人人都管事，管事凭效果，管人凭考核。

2. 衡量实际工作

有了完备的标准体系，第二步工作就是要采集实际工作的数据，了解和掌握工作的实际情况。在衡量工作中，衡量什么以及如何去衡量，这是两大核心问题。

事实上，衡量什么的问题在衡量工作之前就已经得到了解决，因为管理者在确立标准时，随着标准的制定，计量对象、计算方法以及统计口径等也就相应地被确立下来了，所以简单地说，要衡量的是实际工作中与已制定的标准所对应的要素。

关于如何衡量，这是一个方法问题，在实际工作中有各种方法，常用的有如下几种。

（1）个人观察。它提供了关于实际工作的最直接的第一手资料，这些信息未经过第二手而直接反映给管理者，避免了可能出现的遗漏、忽略和信息的失真。特别是在对基层工作人员工作绩效的控制时，个人观察是一种非常有效，同时也是无法替代的衡量方法。但是个人观察的方法也有许多局限性：首先，这种方法费时费力，需要耗费管理者大量的劳动；其次，仅凭简单的观察往往难以考察更深层次的工作内容；第三，由于观察的时间占工作总时间的比例有限，往往不能全面了解各个方面的工作情况；最后，工作在被观察时和未被观察时往往不一样，管理者得到的有可能只是假象。

（2）统计报告。就是将在实际工作中采集到的数据以一定的统计方法进行加工处理后而得到的报告。特别是计算机应用技术越来越发达的今天，统计报告对衡量工作有着很重要的意义。但尽管如此，统计报告的应用价值还是要受两个因素的制约：一是其真实性，即统计报告所采集的原始数据是否正确，使用的统计方法是否恰当，管理者往往难以判断；二是其全面性，即统计报告中是否全部包括了涉及工作衡量的重要方面，是否遗漏或掩盖了其中的一些关键点，管理者也难以肯定。

（3）口头报告和书面报告。这种方式的优点是快捷方便，而且能够得到立即的反馈。其缺点是不便于存档查找和以后重复使用，而且报告内容也容易受报告人的主观影响。两者相比，书面报告要比口头报告来得更加精确全面，而且也更加易于分类存档和查找，报告的质量也更容易得到控制。

（4）抽样检查。在工作量比较大而工作质量又比较稳定的情况下，管理者可以通过抽样检查来衡量工作，即随机抽取一部分工作进行深入细致的检查，以此来推测全部工作的质量。这种方法最典型的应用是产品质量检验。在产品数量极大或者产品检验具有破坏性时，这是唯一可以选择的衡量方法。此外，对一些日常事务性工作的检查来说，这种方法也非常有效。

在选取上述方法进行衡量工作的同时，要特别注意所获取信息的质量问题。信息质量主要体现在以下四个方面：①准确性，即所获取的用以衡量工作的信息应能客观地反映现实，这是对信息的最基本的要求。②及时性，即信息的加工、检索和传递要及时，过分拖延的信息将会使衡量工作失去意义，从而影响整个控制工作的进行。③可靠性，即要求信息在准确性的基础上还要保证其完整性，不因遗漏重要信息而造成误导。④适用性，即应根据不同管理部门的不同要求而向他们提供不同种类、范围、内容、详细程度、精确性的信息。

衡量工作是整个控制过程的基础工作，获得合乎要求的信息又是整个衡量工作的关键。

3. 分析衡量结果

分析衡量结果包括将实际结果与标准比较、分析是否有偏差及差异的原因和因素是否可控。

衡量工作的结果是获得了工作实际进行情况的信息，那么分析衡量结果的工作就是要将标准与实际工作的结果进行对照，并分析其结果，为进一步采取管理行动做好准备。

比较的结果无非有两种可能，一种是存在偏差，另一种是不存在偏差。实际上并非与标准不符合的结果都被归结为偏差，往往有一个与标准稍有出入的浮动范围。一般情况下，工作结果只要在这个容限之内就不认为是出现了偏差。例如，表 6-1 列出了某公司设立的标准以及其容限。

表 6-1　某公司的标准及其容限

标　准	容　限
员工上班必须做到全勤； 午间休息在 30 分钟以内； 成品返修每月不得超过 50 台； 线员 1 分钟内应作出应答	每月允许请 2 天病假； 允许多加 5 分钟的"转换"时间； 在使用高峰期可放宽至 55 台； 可以再加 10 秒钟

一旦工作结果在容限之外，就可认为是发生了偏差。这种偏差可能有两种情况：一种是正偏差，即结果比标准完成得还好；另一种是负偏差，即结果没有达到标准。对于正偏差当然是件令人高兴的事，但如果是在控制要求比较高的情况下，对其也应进行详细分析：仅仅是因为运气好，还是因为员工的努力工作？原来制订的计划有没有问题？是否因为标准太低？这些问题都有进一步分析的必要。在实际工作中，甚至可能出现结果是好的（只是一些偶然因素造成的），但重点控制的工作过程中的一些关键环节实际上比预期的要糟，而这些环节将会成为影响今后工作成果的决定性因素。在这种情况下，仍应将工作结果作为负偏差来分析。

如果工作结果出现负偏差，那么当然更有进一步分析的必要。正因为工作的结果是由各方面因素确定的，所以偏差的原因也可能是各种各样的。例如某公司的季度销售额发生滑坡，原因可能是营销部门工作的放松，也可能是制造部门产品质量的下降，也可能是竞争对手实力的加强，也可能是宏观经济调整引起的行业性需求疲软，还可能是因为本季度计划的制订不切合实际；因此，管理者就不能只抓住工作的结果，而应该充分利用局部控制，将工作过程分步骤、分环节地进行考虑，分析出偏差出现的真实原因。一般来讲，原因不外乎三种：一是计划或标准本身就存在偏差；二是由于组织内部因素的变化，如营销工作的组织不力、生产人员工作的懈怠等；三是由于组织外部环境的影响，如宏观经济的调整等。事实上，虽然各种原因都可以归结为这三点，但要作出具体

分析,不仅要求有一个完善的控制系统,还要求管理者具备较高的分析能力和丰富的控制经验。

分析衡量结果是控制过程中最需要理智分析的环节,是否要进一步采取管理行动就取决于对结果的分析。如果分析结果表明没有偏差或只存在有利的正偏差,那么控制人员就不必再进行下一步,控制工作也就可以到此完成了。

4. 采取管理行动

控制过程的最后一项工作就是采取管理行动,纠正偏差。偏差是由标准与实际工作成效的差距产生的,因此,纠正偏差的方法也就有两种:要么改进工作绩效,要么修订标准。

(1) 采取矫正措施改进工作绩效。如果分析衡量的结果表明,计划是可行的,标准也是切合实际的,问题出在工作本身,管理者就应该采取纠正行动。这种纠正行动可以是组织中的任何管理行动,如管理方法的调整、组织结构的变动、附加的补救措施、人事方面的调整等。总之,分析衡量结果得出是哪方面的问题,管理者就应该在哪方面有针对性地采取行动。

按照行动效果的不同,可以把改进工作绩效的行动分为两大类:立即纠正行动和彻底纠正行动。前者是指发现问题后马上采取行动,力求以最快的速度纠正偏差,避免造成更大损失,行动讲究结果的时效性;后者是指发现问题后,通过对问题本质的分析,挖掘问题的根源,即弄清偏差是如何产生的、为什么会产生,然后再从产生偏差的地方入手,力求永久性地消除偏差。可以说前者重点纠正的是偏差的结果,而后者重点纠正的是偏差的原因。在控制工作中,管理者应灵活地综合运用这两种行动方式,特别注意不应满足于"救火式"的立即纠正行动,应从事物的原因出发,采取彻底纠正行动,杜绝偏差的再度发生。在实际工作中,有些管理者热衷于"头痛医头,脚痛医脚"式的立即纠正行动方式,这种方式有时也能得到一些表面的、一时的成效,但由于忽视了分析问题的深层原因,没有从根本上采取纠正行动,最终无法避免"被煮青蛙的命运",这是值得管理者深思的。

(2) 修订标准。在某些情况下,偏差还有可能来自不切实际的标准。因为标准订得过高或过低,即使其他因素都发挥正常也难以避免与标准的偏差。这种情况的发生可能是由于当初计划工作的失误,也可能是因为计划的某些重要条件发生了改变等。发现标准不切实际,管理者可以修订标准。但是管理者在作出修订标准的决定时一定要非常谨慎,防止被用来为不佳的工作绩效作开脱。管理者应从控制的目的出发作仔细分析,确认标准的确不符合控制的要求时,才能作出修正的决定。不切实际的标准会给组织带来不利影响,过高的实现不了的标准会影响员工的士气,而过低的轻易就能实现的标准又容易导致员工的懈怠情绪。

采取管理行动是控制过程的最终实现环节,也是其他各项管理工作与控制工作的连接点,很大一部分管理工作都是控制工作的结果。

第三节　常用控制方法

要对整个组织活动进行全面的控制，并达到预期的控制效果，必须借助各种有效的控制方法。因控制的对象、内容和条件的不同，还应选择不同的控制方法。控制的方法有多种，本节仅以企业组织为例介绍几种常用的方法。

一、预算控制方法

1. 预算的作用

组织管理中最基本、最广泛运用的一种控制方法就是预算控制方法。预算具有的控制作用表现在以下一些方面：

（1）通过预算，便于管理者了解和控制组织的财务状况。预算通常规划和说明了资金的来源及分配计划，掌握了预算状态，就能有效地控制组织的资金财务状态。又由于预算是用货币来表示的，这为衡量和比较各项活动的完成情况提供了一个清晰的标准，从而使管理者可通过预算的执行情况把握组织的整体情况。

（2）通过预算有助于管理者合理配置资源和控制组织中各项活动的开展。组织中各项活动的开展，几乎没有不与资金打交道的，资金作为一种重要的杠杆，调节着各项活动的轻重缓急及其规模大小。预算范围内的资金收支活动，由于得到人力物力的支持而得以进行，没有列入预算的活动。由于没有资金来源，也就难以开展活动，预算外的收支，会使管理者及时了解情况而被纳入控制。因此，管理者可通过预算，合理配置资源，保证重点项目的完成，并控制各项活动的开展。

（3）通过预算，有助于对管理者和各部门的工作进行评价。由于预算为各项活动确定了投入产出标准，如能正确运用，就可以根据预算的执行情况，来评价各部门的工作成果。同时，由于预算还可控制各级管理人员的职权，明确他们各自应承担的责任，做到责、权、利的落实，达到有效控制的目的。

（4）通过预算，可以使管理者在财务上做到精打细算，杜绝铺张浪费的不良现象，有效地控制和降低成本，提高效益。

2. 预算的种类

对于不同的组织而言，其预算会各不相同，即使同一个组织内部的不同部门，也会有各种各样的预算。归纳起来，预算可分为以下几种基本类型：

（1）收支预算。收支预算又称营业预算，是指组织在预算期内以货币单位表示的收入和经营费用支出的计划预算。其中收入预算应考虑到可能的各方面的收入。但最基本的收入还是销售收入或财政拨款。由于组织的收入预算是组织支出预算和盈利预算的基础，所以应尽可能准确地估计各项收入的数量和时间。组织的费用支出项目往往比组织收入项目多且杂，如企业的经营费用预算科目可能像会计科目表中的费用分类一样

多，如材料费、管理费、水电费、人工费、差旅费、招待费等。在支出预算时，各种可能产生的费用开支均应尽可能地充分考虑，并适当安排一些不可预见费，以应付一些额外的开支。

（2）实物量预算。实物量预算又称非货币预算，是指以实物量预算来作为货币量收支预算的补充和认证。由于以货币量表示的收支预算会受商品价格波动的影响，因而常常会造成收支预算与实物量投入产出计划时间的不一致，所以许多预算用实物单位来表示，比用货币单位表示更好。普遍运用实物单位的预算有：直接工时数、台数、原材料数量、面积、体积、重量、生产量和场地面积等。

（3）投资预算。投资预算又称资本支出预算，是指组织为更新或扩大规模，投资于厂房、机器、设备等其他有关设施，增加固定资产的各项支出的预算。此外，组织的人事发展、新市场的开发、研究和发展规划等投资，由于其数额较大、回收期长，需要慎重考虑，列出专项预算。这项预算应和组织的长远规划结合起来考虑。

（4）现金预算。现金是指现实的、可随时使用的资金。组织中有些用货币量表示的资金，实际上处于实物形态并不能自由使用；也有些资金只是挂在账上，而实际上并没有到手，这些资金均非现金，它们虽然也是组织的资产，但不能像现金那样自由使用。拥有一定的现金以偿付到期的债务是组织生存的首要条件。现金预算，就是要估算计划期可能提供的现金和所需要的现金，以求得平衡。它是以收入和支出预算中的基本数据为基础编制的。

（5）负债预算。负债经营是组织保持财务收支平衡的重要措施，包括向银行贷款、社会集资、发行股票等。负债预算要考虑一定时期的资产、债务和资本账户的状况，预计筹资方式、途径和数量以及还款时间、方式和能力，防止"资不抵债"是负债预算的重要任务。负债预算通过各部门和各项目的分预算汇总在一起，表明如果组织的各种业务活动达到预先规定的标准，在财务期末组织资产与负债会呈何种状况。另外，通过将本期预算与上期实际发生的资产负债情况进行对比，还可发现组织的财务状况可能会发生哪些不利变化，从而指导事前控制。

（6）总预算。总预算是一种对预算期的最后一天（通常是会计年度的结尾时）的财务状况的预测，是由组织中各种预算综合而成的。总预算包括预计的资产负债表和资产损益表。资产负债表预测资产、债务和权益，表达了组织财产的具体情况；资产损益表预计收入、支出及利润，表达了组织的经营状况和成果。总预算中还需附有编制预算所必需的有关数据和资料，以及可能会出现的情况分析。总预算的编制要以组织目标和计划为依据。

3. 预算编制的程序

预算编制的程序一般包括以下六个步骤：

（1）组织下属各职能部门制订本部门的预算方案，呈交给归口负责人审批。

（2）各归口负责人对所属部门的预算草案进行综合平衡，并制订本系统的总预算草案。

(3) 各系统将其预算草案呈交预算领导小组。

(4) 预算领导小组审查各系统预算草案,并进行综合平衡。

(5) 预算领导小组与最高决策人磋商,拟定出整个组织的预算方案。

(6) 预算领导小组将整个组织的预算方案提交给最高领导层审批之后下发各部门执行。

思考题 6.3

预算是一种计划技术,是数字化的技术,它把计划分解成以货币或其他数量单位计量的预算指标;预算也是一种控制技术,它把预算指标作为控制指标,用来衡量计划的执行情况。你同意这种说法吗?

二、会计控制方法

会计控制是管理控制中的一个综合性控制方法,具有从价值角度进行综合性管理的特点。它同组织中的各个部门、各项活动都有着紧密的联系,并渗透到组织活动的全过程。会计控制主要包括确定控制的目标和主要内容,采取适当的控制措施两个方面。

1. 确定控制目标和主要内容

在一个组织中,会计控制的目标和主要内容是资金的控制,主要包括:

(1) 资金收支计划。主要是按年、季、月编制货币资金收支计划,规定收支项目和收支总额,作为组织资金平衡和调度的依据。

(2) 收入控制。主要是保证所有收入的资金来源清楚、数额无误、账账相符、账物相符、及时入账。

(3) 支出控制。资金的支出必须有合法的凭证,有严密的授权,有完备的签字批准和支付手续。

(4) 库存数控制。定期或不定期地进行盘点核对,对库存资金要指定专人盘点核对,对库存实物要指定专人盘点。

2. 采取适当的控制措施

(1) 建立控制机构。要根据组织的具体情况设置必要的管理机构,使会计记录和资料合法、完整和准确。

(2) 明确的职责分工。组织中的各级管理者,只能按照所授予的权限和规定的标准办事。既不能超越权限,也不能推卸责任。采取这些措施后,可以在组织的各类经济业务发生时就加以控制。

(3) 实行内部牵制制度。内部牵制制度是在资金、凭证的转移传递过程中,建立牵制手续,防止错误和弊端的发生,保证资金的安全和凭证的正确传递。

(4) 建立会计稽核制度。会计稽核的目的,是通过对财务成本计划和财务收支的

审查，以及对会计凭证和账表的复核，及时发现会计中存在的问题，以便及时采取纠正措施。

（5）业务处理程序制度化。这项控制措施是把企业中与财务及会计有关的重要业务，按照会计核算和控制的要求，规定标准的处理程序，以防止财产物资的浪费和损失，使组织内部各部门之间在处理各项经济业务时，有条不紊，协调配合，相互制约，提高效率。

三、审计控制法

审计是对反映组织的资金运动过程及其结果的会计记录及财务报表进行审核、鉴定，以判断其真实性和可靠性，从而为控制和决策提供依据。审计是一种常用的控制方法，主要包括财务审计、业务审计和管理审计三种形式。

1. 财务审计

财务审计是以财务活动为中心内容，以检查并核实账目、凭证、财物、债务以及结算关系等客观事物为手段，以判断财务报表中所列出的综合的会计事项是否正确无误，报表本身是否可以依赖为目的的控制方法。通过这种审计还可以判明财务活动是否符合财经政策和法令。财务审计一般分为外部财务审计和内部财务审计。

（1）外部财务审计。外部财务审计是由非本组织成员的外部专门审计机构和审计人员，如国家审计部门、公共审计师事务所对本组织的财务程序和财务经济往来进行有目的的综合检查审核。现在许多国家都规定，企业的年度财务报告必须经过持有有关合格证书的会计师的审查并签署意见，说明企业所提交的财务报告是否遵守国家所颁发的有关会计制度。严格地说，这种审计已不是管理控制职能所指的控制了，因为它不是企业内部的一种管理活动。

（2）内部财务审计。这是由本组织系统内部的财务人员所负责开展的财务审计活动。其目的也和外部财务审计的目的相同，即保证组织系统的财务报表能准确、真实地反映组织的财务状况。

2. 业务审计

业务审计是内部财务审计的扩展，其审计的范围包括财务、生产、市场、人事等方面。这种审计可以由本组织聘请外部独立的咨询机构和专家来进行。

3. 管理审计

管理审计是业务审计的进一步发展，是对组织的各项职能以及战略目标所进行的全面审计，审计范围包括：审计结构、计划方法、预算和资源分配、管理决策、科研与开发、市场、内部控制、管理信息系统等。管理审计的目的是要明确组织的优势和劣势，全面改善组织的管理工作。

审计是一项原则性很强的工作，为保证审计的客观、公正和有效，必须坚持如下原则：

(1) 政策原则。审计工作必须符合国家的方针政策。
(2) 独立原则。审计监督部门应能独立行使职权，不受任何干涉。
(3) 客观原则。审计一定要实事求是地进行，客观地做出评价和结论。
(4) 公正原则。审计工作必须站在客观的角度上，不偏不倚，公正地进行判断。
(5) 经常性原则。审计工作应经常化、制度化。
(6) 群众性原则。审计工作应依靠群众来开展。

四、人事管理控制方法

控制工作从根本上说是对人的控制，其他几方面的控制也要靠人去实现和推行。从本质上讲，人事方面的控制主要集中在对组织内人力资源的管理上，具体有两大方面的控制。

1. 人事比率的控制

即分析组织内各种人员的比率，如管理人员与职工的比率、后勤服务人员与生产工人的比率、正式职工与临时工的比率，以及人员流动率和旷工缺勤率等是否维持在合理的水平上，以便采取调整和控制措施。比如，反映调离和调进单位的职工占职工总数比例的人员流动率如果太高，会影响职工队伍的稳定和增加培训费用；但如果人员长期不调动，也会使组织缺少新的活力，因此人员流动率需要控制在一定的限度内。

2. 人事管理控制

主要是对管理人员和一般职工在工作中的成绩、能力和态度作出客观公正的考核、评价和分析鉴定，这既有利于激励原来表现好的员工继续保持和发扬下去，也有利于原来表现差的员工向着好的方向转化和发展。人员考评工作需要格外注意衡量标准的合理和具体。对一个人工作表现好坏的鉴定不能光看到某个方面。有些人可能规规矩矩上班，老老实实地做人，但还是一事无成；另一些人虽然能力很强，但没有在工作中很好地发挥出来。一个人究竟会对组织作出多大的贡献，首先取决于其努力程度和能力强弱的共同作用，同时还与个人之外的其他因素，如同事的合作、上级的支持和各种环境条件等有关。所以，在考评员工表现时需要订立全面、合理的标准。另外，考评标准还要具体，便于测量、考核，这样才能达到公正、公平的效果。

五、其他控制方法

除上述介绍的几种控制方法外，常用的控制方法还有多种，如目标管理、网络计划技术、全面质量管理、生产控制等。目标管理、网络计划技术在其他章节中有详细介绍，这里就不再赘述。总之，控制的方法是多种多样的，在具体的实际控制中，要根据被控制对象的性质特点以及控制者本身的经验和习惯选择合适的控制方法。

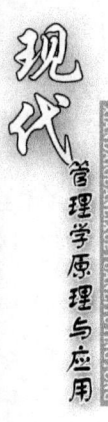

第四节 对监控者的监控

一、对监控者监控的重要性

控制工作是组织内部管理工作的一个重要部分，而控制工作主要是由组织内的监控者来具体实施的。组织内一切人的工作都应该得到监控，以确保其能符合组织的方向和目标，因此，监控工作和监控人员本身也应该得到监控。不仅如此，还由于以下两个原因，使得对监控者的监控在组织中更具有极其重要的意义。

1. 控制工作本身的特殊性

控制工作是要保证组织各项活动能按计划进行，一切活动都能有利于组织目标的实现，如果控制工作本身存在偏差，那么不仅会损害控制工作本身的质量，更重要的是会使组织的其他各项工作因为监控的薄弱而阻碍组织目标的实现。因此，对控制工作的监控在组织中有着更加突出的重要性。在实际工作中，如果有些活动出现问题，但只要处在良好的控制中，问题就不显得那么严重，得到解决的把握也比较大；而当问题一旦出现失控时，情况就会变得复杂和严重得多了。

2. 在组织中对监控者的监控常常是被忽视的环节

监控者在控制工作中居于主导地位，监控者又都是工商企业中拥有相当权力的管理者，对他们缺乏监控机制，常常会酿成很多重大问题。例如我国一些企业的厂长经理，重则以权谋私，侵吞国家财产；轻则无所作为，使企业坐失良机，走向衰落。这些现象的产生很多都是由于对企业的高层领导没有强有力的监控，使他们游离于企业的整个监控系统之外造成的。

事实上，无论在什么国家，只要工商企业中存在着所有权和经营权的分离，就必须对企业高层管理者实施有效的监控。在我国现代企业制度建立的过程中，建立起对监控者的控制机制，是其中的重要任务之一。

二、对监控者的监控方式

如何对组织中的监控者进行监控？这既是一个理论问题，更是一个实践问题。显然，这绝不是制定一套规范的控制制度就能解决的问题，而是要采取各种方式，从不同的角度加强对监控者的监控。这些方式有的是来自企业内部，有的是来自企业外部；有的是制度性的，有的是说服教育型的。实践证明，以下六种方法有助于现代企业中对监控者的监控。

1. 加强有关规范企业经营者行为的立法

通过健全有关法律，使得对监控者的监控能够有法可依，从而能够从法制的角度约束企业监控者的行为。

2. 宣传教育

通过新闻媒介，宣传好的事例，树立好的榜样；揭露存在的问题，抨击反面典型。通过参加培训班、个别交谈等形式对在岗的或即将上岗的企业领导者进行宣传教育，培养他们的社会主义道德情操，树立全心全意为人民服务的高尚信念，使他们在工作中能够自觉地进行自我监控，并将自己放在组织监控系统中，自觉接受监控。

3. 建立健全组织的监控系统

通过制度规定对监控者，特别是企业主要领导者实施有效监控。目前最有效的是以下两种方法：

（1）通过建立现代企业制度，确立公司法人治理结构，建立公司监事会制度，实施对监控者的监控。监事会只对股东大会和公司员工负责，代表股东大会和公司员工执行监督职能，保持独立的位置，对包括董事长、总经理在内的监控者进行监控。监事会要能有效地执行监督职能，最重要的条件就是要保持其自身的独立性。目前有些公司监事会成员由董事会或总经理来指定或委任，这样产生的监事会与其监控对象的关联度过大，必然不能保证监控作用的有效发挥。

（2）建立稽查制度。由上级有关管理机构派出稽查小组，对企业监控者实施监控。稽查小组成员由财务、管理、法律等方面的专家组成，定期或不定期地对企业管理者的经营行为进行检查，一旦发现问题，就责成有关方面进行纠正。这种方式的优点是实施比较灵活，效果明显；但其缺点是只能保证对一些重点企业的监控，难以一下推广到所有企业。中央决定试行向国有重点企业派出稽查员，就是为建立企业稽查制度采取的一个重大举措。向企业派稽查人员，实施对企业经营者的监控，这是国际上通行的一种有效监控方式。

4. 利用社会力量，对企业监控者实施监控

一方面营造反对企业经营者不良行为的社会舆论氛围；另一方面加强社会中介机构的建设，例如律师事务所、会计审计事务所等，通过它们的服务来为企业提供外部监督，起到对企业监控者的监控作用。

5. 加大对企业经营者不良行为的打击力度，惩一儆百

从某种意义上说，少数管理者的违法乱纪行为在目前社会主义初级阶段条件下是难以避免的，通过严厉打击，可以减少这类行为的发生，起到惩处少数、教育多数的效果。

6. 建立健全经理人市场

让经理人员职业化，形成这类人才的供求市场，让他们的价值在市场上通过供求关系体现出来，而经理人员的价值取决于他们在企业中的表现，这样有助于经理人在主观上约束自己，做到自控自律。经理人市场在客观上实施了对企业经理人的监控。

事实上，对监控者的监控不是单纯靠某种方式就能实现的。特别是对国有企业管理者的监控，实际上既涉及我国的经济体制改革，也涉及政治体制改革。可见此项工作的

艰巨性和复杂性。但从有效管理的要求来看，在任何时候、任何情况下都必须坚持这样的原则：组织中必须拥有一套完整的控制系统，任何人，包括各个层次的监控人员都不得游离于这个系统之外。

**课后思考与练习**

1. 管理中控制的含义和作用是什么？
2. 根据控制的性质和内容，阐明控制在组织中的重要性。
3. 结合控制的模式和过程，谈谈控制工作的关键问题应该是哪些？
4. 试述常用控制方法。
5. 对监控者的监控的重要性何在？结合实际谈谈如何对监控者实施有效的监控。

实训项目

案例分析：雪花公司的控制方法

实训内容：

能运用总体控制的要领与控制过程、控制方法进行分析，并能提出有价值的意见或建议。

案例材料：

雪花公司是20世纪80年代由欧阳先生在广州靠3 000元创建起来的一家化妆品公司。开始时只经营指甲油，后来逐渐发展成为颇具规模的化妆品公司，资金已达6 000万元。欧阳先生于2004年发现自己患癌症之后，对公司的发展采取了两个重要措施：①制定公司向科学医疗卫生工作发展的目标。②高薪聘请自己大学同学夏侯先生接替自己的职位，担任董事长。

夏侯先生上任以后，采取了一系列措施，推行欧阳先生为公司制定的进入医疗卫生行业的计划：在特殊医疗卫生业方面开辟一个新行业，同时开设一个凭处方配药的药店，并开辟上述两个新部门所需产品的货源、运输渠道。与此同时，他在全公司内建立了一个严格的控制系统：要求各部门编制出每月的预算报告，要求每个部门在每月初都要对本部门的问题提出切实的解决方案，要求每月定期举行一次由各部门经理和顾客参加的管理会议，要求各部门经理在会上提出自己本部门在当月的主要工作目标和经济来往数目。同时他特别注意资产回收率、销售边际成本率及生产成本等经济动向。他也注意人事、财务收入和降低成本费用方面的工作。

由于实行了上述措施，该公司获得了巨大成功。到2007年，年销售量同比提高24%，销售收入达到20亿元。然而，2009年金融危机后，该公司逐渐出现了问题：2009年出现了公司有史以来第一次收入下降趋势，商品滞销，价格下跌。其主要原因是：①化妆品市场的销售量已达到饱和状态。②该公司制造的高级香水，2009年在国际市场滞销，销售情况没有预测的那样乐观。③国外同类产品也开始了对中国市场的占领。④公司在国际市场上出现了不少问题：推销员的冒进，得罪了推销商，公司形象未能很好地树立。

夏侯先生也意识到公司存在的问题，准备采取有力措施，以改变公司目前的处境。他计划要对国际方面市场进行总结和调整。公司开始研制新产品，他相信花费大量资金研制的医疗卫生工业品不久也可进入市场。

实训目的：
1. 培养学生对控制机制与方法的了解，增强感性认识。
2. 培养学生对实际控制系统观察与分析的能力。
3. 培养学生对实际工作进行有效控制的初步能力。

实训指导：
1. 指导学生分析夏侯先生在雪花公司里采取了哪些控制方法？
2. 假设雪花公司原来没有严格的控制系统，夏侯先生在短期内推行这么多控制措施，其他管理人员会有什么反应？
3. 就雪花公司的目前状况而言，怎样健全控制系统？

实训组织：
1. 先由个人阅读和分析案例，并写出发言提纲。
2. 再以模拟公司或班级为单位进行大组讨论。

实训考核：
1. 每个人的发言提纲可作为一次作业，评定成绩。
2. 根据班级讨论中的表现评定成绩。

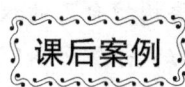

从孙悟空的紧箍咒说管理控制

孙悟空在得到唐僧搭救后，师徒二人结伴西行。一日，上路之时，忽然闯进六名莽汉来劫财物，六贼放言道："那和尚！哪里走！赶早留下马匹，放下行李，饶你性命过去。"此时，悟空只叫师傅看管行李盘缠便去降那六人。六贼被他尽皆打死。得胜而回的悟空来到师傅面前笑吟吟道："师傅请行，那贼已被老孙剿了。"谁知道那唐僧却说："你十分闯祸！他虽是剪径的强徒，就是拿到官府，也不该死罪；你纵有手段，只可退他去便了，怎么就都打死？这却是无故伤人的性命，如何做得和尚？"悟空再三解释无效后，见三藏只管絮絮叨叨，按奈不住发火道："你既是这等，说我做不得和尚，上不得西天，我回去便了！"说完将身纵去，转眼无踪影。唐僧只得单人上路。

饥渴劳顿的唐僧，在路上遇到观音菩萨，并接受菩萨给的小帽和紧箍咒。当孙悟空顿悟之后回去找唐僧的时候，中了帽子之计，紧箍已经戴在头上下不来了。于是唐僧见状念紧箍咒，疼得悟空直打滚。当他发现是唐僧在念紧箍咒之后，非常气愤，但是已经没有招架之力。唐僧趁机问：“今番可听我教诲了？"悟空：“听教了！"

"你再可无礼了？"悟空：“不敢了！"在知道是观音菩萨教唐僧的便说：“师父，这是他奈何我的法儿，教我随你而去。我愿保你，再无退悔之意了。"说罢，师徒二人继续前行。

在《西游记》的这段章节中，出现了管理者与被管理者唐僧和孙悟空，其中暴露了管理的一个错误——强行高压控制。

首先，对孙悟空的控制采取的方法是体罚。

当唐僧已经不能控制孙悟空的时候，他采取了一种体罚的做法。如果孙悟空出现错误或者意见不同的时候，唐僧就使用紧箍咒，让孙悟空受到头疼的折磨。此时，孙悟空是答应唐僧的管教，却并非发自心底。制止头疼才是他说初次那番话的重要原因。

在现在的管理当中，尽管管理者已经不敢使用体罚的方法了，但是他们仍然使用其他惩罚的方式，使被管理者接受痛苦。如扣工资、奖金。这和体罚基本相似，因为这种惩罚也是以剥削被管理者的劳动为条件的一种体罚。就等于有一天或几天被管理者付出了劳动，却没有回报。因此，被管理者虽然接受了惩罚，却并不见得是真心感悟。无形之中在心理积下了小怨。然古语有云：“小怨不赦，则大怨必生。"

其次，管理与被管理者之间关系的绝对失衡。

在唐僧和孙悟空的关系上，唐僧具有绝对的控制权。在他的主观意识下，凡是他认为对的就对，他认为错的就错。如果出现反抗就是对他权威的一种挑战，紧箍咒是必然要念的。管理者在树立权威的时候，往往容易陷入一个固有的观念里：先来个下马威。用这种方式来取得主动权，巩固权威。即便是唐僧的判断是错误的，也要维护自己的权威，否则就无法领导孙悟空了。但却忽略了孙悟空的主观能动性和创造力，导致孙悟空只能顺从唐僧的意思，不能反对，或反对无效。

第三，权利义务不平衡。

在管理过程当中，孙悟空只有执行的义务，却没有唐僧的授权。这一点孙悟空确实有失误的地方，他在对待除妖这一问题上，没有完全征求唐僧的意见。当出现妖魔的时候，还没等唐僧发出指令，他就已经杀了过去，更没有在除妖前询问对待妖怪的处理原则。导致他在除妖过后还会受到唐僧的责骂。这就是为什么有孙悟空三离唐僧的情况了！

再说唐僧，他的权利是让孙悟空保证他去西天的路上一路平安，基本上没有义务可言。

第四，孙悟空的心理分析。

在这件事情出现之后，孙悟空的心理产生了复杂的变化。先是感激唐僧的搭救之恩，决心护送唐僧一路取经。于是当出现六贼的时候，孙悟空不顾一切地保护唐僧及财物。而当他得胜之后，以胜利的心态向唐僧汇报工作的时候，不但没有受到唐僧的褒奖，反而被唐僧痛骂一顿。心情立刻从极度兴奋跌落到海平面以下。

虽然受到指责，但是孙悟空还是作了努力，他向唐僧说明为什么将六贼打死。"师父，我若不打死他，他就要打死你哩！"孙悟空把严酷的事实摆在了唐僧面前。唐僧："我这出家人，宁死绝不敢行凶！"这话便是唐僧为了维护权威而强词夺理。如果唐僧死了，哪个去西天取经呢？不能取经，岂不是辜负了唐王李世民的期望。不能取经，更是对不起观音菩萨的指点之恩。所以此时的唐僧想到的只是眼前的小善恶，而忽略了取经的大善。

孙悟空看到了唐僧的蔑视态度，气愤之下一走了之。在他心中，他非常气愤的不是这次取得成绩，却没有得到唐僧的赏识。而是，他觉得唐僧的经营管理和处世风格过于妇人之仁了！

第五，组织人事管理的失误之处。

在对孙悟空的管理过程中，唐僧的第一个失误是：他在还不完全了解孙悟空脾气秉性的情况下，对一个脾气暴躁的猴子采取了大棒政策。孙悟空这种人最不怕的就是来硬的，你越是施加高压，他越不服气。如果当时唐僧不是用指责的话去批评孙悟空的话，孙悟空是不会弃他而去的。

另外，从处世学的角度看问题，唐僧在没有完全将孙悟空的心把握在手中的情况下，仅仅是凭借着搭救之恩就对他进行控制，可见力度是不够的。如果唐僧在赞扬孙悟空除妖有利后，再提出除妖的准则，孙悟空会欣然接受，并愿意执行。同时他对唐僧的敬重之情会油然而生，更愿意为他卖命。这是唐僧的第二个失误，没有制定除妖准则。

将管理学和处世学综合起来看，强行高压控制并不是完成任务的最优化选择。管理者的目的是通过被管理者达到任务要求，被管理者是希望通过管理者的授权和任用得到个人价值的实现。在这两方面都能够互相满足的情况下，管理和处世就都成功了。

在现代管理学当中，逐渐朝人性化管理的方向发展，始终保持在"治人者致人而不致于人"的范围内。管理者需要使用激励和规范的方法使被管理者能够按照自己的意愿去行事，方能达到事半功倍的效果。

注：本案例源自 http://www.changdedj.net

思考题

1. 你认为唐僧采取何种控制方法控制孙悟空比较合理，为什么？
2. 如何理解"治人者致人而不致于人"这句名言的含义？
3. 谈谈你的观点，本案例对我们的现实社会有何启示？

第三篇 方法篇

管理学原理与应用
XIANDAIGUANLIXUEYUANLIYUYINGYONG

　　管理方法是管理系统中一个复杂而又灵活的因素。由于管理对象错综复杂，因此相应的管理方法也就多种多样。管理的基本方法是管理主体保证实现管理目标的基本手段。正确运用管理的基本方法，可以有效地调动全体员工的积极性、主动性和创造性，可以使组织的人、财、物等各种资源得到合理利用。

　　本篇介绍的基本方法主要包括经济方法、行政方法、法律方法、教育方法；技术性管理方法包括时间管理技术、重点管理技术、问题分析技术和管理循环技术；SWOT分析法。读者通过学习可以明确管理方法的主要内容、各种管理方法的主要特征和应用以及管理现代化的实现。

第七章　管理方法

> 故经之以五事，校之以计，而索其情。一曰道，二曰天，三曰地，四曰将，五曰法。
>
> ——《孙子兵法·计篇》
>
> 一位有资格的管理者总是能够一一明确外界的各种限制因素，并对此采取相应的管理方法和技术，从而对一个社会的经济发展大显身手。
>
> ——［美］哈罗德·孔茨，西里尔·奥唐奈

学习目标

知识目标：
- 了解管理方法的含义及类型；
- 掌握管理的主要基本方法；
- 掌握技术性管理方法；
- SWOT分析模型的方法。

能力目标：
- 能选择和运用不同的管理方法和手段实现管理目标；
- 能在实际工作中，有效应用时间管理技术、重点管理技术、问题分析技术和管理循环技术等方法；
- 能熟练应用SWOT分析法，制定企业战略，分析竞争对手。

开卷有益

驴子和白马

一天，毛驴和白马结伴到山区去。在平川大道上，白马奋起四蹄，扬起尾巴，不一会儿就把毛驴甩到了后边。白马转过头来看了看毛驴，见它摇着两只大耳朵，不紧不慢地走着，非常着急，便朝毛驴大叫起来："喂，怎么不把脚步迈得紧一点儿？看你那慢吞吞的样子，我们什么时候才能到达目的地呢？你这黑驴子，真是个庸才！"毛驴听了白马的训斥，一不生气，二不泄气，仍然一步紧一步地向前走着。毛驴和白马进入山区

后,那山路变得又陡又窄,崎岖不平,白马的速度不知不觉地慢了下来,身上的汗水像刚洗过澡似的。毛驴却加快了步伐,嗒嗒嗒地赶到了前面。白马看毛驴走起羊肠小路来是这样的轻松,不解地问:"黑毛驴,你为什么走起山路来比我快呢?"毛驴回答说:"因为术有专攻,各有所用。在一定条件下落后的,并不都是庸才啊!"白马听了毛驴的话,再看看毛驴那坦然的样子,对自己刚才的失言感到十分羞愧。

管理启示

管理者必备的技能之一就是对下属要知人善任。有的领导看到一个员工把一件事办砸了,便认为这个人毫无能力,完全否定了这个员工,这样做太过片面。考察一个员工的能力,要从多方面、全方位地测评,不能戴"有色眼镜",否则,就会限制了自己的思维,失去了对问题分析的客观性。一位合格的现代企业领导必须懂得取长补短、以长制短的用人原则。

引导案例

欧洲迪斯尼乐园

欧洲迪斯尼乐园于1992年4月在巴黎郊外建成,一开放就遭遇巨大的挑战。当时欧洲正值严重的经济衰退,人们都在节约开支。迪斯尼乐园以明显高于在美国的价格,即按42.25美元一张门票收费。其宾馆也按一晚340美元的价格收费,已高于巴黎最高档宾馆的价格。欧洲人有喜欢午餐和晚餐饮酒的习惯,而迪斯尼乐园却规定在乐园内不准饮酒。迪斯尼公司认为周一游客少而周五游客多,但实际情况则恰恰相反,致使周一游客多而服务人员少;周五游客少而服务人员多,工作混乱。他们听说欧洲人不吃早餐,就设计了很小的餐馆规模,结果,在只有350个座位的餐馆里,却要提供2500份早餐,游客排起了长长的队伍⋯⋯

开办者本以为在法国开设的迪斯尼乐园一定会大获成功,可结果却令人大失所望,到1993年9月,巴黎的迪斯尼乐园亏损额高达9.6亿美元,陷入困境。

◆ 讨论题:

1. 你认为环境因素对迪斯尼乐园经营绩效影响大吗?
2. 他们面临的环境包括哪些因素?并请对这些环境因素进行简要分析。
3. 请指出其失败的教训,提出你的建议,并说明理由。

第一节　管理基本方法

管理的方法是实现管理的形式，管理的功能和作用是通过具体的管理方法来实现的。尽管管理具有客观必然性，但选择和运用不同的管理方法则是具有主观性的。

一、管理方法的含义及类型

1. 管理方法的含义

管理方法是在管理活动中为实现管理目标，保证管理活动顺利进行所采取的工作方式、方法和手段的总称。

在管理实践中，管理目标的实现，必须借助一定的管理方法和手段。管理原理必须通过管理方法才能在管理实践中发挥作用。管理方法是管理理论、原理的自然延伸和具体化，是管理原理实践的桥梁和纽带。

2. 管理方法的类型

管理方法很多，常见的划分方式有如下几种：

（1）按管理方法的内容分为经济方法、行政方法、法律方法、教育方法等。这是最常用的分类方法，它们构成完整的管理方法体系。

（2）按管理方法的性质分为定性管理方法与定量管理方法。定性管理方法是通过对管理对象的性质、地位、作用、趋势等方面进行控制的方法。定量管理方法是对管理对象的水平、规模、速度、结构等方面的控制。

（3）按管理对象的范围分为宏观管理方法、中观管理方法和微观管理方法。

此外，还可按管理对象的类型分为人事管理法、物资管理法、财务管理法和信息管理法等；按照管理方法的适用普遍程度划分为一般管理方法和具体管理方法，等等。

二、管理的主要方法

1. 经济方法

经济方法就是根据客观经济规律，运用各种经济手段，调节各种不同经济利益之间的关系，以获取较高的经济效益与社会效益的管理方法。这里所说的经济手段主要包括价格、税收、信贷、工资、奖金与罚款等。

（1）价格。在市场经济社会里，价格是计量和评价劳动的社会标准。价格的高低、涨落，会直接影响生产企业和消费者的经济利益，从而影响他们的生产和消费行为。价格合理是社会经济活动得以良性循环的基础。价格也是国家进行宏观经济调控的重要手段。国家运用价格的升降，调节生产与供求关系，保证国民经济的平稳发展。对于经济组织来讲，要在价格政策规定的范围内，根据市场供求情况，正确地制定本组织产品的价格，增强本组织的竞争力，争取获得最大的经济效益。

（2）税收。税收是国家财政收入的主要来源，也是国家管理社会，进行宏观调控的重要手段之一。国家根据宏观经济发展需要，合理制定不同的税种和税率，来调节生产和流通，调节经营者的利润水平，控制消费资金的过快增长，使社会经济的内部结构更加合理，从而使宏观经济健康地发展。

（3）信贷。信贷是银行存款、贷款等信用活动的总称。信贷是最为灵活、有效的经济杠杆。银行信用活动以吸取存款和储蓄形式，集中社会闲散资金，同时，根据经济发展的需要，向社会发放贷款，满足生产周转和流通需要，达到管理协调社会经济活动的目的。对于经济组织来讲，必须充分利用信贷这一经济杠杆进行融资、筹资，开展经营活动。

（4）工资。工资是实现按劳分配原则的一种劳动报酬形式。这一经济手段直接涉及组织和劳动者个人的物质利益，正确使用它，对于调动劳动者的积极性具有促进作用。劳动者的工资应该与其贡献挂钩。由于不同劳动者的工作能力和劳动态度差别很大，而且同一个人不同时期也有很大的变化，因此必须真正实行多劳多得的原则，克服平均主义思想，拉开工资差距。现实中的许多弊病都是由于报酬不合理造成的，所以管理工作中必须用好工资这个经济杠杆，充分调动人的积极性。

（5）奖金与罚款。奖金是根据职工对组织所做贡献的大小，用货币形式付给职工的奖赏。奖金的项目和条件应能表达组织领导者对职工行为的期望，应能对职工的行动方向和努力目标起引导作用。所以，奖金的名目不宜过多，以免分散目标；奖金的数额不宜过小，以提高奖励的效价；奖金取得的条件不宜过严或过宽，以保证必要的期望值；奖金不能平均分配，成为一种变相的福利，否则，就会完全失去激励作用。罚款是对职工违反规章制度，给组织造成危害的行为所进行的经济惩罚。罚款可以制约人的不轨行为，迫使职工努力完成工作任务。罚款的名目和数额要适当，不能滥用。要防止用罚款代替管理工作、监督工作和思想政治工作，以免招致职工的不满和反对。

奖励与罚款，重要的是严明公正，该奖就奖，当罚就罚，只有这样才能使奖金和罚款真正成为有效的管理手段。管理的经济方法的实质是围绕物质利益，运用各种经济手段正确处理好国家、集体和个人三者之间的关系，最大限度地调动各方面的积极性、创造性和责任心，促进经济发展与社会进步。

经济方法与其他方法相比较具有以下特点：

（1）利益性。经济方法是通过利益机制引导被管理者去追求某种利益，间接影响被管理者行为的一种管理方法。

（2）关联性。经济方法的使用范围很广，不但各种经济手段之间的关系错综复杂，影响面宽，而且每一种经济手段的变化都会影响到社会多方面经济关系的连锁反应。有时，经济方法不仅会影响当前，而且会波及长远，产生一系列难以预料的后果。

（3）灵活性。经济方法的灵活性表现在两个方面：第一，经济方法针对不同的管理对象，如企业、职工个人，可以采取不同的手段。第二，对于同一管理对象，在不同情况下，可采取不同的方式进行管理，以适应形势发展。例如，税收的增减可分别鼓励和限制某一产业的发展，增减的幅度越大，作用越明显。

（4）经济方法承认被管理的组织或个人在获取自己的经济利益上是平等的。社会按照统一的价值尺度来计算和分配经济成果；各种经济手段的运用对于相同情况的被管理者起同样的效力，不能有特殊。

正确应用经济方法应注意以下两点：

（1）注意将经济方法和教育方法结合使用。人们除了物质需要以外，还有精神和社会方面的需要。在现代社会生产力迅速发展的条件下，物质利益的激励作用将逐步减弱，人们接受教育，以提高知识水平和思想修养的需求越来越强；另外，如果单纯运用经济方法，易导致讨价还价、"一切向钱看"的不良倾向，易助长本位主义、个人主义思想。所以，经济方法必须结合教育方法，在搞好物质文明的同时，也要搞好精神文明。

（2）注意经济方法的综合运用和不断完善。既要发挥各种经济杠杆的单独作用，更要重视整体上的协调配合。如果忽视综合运用，孤立地运用单一杠杆，往往不能取得预期的效果。例如，价格对生产和消费同时有方向相反的调节作用。提高价格会促进生产，但却抑制消费。经济生活中有些产品具有特殊性，如农用生产资料，国家既要鼓励生产，又要鼓励消费，以促进农业生产和技术进步。所以单凭价格杠杆就难以奏效，必须综合运用其他经济杠杆。

2. 行政方法

行政方法是指依靠行政组织的权威，运用命令、规定、指示等行政手段，按照行政系统的层次，以权威服从为前提，直接指挥下属工作的管理方法。

行政方法的实质是通过行政组织中的职务来进行管理的。它特别强调职责、职权、职位，而非个人能力或特权。任何部门、单位总要建立起若干行政机构来进行管理，它们都有着严格的职责和权限范围。由于在任何行政管理系统中，各个层次所掌握的信息是不对称的，因此才有行政的权威。下级服从上级是对上级所拥有的权限的服从。行政方法的特点表现在以下几个方面：

（1）权威性。行政方法所依托的基础是权威。管理者的权威越高，他所发出的指令越容易接受。提高领导的权威，是运用行政方法进行管理的前提，也是提高行政方法有效性的基础。管理者必须树立良好的品质，提高自身的才能，从而提高自身的权威性，而不能单单依靠职位权力指挥下级。

（2）强制性。行政权力机构和管理者所发出的命令、指示、规定等，对管理对象具有程度不同的强制性。行政方法就是通过这种强制性来达到指挥与控制管理对象的目的。行政的强制性要求人们在行动的目标上服从统一意志，行动原则高度统一，但允许人们在行动方法上灵活多样。行政的强制性是由一系列行政措施来作为保证，如表扬、奖励、晋升、任务分配、工作调动及批评、记过、降级、撤职等处分。下级如果不执行

上级的指导和命令，必将付出沉重的代价。

（3）垂直性。行政方法是通过行政系统、行政层次来实施管理活动的。因此基本上属于纵向垂直管理。行政管理一般都是自上而下，通过纵向直线下达的。下级组织和领导人只接受一个上级的领导和指挥，对横向传来的指令基本上是不理睬的。因此，行政方法的运用，必须坚持纵向的自上而下，切忌通过横向传达指令。

（4）具体性。相对于其他方法而言，行政方法比较具体。不仅行政指令的内容和对象是具体的，而且在实施过程中的具体方法上也因对象、目的和时间的变化而变化。所以，任何行政指令往往是在某一特定的时间内对某一特定对象起作用，具有明确的指向性和一定的时效性。

（5）无偿性。运用行政方法进行管理，上级对下级的人、财、物等调动和使用不讲等价交换的原则。一切根据行政管理的需要，不考虑价值补偿的问题。

（6）稳定性。行政方法总是对特定组织行政系统范围内适用的管理方法。由于行政系统一般都具有严密的组织机构、统一的目标、统一的行动，以及强有力的调节和控制，对于外部因素的干扰具有较强的抵抗作用，因此，运用行政方法进行管理可以使组织具有较高的稳定性。

由于行政方法具有以上特点，采用它就会产生一些独特的作用。

（1）行政方法的运用，有利于组织内部统一目标，统一意志，统一行动，能够迅速有力地贯彻上级的方针政策，对全局活动施行有效的控制，尤其是对于需要高度集中和适当保密的领域，更具有独特的作用。

（2）行政方法是实施其他各种管理方法的必要手段。在管理活动中，经济方法、法律方法、教育方法要发挥作用，必须经由行政系统的中介，才能具体地组织与贯彻实施。

（3）行政方法可以强化管理作用，便于发挥管理职能，使全局、各部门和各单位密切配合，前后衔接，并不断调整它们之间的进度和相互关系。

（4）行政方法便于处理特殊问题。行政方法实效性强，它能及时地针对具体问题发出命令和指示，可以快刀斩乱麻，较好地处理特殊问题和管理活动中出现的新情况。

行政方法是实现管理功能的重要手段，但只有正确运用，不断克服其局限性，才能发挥它应有的作用。行政方法的正确运用必须做到以下几点：

（1）管理者必须充分认识行政方法的本质是服务，由管理意识向服务意识转变。服务是行政的根本目的，这是由管理的实质、生产的社会化以及市场经济的基本特征决定的。行政不以服务为目的，必然导致官僚主义、以权谋私、玩忽职守等行为；而没有行政方法的有效管理，同样达不到服务的目的。

（2）行政方法的管理效果取决于领导者的水平。因为行政方法更多是人治，而不是法治。管理效果基本上取决于领导者的指挥艺术和心理，取决于领导者和执行者的知识、能力。所以，行政方法的适用对领导者各方面的素质提出了很高的要求。

（3）在运用行政方法管理过程中，必须充分认识信息的重要性。首先，领导者必须及时获取组织内外有用的信息,才能做出正确的决策;其次,上级要把行政命令、规定或指示迅速准确地下达,还要把收集到的各种反馈信息和预测信息发送给下级领导,供下级决策时使用。所以,行政方法要求有一个灵敏、有效的管理系统。

(4)行政方法必须与其他管理方法结合使用。行政方法的运用由于借助了职位权力,因此对下属来说,有较强的约束力,较少遇到下级的抵制,这种特点可能使得上级在使用行政方法时忽略下属的正确意见和合理要求,从而容易产生官僚主义作风,不利于充分调动各方面积极性。所以不能单纯依靠行政方法,要把行政方法与管理的其他方法,特别是经济方法有机地结合起来。

3. 法律方法

法律是由国家制定或认可的,体现统治阶级意志,以国家强制力保证实施的行为规则的总和。法律方法是指国家通过各种法律、法规、条例和司法、仲裁工作,调整社会经济的总体活动和微观活动中发生的各种关系,以保证和促进社会经济发展的管理方法。

法律方法的内容,不仅包括建立和健全各种法规,而且包括相应的司法工作和仲裁工作。这两个环节相辅相成,缺一不可。只有法规而缺乏司法和仲裁,就会使法规流于形式,无法发挥效力;法规不健全,司法和仲裁工作无所依从,造成混乱。

(1)立法。由于社会关系的复杂性和多样性,法律规范的形式与内容也极为丰富,根据所调整的社会关系的不同,可有许多不同的法律,并形成相互联系、相互协调的统一的法律体系。管理的法律方法中,既包括国家正式颁布的法,也包括各级政府机构的各个管理系统所制定的具有法律效力的各种社会规范。法律法规一般是由一系列单项的法律法规组成的。

> **知识链接**
>
> 在国民经济管理总体方面的,有计划法、工业法、农业法、商业法、基本建设法、财政法等;用于工商与交通管理活动的,有公司法、企业法、交通运输法、海商法等。
>
> 在流通领域的管理方面,有商标法、价格法、外汇管理法、证券交易法等。
>
> 在调整微观与主体间关系方面,有合同法。
>
> 在保护劳动者权益方面有劳动法、专利法、版权法等。
>
> 随着改革开放的深入,我国将有更多更完善的法律法规出现。

(2)司法。司法工作是由国家司法机关按照法律法规解决各种纠纷和审理案件的执法活动。司法机构以法律为准绳,以事实为依据,通过司法制裁,强制执行法规,停止违法活动,恢复正常秩序,并给予当事人一定惩罚,达到维护法律尊严、教育人民的目的。

司法制裁分为经济制裁和刑事制裁两类。经济制裁包括违约金和罚款,停止和排除妨害,返还原物,赔偿损失等。刑事制裁是对直接责任人因违反刑法、危害社会而采取

的处罚，包括管制、拘役、有期徒刑、无期徒刑和死刑以及罚金、剥夺政治权利和没收财产等附加刑罚。

（3）仲裁。如果组织之间发生纠纷，经过协商仍不能达成协议，就可由仲裁人或仲裁机构集中做出判断和裁决。就仲裁的性质而言，它是一种行政性活动，不是司法活动。因此，仲裁不被当事人执行时，仲裁机构不能强制执行，只能由人民法院强制执行。

经济仲裁分为经济合同仲裁和涉外仲裁两类。经济合同仲裁是指国家规定的仲裁机关对经济合同纠纷案件进行调解、做出裁决的活动。

涉外仲裁是指我国涉外仲裁机构根据当事人之间签订的仲裁协议，按照有关仲裁法律和仲裁规则，对其经济争议进行审理并做出裁决，从而解决争议的一种制度。根据我国法律的规定，我国的涉外仲裁机构有对外经济贸易仲裁委员会和海事仲裁委员会。它们都是全国性的、常设的仲裁机构。涉外仲裁委员会的裁决是终局裁决，双方当事人都不可以向人民法院或其他机关提出变更的要求，当事人应当按照裁决所规定的期限自动执行。如果逾期不执行，一方当事人可向我国有管辖权的人民法院申请依法强制执行，即我国涉外仲裁机构所做出的裁决对于当事人双方都有约束力，必须执行。

法律方法与其他方法相比主要有以下特点。

（1）严肃性。法律、法规的制定必须严格地按照法律规定的程序进行，一旦制定和颁布，就具有相对的稳定性。法律、法规不可因人而异，随意修改，必须保持它的严肃性。司法工作更具严肃性，它必须通过严格的执法活动来维护法律的尊严。

（2）规范性。法律和法规是所有组织和个人行动的统一准则，对他们具有同等的约束力。法律和法规必须用极精确的语言，准确阐明一定的含义，并且只能对它做出一种意义的解释。法律、法规之间必须相互协调，不允许互相冲突，法规应服从法律，法律应服从宪法。

（3）强制性。法律、法规一经制定就要强制执行，各组织、个人都必须严格地遵守，否则，要受到国家强制力量的惩罚。

法律方法的运用，对于建立和健全科学的管理制度和管理方法，有着十分重要的作用：

（1）保证必要的管理秩序。管理系统内外存在着各种社会经济关系，只有通过法律方法才能公正、合理、有效地加以调整，及时排除各种不利因素的影响，保证社会经济秩序的正常运行，为管理活动提供良好的外部环境。

（2）调节管理因素之间的关系。根据对象的不同特点和所给任务的不同，规定不同管理因素在整个管理活动中各自应尽的义务和应起的作用。这是管理的法律方法所具有的自动调节功能。

（3）使管理活动纳入规范化、制度化轨道。法律方法的应用，有助于使符合客观规律的、行之有效的管理制度和管理方法用法律的形式规范化、条文化、固定化，使人们有章可循。严格执行这些制度和方法，管理系统就能自动有效地运转。这样既保证了管理效率，又节约了管理者的精力。

由于法律方法具有以上特点，采用它就会产生一些独特的作用，因此在使用过程中应该注意以下几点：

（1）法律方法要符合社会经济发展的要求。法律方法从本质上讲是通过上层建筑的力量来影响和改变社会活动的方法。如果法律、法规的制定和颁布符合客观规律的要求，就会促进社会经济的发展；反之，就会阻碍社会经济的发展。所以，法律、法规既要保证严肃性、稳定性，又要根据社会经济的发展及时地进行调整。

（2）法律、法规要综合运用、相互配合。因为任何组织的关系都是复杂的、多方面的，不仅包括组织与外部环境之间的关系，还包括组织内部的各种关系。

不同的法律、法规调整的对象不同，管理者在用法律方法管理时必须综合运用各种法律法规，才能客观公正地处理好各种关系。

（3）法律方法要与其他方法结合使用。不能企望法律方法解决所有问题，它只是在有限的范围内发挥作用。而在法律范围之外，还有各种大量的经济关系、社会关系需要用其他方法来管理和调整。所以，法律方法应同其他管理方法综合使用，才能最有效地实现管理目标。

4. 教育方法

教育是按照一定的目的、要求，对受教育者从德、智、体各方面施加影响的一种有计划的活动。

管理的人本原理认为，管理活动中人是第一因素。管理最主要的任务是提高人的素质，充分调动人的积极性、创造性。而人的素质是在社会实践和教育中逐步发展、成熟起来的。通过教育，不断提高人的政治思想素质、文化知识素质、专业技术素质是管理工作的主要任务。现代科技的飞速发展导致人的知识更新速度加快。因此，全面提高人的素质，对组织成员不断进行培养教育，就成为管理者管理活动的一项主要内容。

教育是管理的基本方法之一，教育方法是劳动者自我完善、自我发展的一种有计划的活动，是加强社会主义精神文明建设的客观需要。

教育方法的根本任务，是适应和满足社会建设事业的需要，培养有理想、有道德、有文化、有纪律的劳动者，提高人的思想道德素质和科学文化素质。

教育的目的是提高人的素质，教育的内容涉及与人的素质有关的各方面。

（1）人生观及道德教育。要教育员工树立为人类发展和社会进步奋斗献身的远大理想，大公无私、先人后己、全心全意为人民服务的共产主义精神，自觉抵制损公肥私、损人利己、以权谋私、欺诈勒索、贪图享乐的剥削阶级腐朽思想的侵蚀。要教育职工遵守社会公德及职业道德，钻研业务，忠于职守。

（2）爱国主义和集体主义教育。进行爱国主义教育，要引导员工正确认识我国的历史和现状，特别是近百年来中国人民为谋求民族解放而英勇斗争的历史，了解中华民族近百年来的苦难史和革命斗争史，从而更加热爱和珍惜社会主义的今天，更加发奋地为祖国繁荣昌盛而献身。集体主义是共产主义道德的基本原则，它要求人们把集体利益

置于个人利益之上。进行集体主义教育，要引导员工正确处理国家、集体、个人之间的利益关系。

（3）民主、法制、纪律教育。管理的人本原理告诉我们，任何组织只有依靠广大员工才能发展。组织领导在决策时必须考虑职工利益，而且还必须利用各种方式发扬民主，让职工参与管理，所以必须对职工进行正确行使民主权利的教育。

民主体现在职工有权对组织活动进行监督，有权维护自己的合法利益，有权对组织管理工作提出批评建议，也有权参与组织管理。但是，由于信息和能力的限制，职工参与管理的程度和方式是有限度和有条件的，民主并不意味着不需要集中。在进行民主教育的同时，还必须加强法制、纪律教育，只有这样才能规范和约束人的行为，打击、制裁各种不法和违规行为，才能保证组织的正常运转，保障职工的民主权利和根本利益。

（4）科学文化教育。科学技术是生产力。在当今时代，科技越来越成为推动社会经济发展、提高综合国力的重要力量。因此，普及科学文化知识，提高人的素质也是我国教育的重要内容。

（5）组织文化。组织文化是组织员工在长期实践中形成的共同的价值观念、行为准则和具有特色的行为方式、物质表现的总称。它是组织员工内在的思想观念和外在的行为方式及物质表现的统一。在组织文化建设中，要突出管理的人本原理，坚持"以人为本"，把人作为第一因素，要尊重人、关心人、理解人、培养人，全方面地提高员工的素质。

教育方式灵活多样，要根据教育的内容和对象确定合适的方式。

思考题

管理中的教育方法与学校老师的教育方法是不是一回事？

我国长期以来在思想政治工作中积累了大量的丰富经验，形成了富有特色的教育方式。近年随着学习国外先进的管理经验和理论，行为科学思想开始引入对员工的教育，使教育方式更加丰富多样化。一般来说，对于思想性质的问题，必须采用讨论法、说理法、批评和自我批评法进行疏导，而不能单纯依靠训斥、压制和简单的惩罚来解决。对于传授知识和技能方面的教育，应当减少讲授方式，而多用讨论、现场实习等方法。因为传授式教育受教育者处于被动状态，接受知识的效率不高，相反，采用后一种方法让受教育者主动地学习，效果会更好。现实中许多组织创造了很多这样的好方法，如案例分析法、业务演习法、事件过程分析法、角色扮演法等，都有较好的效果。

第二节　管理技术性方法

管理方法除了几种基本方法，还有一类属于技术性的方法，如时间管理技术、重点管理技术、问题分析技术和管理循环技术等。其中，计划部分已经介绍了目标管理方法，本节将介绍时间管理技术、重点管理技术、问题分析技术和管理循环技术。这些管理技术原理都很简单，但实用性特别强。

一、时间管理技术

从某种意义上说，每个人都是管理者，最起码你是自己的管理者。管理者首先要管好自己，而管理自己的关键是管理好自己所拥有的时间。不论贫富贵贱，老天分配给每个人每天的时间都是一样的：24h，1440min。但为什么每个人成就却不一样，就在于他们对时间做了不一样的分配。

（一）对于时间的认识

（1）上至国家元首，下至每个平民百姓，每一个人每天所拥有的时间都是一样的，今天过了，永远再没有今天。

（2）要磨练自己的"时间感觉"，不浪费一分钟。

（3）每天把起床开始到工作一天的行动定性化。

（4）养成记录就等于节省时间。

（5）养成容易的事情先做、重要的事情先着手的习惯。

（6）培养果断力可以节省时间。

（7）做事情要求一次就能做好。

（8）当天例行性工作，不可拖到明天。

（9）工作要懂得简化。

（10）善于利用休息时间。

（二）管理人员善用时间的要决

1. 工作事先有计划

（1）每年度，每季度能初步规划的要事先进行规划。

（2）每月20日左右提出下个月工作计划。

（3）每周五安排下周工作计划。

（4）每日的工作要按计划填写记录。

2. 养成记录的习惯

（1）不要太依赖你的记忆，它往往是让你浪费时间，疲于奔命的根源。

（2）手边经常有一份"待办事项清单"，包括：①自己要做的事情；②上级交办的事情；③你承诺部属的事情；④你答应同事的事情……予以记录，并注明处理时间。

（3）善于利用别人的时间，对于部属提出的问题，最好能附带提出解决的意见，如此有益于问题的沟通，争取时效。

（4）开会应尽可能按计划定期召开，临时会应予减少。会议要尽量短而有效。不必要的会或多余的长会既浪费你的时间，更是浪费其他人的时间。

（三）是谁偷走你的时间

（1）参加无效率的会议。

（2）不速之客。

（3）突发事故，扮演救火人员。

（4）电话干扰。

（5）授权不当。

（6）缺乏做事轻重缓急循序规则。

（7）做事拖延。

（8）不敢说"不"。

（9）沟通不良。

（10）权责不清。

（11）部属训练不足。

（12）完美主义。

每个人应经常列出自己浪费最大的几项时间，并加以去除。

（四）时间成本概念

时间是一个组织或一个人的重要资源。浪费时间就是增加成本，降低效益，正所谓"时间就是金钱"。

在日常的工作中，特别在重大的经营决策上，往往因为时间的拖延，付出的成本代价是巨大的，在决策上有句话叫做拖延的决策与错误的决策一样。

当然，时间的管理是一项复杂的工程，不可能靠三言两语就能够讲透。这里所讲的这些主要在于强调管理人员一定要牢固树立时间观念，管理好你的时间，分配好你的时间，这也是一个有效的管理者必须具备的基本素质。

 小问题

请你自己做个表格，统计一下，看看你每周浪费多少时间？

二、重点管理技术

重点管理技术的指导思想，就是找"重点"抓"关键"，在方法上要认清工作的"重要性"与"紧急性"。所谓"重要性"是指在工作中，找出具有"关键性"的事，然后集中时间和精力来处理；而"紧急性"也就是需要优先处理的事，如不及时处理，会带来严重的后果。

重点管理技术又称80/20原理，或叫柏拉图定理。其主要的原理就是从组织的社会现象的分析中发现，往往在日常工作中"重要的少数"只占20%，而"无关重要的多数"又占80%。而这"重要的少数"却又影响了80%的成效，而80%的"无关重要的多数"则只能影响20%的成效。

1887 年，意大利经济学家柏拉图曾对当时社会财富分配不均问题做了深入的研究，发现了少数的富人占有社会的大部分财富，多数的穷人却占有社会的少量财富，这种现象，称为柏拉图法则，后来将此法则首先应用到物料管理上，并被称为 ABC 分析法。

ABC 分析法在管理上的应用是非常广泛的。实践证明，在许多管理活动中无不存在着"关键的少数与次要的多数"这种不均匀的分布关系。现在 ABC 管理法已经作为确定主次问题、寻找主要矛盾的一种有效的管理方法，不仅应用于经济管理，而且普遍应用于科学和技术管理、社会调查及预测等方面，甚至在宣传教育工作等方面也有很大的应用价值。可以说，分析解决多因素问题都可以借助于 ABC 管理法。

下面以企业的物资管理为例来说明 ABC 管理的应用。首先就是按企业物资品种以及占用资金大小进行分类排队，把它分为 A、B、C 三类。A 类物资品种少，占用资金多；B 类物资品种比 A 类多一些，占用资金比 A 类少；C 类物资品种繁多，占用资金少。通常的分类标准如下：

A 类物资：品种数占 10%～15%，资金数约占 80%。
B 类物资：品种数占 20%～30%，资金数约占 15%。
C 类物资：品种数占 60%～65%，资金数约占 5%。
A 类物资最为重要，要重点管理。

三、问题分析技术

管理的过程，也是一个发现问题、分析问题和解决问题的过程。分析问题是解决问题的基础。管理上常用的问题分析技术有很多，如 ABC 管理法、分层法、5W2H 法、鱼骨图法等。下面只介绍其中的两种方法。

（一）5W2H 法

5W2H 法不仅在计划工作中使用，而且在管理问题的方方面面分析中都可以用。所谓 5W2H 法就是，当要从事一项工作时，事先提出如下问题，并进行回答。

1. Why——为何
（1）为何有必要？可省去吗？
（2）为何如此做？可以简化吗？有其他方法替代吗？
（3）为何……？

2. What——何事
（1）做些什么？
（2）要准备什么？
（3）什么事可能成为阻碍？

3. Where——何处
（1）在何处进行最好？
（2）配合的工作在何处最好？

4. When——何时

(1) 何时开始?

(2) 何时要完成?

5. Who——何人

(1) 由谁去做,一个人或一个团体?

(2) 由谁来配合?

(3) 由谁来督导控制?

6. How——如何

(1) 如何做?

(2) 如何做准备工作?

7. How much——成本如何

需要的成本是多少?

5W2H 分析问题的过程,就是一个提出问题和回答问题的过程。

(二) 鱼骨图法

"鱼骨图"又称为"要素分析图",就是将造成某项结果的众多原因,以系统的方式用一个像鱼骨状的图形将原因与结果的关系表示出来。

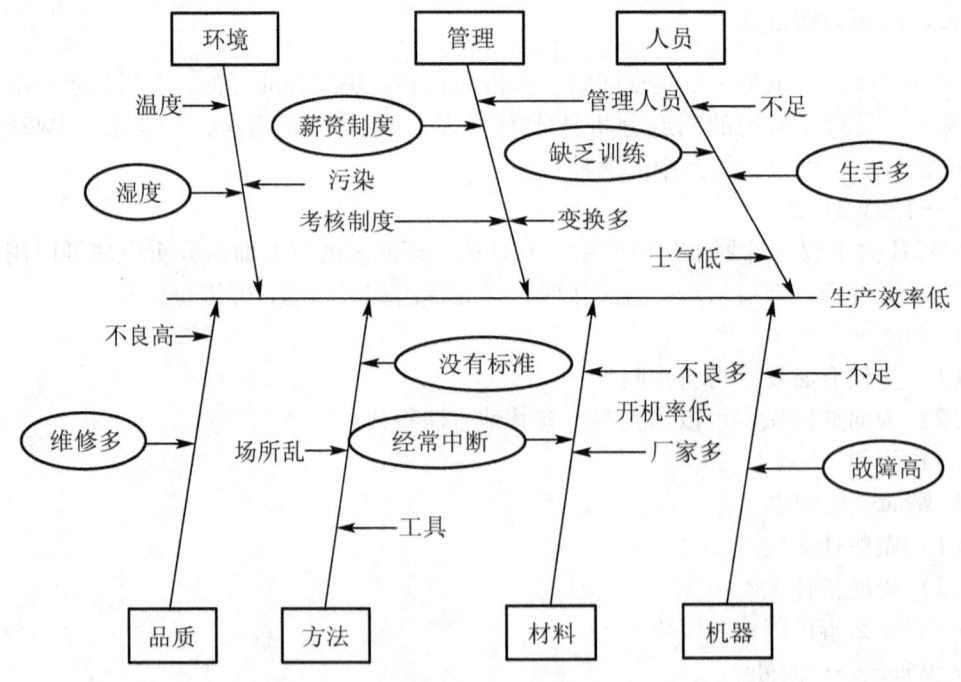

图 7-1 鱼骨分析图

某些结果的形成,必定有其原因,设法利用图解法找出如图 7-1 所示的原因来,并逐一进行分析，找出关键因素，然后采取对策，问题就可获得解决。

例如，某一制造部门的生产效率一直偏低，分析影响效率的原因，可作鱼骨分析图，如图 7-1 所示。

利用此法进行分析时，要先找出影响结果的大方面原因，如本例中的人员、管理、环境、方法、材料、机器等；之后再找出形成大原因的小原因，再找出其中的主要原因，如图中圈起来的原因；最后对主要原因进行深入分析并寻求解决方法。

四、管理循环技术

只要一个组织存在，管理工作就不能停止。实际上，不管什么样的管理工作，都要按"管理循环"的步骤来开展工作的。管理循环，又称 PDCA 循环，P、D、C、A 是英语单词 P（计划）、D（实施）、C（检查）、A（处理）的缩写。按照管理循环来开展工作，就是把管理工作分为四个阶段八个步骤，并通过不断循环来达到提高管理水平实现管理的目标的目的。

PDCA 循环的四个阶段和八个步骤如下：

（1）计划阶段。其中包括四个步骤：

第一步，分析现状，找出存在的问题。

第二步，分析产生问题的原因或影响因素。

第三步，找出产生问题的主要原因。

第四步，制订计划，采取措施，确定管理点。

（2）实施阶段。这一阶段也就是第五步，即组织执行制定计划的措施。

（3）检查阶段。这一阶段即第六步，就是检查计划和措施的执行结果，并将结果与计划对比，及时发现和解决执行中出现的问题。

（4）处理阶段。包括步骤：

第七步，进行标准化处理，把成功的经验或失败的教训纳入有关标准和制度，使其规范化，以巩固成功的经验，避免重犯错误。

第八步，找出尚未解决的问题，转到下一个循环中继续解决。

PDCA 循环的工作程序，如图 7-2 所示。

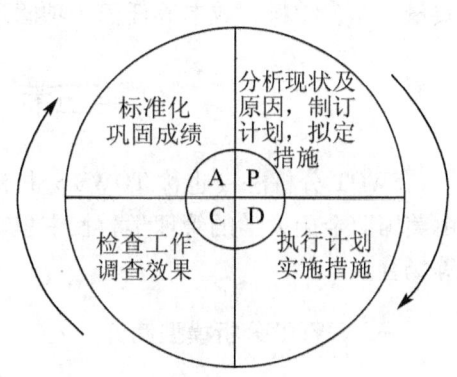

图 7-2　PDCA 循环的步骤

按照 PDCA 循环开展工作的要点如下：

（1）大环套小环，小环保大环。就是说，不仅整个组织的管理工作要按照 PDCA 循环来开展工作，而且组织内部各单位、各部门、各环节都要按照 PDCA 循环来开展工作，组织的大循环要通过小循环来落实，小循环要通过大循环来实现。这种关系如图 7-3 所示。

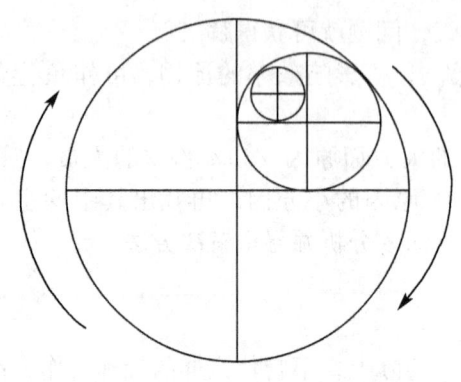 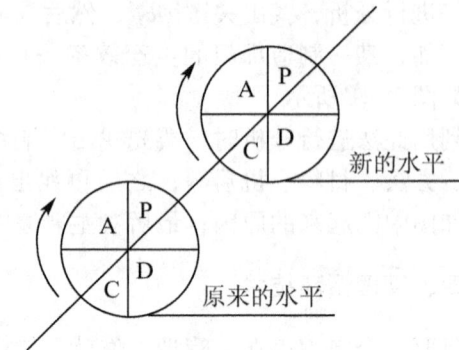

图 7-3　大环套小环　小环保大环　　　　图 7-4　不断循环，不断提高

（2）从实际出发，讲求实效。就是说，PDCA 循环强调从分析本单位的现状入手，找出问题和产生问题的原因及主要原因，然后有针对性地制定计划，采取措施。这样才能解决实际问题，收到实效。

（3）不断循环，不断提高。就是说，循环必须不停地进行，每循环一次，解决一些问题，使管理工作水平提高一步，接着又制定新的目标，开始新的循环，如图 7-4 所示。要通过不断循环达到不断提高，关键在于认真对成功的经验或失败的教训进行总结和吸收。

管理循环 PDCA 是周而复始永不停止的，因为管理的工作是无止境的。管理循环已经形成近代管理，特别是企业管理不可缺少的工具，研发、人事、财务、营销、生产、质量管理、物料、成本等任何一项管理工作，如力求改善，均可使用。

第三节　SWOT 分析方法

SWOT 分析法（也称 TOWS 分析法、道斯矩阵）即态势分析法，20 世纪 80 年代初由美国旧金山大学的管理学教授韦里克提出，经常被用于企业战略制定、竞争对手分析等场合。

一、SWOT 分析模型简介

在现在的战略规划报告里，SWOT 分析应该算是一个众所周知的工具。来自于麦肯锡咨询公司的 SWOT 分析，包括分析企业的优势（Strength）、劣势（Weakness）、机会（Opportunity）和威胁（Threats）。因此，SWOT 分析实际上是将对企业内外部条件各方面内容进行综合和概括，进而分析组织的优劣势、面临的机会和威胁的一种方法。

通过 SWOT 分析，可以帮助企业把资源和行动聚集在自己的强项和有最多机会的地方。

二、SWOT 模型含义

优劣势分析主要是着眼于企业自身的实力及其与竞争对手的比较，而机会和威胁分析将注意力放在外部环境的变化及对企业的可能影响上。在分析时，应把所有的内部因素（即优劣势）集中在一起，然后用外部的力量来对这些因素进行评估。

1. 机会与威胁分析（OT）

随着经济、社会、科技等诸多方面的迅速发展，特别是世界经济全球化、一体化过程的加快，全球信息网络的建立和消费需求的多样化，企业所处的环境更为开放和动荡。这种变化几乎对所有企业都产生了深刻的影响。正因为如此，环境分析成为一种日益重要的企业职能。

环境发展趋势分为两大类：一类表示环境威胁，另一类表示环境机会。环境威胁指的是环境中一种不利的发展趋势对企业所形成的挑战，如果不采取果断的战略行为，这种不利趋势将导致公司的竞争地位受到削弱。环境机会就是对公司行为富有吸引力的领域，在这一领域中，该公司将拥有竞争优势。

对环境的分析也可以有不同的角度。比如，一种简明扼要的方法就是 PEST 分析，另外一种比较常见的方法就是波特的五力分析。

2. 优势与劣势分析（SW）

识别环境中有吸引力的机会是一回事，拥有在机会中成功所必需的竞争能力是另一回事。每个企业都要定期检查自己的优势与劣势，这可通过"企业经营管理检核表"的方式进行。企业或企业外的咨询机构都可利用这一格式检查企业的营销、财务、制造和组织能力。每一要素都要按照特强、稍强、中等、稍弱或特弱划分等级。

当两个企业处在同一市场或者说它们都有能力向同一顾客群体提供产品和服务时，如果其中一个企业有更高的赢利率或赢利潜力，那么，我们就认为这个企业比另外一个企业更具有竞争优势。换句话说，所谓竞争优势是指一个企业超越其竞争对手的能力，这种能力有助于实现企业的主要目标——赢利。但值得注意的是，竞争优势并不一定完全体现在较高的赢利率上，因为有时企业更希望增加市场份额，或者多奖励管理人员或雇员。

竞争优势可以指消费者眼中一个企业或它的产品有别于其竞争对手的任何优越的东西，它可以是产品线的宽度，产品的大小、质量、可靠性、适用性，企业风格和形象，以及服务的及时、态度的热情等。虽然竞争优势实际上指的是一个企业比其竞争对手有较强的综合优势，但是明确企业究竟在哪一个方面具有优势更有意义，因为只有这样，才可以扬长避短，或者以实击虚。

由于企业是一个整体，而且竞争性优势来源十分广泛，所以，在做优劣势分析时必须从整个价值链的每个环节上，将企业与竞争对手做详细的对比。如产品是否新颖，制造工艺是否复杂，销售渠道是否畅通，以及价格是否具有竞争性等。如果一个企业在某

一方面或几个方面的优势正是该行业企业应具备的关键成功要素,那么,该企业的综合竞争优势也许就强一些。需要指出的是,衡量一个企业及其产品是否具有竞争优势,只能站在现有潜在用户角度上,而不是站在企业的角度上。

企业在维持竞争优势过程中,必须深刻认识自身的资源和能力,采取适当的措施。因为一个企业一旦在某一方面具有了竞争优势,势必会吸引到竞争对手的注意。一般地说,企业经过一段时期的努力,建立起某种竞争优势;然后就处于维持这种竞争优势的态势,竞争对手开始逐渐做出反应;而后,如果竞争对手直接进攻企业的优势所在,或采取其他更为有力的策略,就会使这种优势受到削弱。

影响企业竞争优势的持续时间,主要的是三个关键因素:

(1) 建立这种优势要多长时间?
(2) 能够获得的优势有多大?
(3) 竞争对手做出有力反应需要多长时间?

如果企业分析清楚了这三个因素,就会明确自己在建立和维持竞争优势中的地位了。

显然,公司不应去纠正它的所有劣势,也不是对其优势不加利用。主要的问题是公司应研究它究竟是只局限在已拥有优势的机会中,还是去获取和发展一些优势以找到更好的机会。有时,企业发展慢并非因为其各部门缺乏优势,而是因为各部门不能很好地协调配合。例如有一家大电子公司,工程师们轻视销售员,视其为"不懂技术的工程师";而推销人员则瞧不起服务部门的人员,视其为"不会做生意的推销员"。因此,评估内部各部门的工作关系作为一项内部审计工作是非常重要的。

波士顿咨询公司提出,能获胜的公司是取得公司内部优势的企业,而不仅仅只是抓住公司核心能力。每一公司必须管好某些基本程序,如新产品开发、原材料采购、对订单的销售引导、对客户订单的现金实现、顾客问题的解决时间等。每一程序都创造价值和需要内部部门协同工作。虽然每一部门都可以拥有一个核心能力,但如何管理这些优势能力开发仍是一个挑战。

📖 知识链接

20世纪30年代末期,当美国的可口可乐正在雄心勃勃地准备向欧洲进军的时候,第二次世界大战爆发了。这对可口可乐公司来说无疑是毁掉市场拓展机会的一场灾难。但是,可口可乐公司的老板伍德鲁夫却从这种威胁中看到了机会。他从前线的老同学那里得到一个重要的消息:前线的战士非常喜欢喝可口可乐。于是他断然宣布:"让每个战士只花5分钱就能喝到一瓶可口可乐,不管他在什么地方,也不论这样做对我们公司意味着什么。"可口可乐公司的惊人之举通过媒体迅速传播,竟使军方认为可口可乐可以提高战士们的士气,于是向可口可乐公司发出巨额订单。甚至艾森豪威尔将军设在北非的盟军司令部命令海军运输舰运送"能够装备10个可口可乐装瓶厂的设备"。并指示如果军舰因装载军用品一时无法运送装瓶设备,那就先送来300万瓶可口可乐。可口可乐竟在世界大战的炮火声中打开了欧洲和太平洋地区的市场。

三、SWOT分析模型的方法

在适应性分析过程中,企业高层管理人员应在确定内外部各种变量的基础上,采用杠杆效应、抑制性、脆弱性和问题性四个基本概念进行这一模式的分析。

(1) 杠杆效应(优势+机会)。杠杆效应产生于内部优势与外部机会相互一致和适应时。在这种情形下,企业可以用自身内部优势撬起外部机会,使机会与优势充分结合并发挥出来。然而,机会往往是稍纵即逝的,因此企业必须敏锐地捕捉机会,把握时机,以寻求更大的发展。

(2) 抑制性(机会+劣势)。抑制性意味着妨碍、阻止、影响与控制。当环境提供的机会与企业内部资源优势不相适合,或者不能相互重叠时,企业的优势再大也将得不到发挥。在这种情形下,企业就需要提供和追加某种资源,以促进内部资源劣势向优势方面转化,从而迎合或适应外部机会。

(3) 脆弱性(优势+威胁)。脆弱性意味着优势的程度或强度的降低、减少。当环境状况对公司优势构成威胁时,优势得不到充分发挥,出现优势不优的脆弱局面。在这种情形下,企业必须克服威胁,以发挥优势。

(4) 问题性(劣势+威胁)。当企业内部劣势与企业外部威胁相遇时,企业就面临着严峻挑战,如果处理不当,可能直接威胁到企业的生死存亡。

四、SWOT分析步骤

(1) 确认当前的战略是什么?
(2) 确认企业外部环境的变化(波特五力或者PEST)。
(3) 根据企业资源组合情况,确认企业的关键能力和关键限制(见表7-1)。

表 7-1

潜在资源力量	潜在资源弱点	公司潜在机会	外部潜在威胁
• 有力的战略； • 有利的金融环境； • 有利的品牌形象和美誉； • 被广泛认可的市场领导地位； • 专利技术	• 没有明确的战略导向； • 陈旧的设备； • 超额负债与恐怖的资产负债表； • 超越竞争对手的高额成本	• 服务独特的客户群体； • 新的地理区域的扩张； • 产品组合的扩张； • 核心技能向产品组合的转化	• 强势竞争者的进入； • 替代品引起的销售量下降； • 市场增长的减缓； • 交换率和贸易政策的不利转换； • 由新规则引起的成本增加
• 成本优势； • 强势广告； • 产品创新技能； • 优质客户服务； • 优秀产品质量； • 战略联盟与并购	• 缺少关键技能和资格能力； • 利润的损失部分； • 内在的运作困境； • 落后 R&D 能力； • 过分狭窄的产品组合； • 市场规则能力的缺乏	• 垂直整合的战略形式； • 分享竞争对手的市场资源； • 竞争对手的支持； • 战略联盟与并购带来的超额覆盖； • 新技术开发通路； • 品牌形象拓展的通路	• 商业周期的影响； • 客户和供应商杠杆作用的加强； • 消费者购买需求的下降； • 人口与环境的变化

（4）按照通用矩阵或类似的方式打分评价。把识别出的所有优势分成两组，分的时候以两个原则为基础：它们是与行业中潜在的机会有关，还是与潜在的威胁有关。用同样的办法把所有的劣势分成两组，一组与机会有关，另一组与威胁有关。

（5）将结果在 SWOT 分析图上定位，如图 7-5 所示。

（6）战略分析。举一个科尔尼 SWOT 分析得出战略的例子（见表 7-2）。

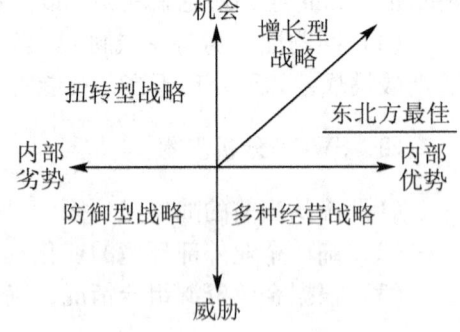

图 7-5　SWOT 分析定位图

表 7-2

	优势（Strength）	劣势（Weakness）
内部能力 外部因素	• 作为国家机关，拥有公众的信任； • 顾客对邮政服务的高度亲切感与信任感； • 拥有全国范围的物流网（几万家邮政局）； • 具有众多的人力资源； • 具有创造邮政/金融的可能性	• 上门取件相关人力及车辆不足； • 市场及物流专家不足； • 组织、预算、费用等方面的灵活性不足； • 包裹破损的可能性很大； • 追踪查询服务不够完善
机会（Opportunities）	SO	WO
• 随着电子商务的普及，对寄件需求增加（年平均增加38%）； • 能够确保应对市场开放的事业自由度； • 物流及IT等关键技术的飞跃发展	• 以邮政网络为基础，积极进入宅送市场； • 进入shopping mall配送市场； • ePOST活性化； • 开发灵活运用关键技术的多样化的邮政服务	• 构成邮寄包裹专门组织； • 通过实物与信息的统一化进行实时的追踪（Track & Trace）及物流控制（Command & Control）； • 将增值服务及一般服务差别化的价格体系的制定及服务内容的再整理
威胁（Threats）	ST	WT
• 通信技术发展后，对邮政的需求可能减少； • 现有宅送企业的设备投资及代理增多； • WTO邮政服务市场开放的压力； • 国外宅送企业进入国内市场	• 灵活运用范围宽广的邮政物流网络，制定积极的市场战略； • 通过与全球性的物流企业进行战略联盟； • 提高国外邮件的收益性及服务； • 为了确保企业服务顾客，制定积极的市场战略	• 根据服务的特性，对包裹详情单与包裹运送网分别运营； • 对已经确定的邮政物流运营提高效率（BPR），由此提高市场竞争力

五、成功应用SWOT分析法的简单规则

（1）进行SWOT分析的时候必须对公司的优势与劣势有客观的认识；

（2）进行SWOT分析的时候必须区分公司的现状与前景；

（3）进行SWOT分析的时候必须考虑全面；

（4）进行SWOT分析的时候必须与竞争对手进行比较，比如优于或是劣于你的竞争对手；

（5）保持SWOT分析法的简洁化，避免复杂化与过度分析；

（6）SWOT 分析法因人而异。

一旦使用 SWOT 分析法决定了关键问题，也就确定了市场营销的目标。SWOT 分析法可与 PEST analysis 和 Porter's Five – forces analysis 等工具一起使用。市场营销课程的学生之所以热衷于 SWOT 分析法是因为它的易学性与易用性。运用 SWOT 分析法的时候，要将不用的要素列入相关的表格当中去，很容易操作。

六、SWOT 模型的局限性

与很多其他的战略模型一样，SWOT 模型已由韦里克提出很久了，带有时代的局限性。以前的企业可能比较关注成本、质量，现在的企业可能更强调组织流程。例如以前的电动打字机被印表机取代，那么该怎么转型？是应该做印表机还是其他与机电有关的产品？从 SWOT 分析来看，电动打字机厂商优势在机电，但是发展印表机又显得比较有机会。结果有的朝印表机发展，死得很惨；有的朝剃须刀生产发展很成功。这就要看，你要的是以机会为主的成长策略，还是要以能力为主的成长策略。SWOT 没有考虑到企业改变现状的主动性，企业是可以通过寻找新的资源来创造企业所需要的优势，从而达到过去无法达成的战略目标。

在运用 SWOT 分析法的过程中，你或许会碰到一些问题，这就是它的适应性。因为有太多的场合可以运用 SWOT 分析法，所以它必须具有适应性。然而这也会导致反常现象的产生。基础 SWOT 分析法所产生的问题可以由更高级的 POWER SWOT 分析法得到解决。

课后思考与练习

1. 管理的基本方法有哪些？
2. 你认为每种方法都适合于哪方面的管理？
3. 谈谈时间对于管理者的重要性，你是如何管理你的时间的？
4. 为什么说在重点管理技术方法中找"重点"抓"关键"最重要？
5. 如何理解环境对企业发展的机会和威胁的含义？
6. 如何理解 SWOT 模型的局限性？

实训项目

管理者的综合素质能力锻炼实训

实训内容：

举行一次演讲比赛主题班会，题目：当代大学生如何将自己培养成一名优秀的管理者。

实训目的：

（1）培养学生在众人面前敢于并善于讲话的能力。
（2）培养学生应用各种管理方法的能力。
（3）进一步认识一个优秀管理者应具备的素质与技能。

实训指导：

（1）主讲老师事前将任务布置下去，并要明确实训的目的与要求。
（2）演讲题目可围绕"当代大学生如何将自己培养成一名优秀的管理者"的主题自由确定。
（3）一定要注意现场氛围的营造，使每一个同学都能产生强烈的参与、表现冲动，以克服畏惧、怯场心理，发挥良好的演讲水平。

实训组织：

（1）每一个学生根据实训项目的要求，自己首先在课下准备演讲。
（2）按8人左右将全班分为若干个小组，每个小组成员首先在组内发表演讲，小组成员互评打分。
（3）每个小组选派一名最优秀的代表在全班参加演讲比赛。
（4）每个小组选派一名代表担任评委给选手进行评分。

实训考核：

（1）每个人的成绩由小组内部评分获得，满分10分。
（2）凡代表小组参加全班演讲比赛的成员，此次实训成绩均为10分。对于获得前几名的同学建议发放奖状予以鼓励。

课后案例

齐鲁石化公司的"信得过"管理

齐鲁石化公司是一个进行现代石油化工生产的企业，由于现代石化生产本身所具有的危险性和特殊性，齐鲁石化公司从一开始就实行从严从实管理，主要依据制订严格的岗位操作要求，实行公司、厂两级严格的检查和奖励来实现。

1990年7月，公司所属烯烃厂裂解一班工人由于不满意被动管理的地位，主动提出"自我管理，让领导放心"的口号，并提出"免检"申请。齐鲁石化公司抓住了这一契机，在全公司推广开展创"免检"活动，提出以增强职工主人翁意识为主要内容的"免检"标准，把各项规章制度进一步细化，形成更加具体的、可操作的行为准则。

（1）工作职责标准化。针对管理岗位和操作岗位，明确职责范围，制定工作标准。
（2）专业管理制度化。以生产管理、设备管理等专业管理为对象，将管理组织体系、职责任务、工作标准和工作程序，以内部立法的形式固定下来，依法进行管理。
（3）现场管理定量化。对操作现场的一切可移动物品均规定了摆放位置和标志。

(4) 岗位培训星级化。鼓励操作工在熟练掌握本岗位的操作技术后，向邻近的岗位延伸，经过严格考核，取得其他岗位的操作证。掌握一个岗位技术为一星，多掌握一个相邻岗位技术增加一星，并给予相应的精神与物质鼓励。

(5) 工作安排定期化。对车间常规性工作和进度作出规定。

(6) 工作过程程序化。对生产和管理过程建立常规性工作程序，加强对工作过程的控制。

(7) 经济责任和管理责任契约化。要求车间建立严格的经济责任制，将车间的生产技术经济指标层层分解，签订经济责任合同，明确每个人的经济责任和管理责任。

(8) 考核奖惩定量化。把考核中的定性评价因素转化为定量评价因素，用完整的考核数据，反映各层次人员的工作质量和效果。

(9) 台账资料规格化。本着简化、效能的原则，对确有必要的台账资料及现场管理统一格式，并规范车间档案资料管理工作和各种报表、台账的填报工作。

(10) 管理手段现代化。主要是应用计算机辅助管理。

齐鲁石化公司开展"信得过"活动，使企业基层以及整个企业的管理水平有了显著的提高。主要表现在：①职工的主人翁意识普遍增强，实现了职工从"我被管理"到"我来管理"，群众性的自觉自愿的从严管理蔚然成风。②基层建设更加制度化、体系化。公司明确了车间制度体系由专业管理制度、管理人员职责范围和工作标准、班级岗位十项规章制度等三方面构成，规范了管理行为和工作行为，使基层管理水平有了明显提高。③职工学习技术、技能的自觉性提高。星级管理使职工主动学技术、技能，努力成为多面手，对管理装置工艺流程全面了解，提高了处理本岗本系统突发事件的应变能力，使事故发生率大幅度降低。④企业经济效益显著提高。企业生产安全过程各环节得到更加严格的控制，保证了装置长期安稳运行。

1995年，该公司完成工业总产值，销售收入、利税，按可比口径，分别比上年增长2%、30.7%和68.3%。1996年，在材料价格上涨，化工、塑料产品市场价格下滑，减利因素大大增加的不利形势下，10多亿元的减利因素已经全部消化。

注：选自周三多，陈传明等编著．管理学——原理与方法［M］．第三版．上海：复旦大学出版社，1996年。

思考题

1. 齐鲁石化的"信得过"管理采用了哪些管理的基本方法？
2. 以齐鲁石化公司为例，分析企业应如何坚持以人为中心的管理。

第八章 科学管理方法

  策之而知得失之计，作之而知动静之理，形之而知死生之地，角之而知有余不足之处。

——《孙子兵法·虚实》

  决策是管理的心脏，管理是由一系列决策组成的，管理就是决策。

——美国著名管理学家赫伯特·西蒙

学习目标

知识目标：
- 了解决策概念的内涵、类型、特征；
- 了解定性决策方法的种类、适用环境；
- 掌握确定型决策最常用的方法；
- 掌握风险性决策、不确定型决策方法；
- 了解预测过程应遵循的程序；
- 掌握定性预测方法类型及定量预测的体系；
- 掌握时间序列法中的几种定量预测方法。

能力目标：
- 能根据已掌握的情况和资料，提出决策目标及实现目标的方法，并作出评价和选择；
- 能合适地选用定量决策方法在实际工作中减少决策失误；
- 能在市场中使用定性预测方法及定量预测方法建立预测体系；
- 能在实际工作中合理选用预测方法，为经济服务。

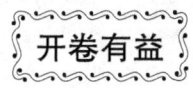

老农移石

  有一位老农的农田当中，多年以来横亘着一块大石头。这块石头碰断了老农的好几把犁头，还弄坏了他的中耕机。老农对此无可奈何，巨石成了他种田时挥之不去的心

病。一天，在又一把犁头打坏之后，想起巨石给他带来的无尽麻烦，终于下决心了结这块巨石。于是，他找来撬棍伸进巨石底下，却惊讶地发现，石头埋在地里并没有想象的那么深、那么厚，稍使劲就可以把石头撬起来，再用大锤打碎，清出地里，老农脑海里闪过多年被巨石困扰的情景，再想到可以更早些把这桩头疼事处理掉，禁不住一脸的苦笑。

【管理启示】

从这则寓言故事中，我们可领悟出企业管理中的道理：遇到问题应立即弄清根源，有问题更须立即处理，决不可拖延。企业管理活动中，往往会遇到反复出现的问题或不良现象，如若讳疾忌医或拖延了事，积压下来，就必然给企业造成困难，甚至使企业的生产经营活动无法正常进行，严重时还会威胁到企业的生存。所以，对企业管理中出现频率较多的问题，不应回避，而是抓住苗头，及时调查，追根溯源，及时找出解决的途径和办法。

【引导案例】

东山再起面对的抉择

巨人集团在20世纪90年代靠计算机起家，迅速崛起，并大力向房地产和保健品市场进军。后由于战线过长，资金周转困难，不能及时偿还贷款，导致破产。经过大起大落，其掌门人史玉柱总结了战线过长的教训，在重整旗鼓、东山再起时，拟采取重点经营战略。可是主攻方向选在哪里？有的主张从老本行计算机做起，但有的人反对，认为计算机行业属于更新极快的高不确定性产业，离开这么多年，已经陌生，经营计算机风险太大。还有人建议从脑黄金做起，因为为了搞脑黄金已投入了一亿元，而且保健品属于低不确定性的行业。但也有人反对，认为企业破产时就栽在脑黄金上，再搞脑黄金岂不是"重蹈覆辙"吗？史玉柱面临两难抉择……

◆ 讨论题：
1. 你认为影响巨人集团的决策有哪些因素？
2. 他们应该按照怎样的程序进行决策？
3. 请做出你的选择，并说明理由。
4. 结合此例，谈谈你对决策的理解。

决定人人会做，不是吗？组织不分大小，人不分老少，几乎天天都在做各种决定。决定很少有人会做，不是吗？有几个人是通过科学的决策过程来做决定的呢？科学的决策过程首先要解决的是过程的"科学"问题,这里所谓"科学",指的是决策过程与最佳决定之间的内在联系。决策过程如果不科学有谁愿意采用呢?科学的决策过程还涉及决策的内容、方法、程序、主体等。

第一节 决策方法

一、决策的概念

所谓决策,就是指人们为了达到预定的目标,在若干可行方案中选取较为满意方案的过程。由于行动总有其目标,也可以说,凡是根据预定目标而作出的行动决定,都叫决策。也可以说决策是对行动的事先选择。

决策有狭义和广义之分。狭义地说,进行决策是在几种行为方案中作出选择。广义地说,决策还包括在作出最后选择之前必须进行的一切活动。广义上的定义,基本上把握了决策的含义。

准确定义,决策是指为达到一定的目标,从两个以上的可行方案中选择一个合理方案的分析判断过程。即决策是决策者经过各种考虑和比较之后,对应当做什么和应当怎么做所作的决定。组织在进行决策时,需要有"目标"和"代替方案"两方面的因素。

在上述概念中,必须注意以下四个关键词:

第一,目标。决策前必须明确所要达到的目标,而且必须将局部的目标置于组织的总体目标体系中。

第二,两个以上的备择方案。如果只有一个方案,那就不用选择,也不存在决策。

第三,分析判断。每个备择方案都有其优缺点,管理者必须掌握充分的信息,进行逻辑分析,才能在多个备择方案中选择一个较为理想的合理方案。

第四,过程。不能把决策理解为决定采用哪个方案的一刹那的行动,而应理解为从诊断活动—设计活动—选择活动—执行活动的整个过程,没有这个过程就很难有合理的决策。实际上,经过执行活动的反馈又进入下一轮的决策。

因此,决策是一个循环过程,贯穿于整个管理活动的始终。

思考题 8.1

有人讲,决策是一个动态的信息反馈过程,你是怎样理解的?

二、决策的类型及其特征

1. 决策类型

依据各种不同的标准,决策可以分成许多类型,了解各种类型决策的特点,有助于管理者合理决策。

（1）按决策的作用范围分为：① 战略决策；② 战术决策；③ 业务决策。

战略决策往往与长期计划相联系，而战术决策与中短期计划相联系。从调整对象看，战略决策调整组织的活动方向和内容，解决"干什么"的问题，是根本性决策；战术决策调整在既定方向和内容下的活动方式，解决如何干的问题，是执行性决策。从涉及的时间范围来看，战略决策面对未来较长一段时期内的活动，而战术决策则是具体部门在未来较短时期内的行动方案。战略决策是战术决策的依据，战术决策是在战略决策的指导下制定的，是战略决策的落实。从作用和影响上看，战略决策的实施效果影响组织的效益和发展，战术决策的实施效果则主要影响组织的效率与生存。业务决策是组织为了提高日常业务活动效率而做出的决策。

（2）按决策问题的复杂程度和有无既定的程序可循，可分为：①程序化决策；②非程序化决策。

程序化决策是按预先规定的程序、处理方法和标准来解决管理中经常重复出现的问题。由于问题是经常出现的，因而有必要也有可能预先把决策过程标准化、程序化。程序化决策多属业务决策，如企业签订购销合同，安排生产班组的作业轮班等都属于程序化决策；非程序化决策是为解决不经常重复出现的、非例行的新问题所进行的决策。这类决策不能按常规程序和方法进行处理，如企业中的新产品开发、一些紧急重大事故的处理等都属于程序化决策。

（3）按决策的依据，可分为：①经验决策；②科学决策。

经验决策的依据是过去出现的事将会重复出现，因而经验决策只适用于日常的一些事务上；科学决策侧重于实验和分析研究，在此基础上进行决策。

（4）按决策中变量之间的关系，可分为：①确定型决策；②非确定型决策；③风险型决策。

确定型决策是指未来影响决策方案的所有因素是非常明确而又固定的，而且一个方案只有一个确定的结果。非确定型决策是指各种决策方案的自然状态不能预先估计，而且也没有客观概率可预测，完全凭决策者的经验和心理等因素来确定一个主观概率的决策。风险型决策是指各种决策方案未来的各种的自然状态不能预先肯定，是随机的，而各种自然状态出现的概率可以估计出来，并根据这一概率做出决策。

（5）按照决策者的层次的不同，可分为：①高层决策；②中层决策；③基层决策。

一般地，越是组织的最高主管人员，其所做出的决策越倾向于战略型的、非常规的、科学的、非肯定型的决策；而越是组织的下层主管人员，其所做出的决策，越倾向于战术型的、常规的、经验的、肯定型的决策。

2. 决策活动的特征

（1）决策是解决组织目标实现障碍的一项活动。决策目标不同于组织目标，它是指决策所需要解决的问题，决策所需要解决的是那些有可能妨碍组织目标实现的各种问题。这里的组织目标既包括抽象目标也包括具体目标，所以决策问题所包容的范围是很广的。决策目标不但要求明确具体,而且它的确定必须是有根据的;经过分析能够说明它为什么是目标实现的根本所在和关键所在,为什么此时此地要对它进行决策。正确的决策目标的确定,是科学决策的前提。目标定错了,决策就会失去积极意义;目标定得不明确,也会影响决策的针对性。

(2) 决策方案应尽可能多样化。决策一般要求有足够多的备选方案,以便可以充分地进行比较和选择。决策如果只有一个方案,就没有选择的余地,没有选择的余地也就失去决策的意义了。但决策方案光是超过一个还不够,从理论上讲,遗漏了一个方案就很难说这项决策就没有更好的结果了。当然,决策方案多了则必然带来方案如何合理减少的问题。

(3) 决策追求的是优化效应。所谓优化效应是指决策应能令人满意地解决决策目标所指明的问题,这个要求的重要性是不言而喻的。因为没有优化效应的决策也就不会是科学的决策,从而也就起不到决策应起的作用。优化效应要求决策者在方案充分的基础上对方案进行科学的评估和合理的选择。

(4) 决策活动是一个动态的过程。对于决策目标和方案在决策过程和决策方案的实施过程中,要不断地进行追踪分析和再决策,这就是说,应把决策看做是一个动态的过程,不是一劳永逸的,它要求决策活动能动态地反映组织内外环境的变化,需要的话甚至可以做出根本性的改变。当然,对于已经做出的决策应该具有相对的稳定性,没有重大的意外情况发生就不要轻易变动。

(5) 决策的基础是科学的预测。历史的调查和现状的研究对于决策都是重要的,但必须强调预测未来,因为任何决策都是针对现在,同时面向未来的。没有预测的决策是盲目的决策,不是科学的决策。

(6) 决策的全过程都必须伴随着评估和论证。确定目标,拟订方案,评估和选定方案;进行追踪决策,都不能没有评估和论证。现代决策的这一特征要求既是决策科学化的保证,同时也反映了现代决策的集体性质。虽然在决策中经常最后由某个负责人"拍板定案",但有了对决策本身全过程的评估和论证,这里的个人"拍板"与个人武断,或者个人的经验主义决策就有了本质的区别。

以上几个特征是缺一不可的,事先了解这几个特征将有助于全面地掌握决策的程序和方法。

三、决策方法及应用

为了保证影响组织未来生存和发展的管理决策尽可能正确,必须利用科学的方法。决策的方法有两大类:一类是定性决策方法,一类是定量决策方法。由于管理决策方法主要是在研究企业经营决策的过程中不断发展起来的,而企业的经营环境又是不断随环境在变化的,因而没有一种方法是万能的,问题在于如何根据具体决策问题的性质和特点灵活运用。

(一) 定性决策方法

定性决策方法亦称主观决策法、决策的"软"方法，是指用心理学、社会心理学的成就，采取有效的组织形式，在决策过程中，直接利用专家们的知识和经验，根据已掌握的情况和资料，提出决策目标及实现目标的方法，并作出评价和选择。一般有如下几种：

1. 畅谈会法

畅谈会法，又称头脑风暴法。头脑风暴法（Brain Storming）是为了促使创造性方案遵从压力的一种相对简单的方法。它是一种邀请专家、内行，针对组织内某一个问题，让大家开动脑筋，畅所欲言地发表个人意见，充分发挥个人和集体的创造性，经过互相启发，产生连锁反应，集思广益，而后进行决策的方法。

在典型的头脑风暴会议中，一些人围桌而坐。群体领导者以一种明确的方式向所有参与者阐明问题。然后成员在一定的时间内"自由"提出尽可能多的方案，不允许任何批评，并且所有的方案都当场记录下来，留待稍后再讨论和分析。

研讨与质疑

你认为头脑风暴法有何优缺点？试指出一件你生活中可以应用这种方法的事情或工作。

2. 征询法

征询法是指要求被征询意见的人，事先不接触、事后接触的一种决策方法。将被征询意见的人编成组。开始时不见面谈问题，或者虽见面也不谈问题。在着重不接触、不产生相互影响的条件下，让他们分别用书面方式提问题，提建议，或回答所提问题。之后由组织者将每个人的书面材料整理成汇编材料公布于众。公布时只有汇编结果，并无具体人名。这样，在随后针对汇编的讨论中就会使每个人毫无顾忌地发表意见。最后，把大家达成一致的成熟意见集中起来，做出决策。

3. 提喻法

提喻法，又称哥顿法。提喻法的特点是不讨论决策问题本身，而用类比的方法提出类似的问题，或者把决策问题分解为几个局部小问题，主持会议者不讲明讨论的主题，而是围绕主题提出一些相关问题，以启示专家发表见解。最后，把好的见解集中起来形成决策。

4. 方案前提分析法

方案前提分析法是以每个方案都有几个前提假设作为依据，方案是否正确，关键看它的前提假设是否成立。即组织者让与会者只分析讨论方案的前提是否成立，据此判断决策方案。

> **十大管理经典理论之八**
>
> ## 手表定理
>
> 手表定理是指一个人有一只表时，可以知道现在是几点钟，当他同时拥有两只表时，却无法确定。两只手表并不能告诉一个人更准确的时间，反而会让看表的人失去对准确时间的信心。手表定理在企业经营管理方面，给我们一种非常直观的启发，就是对同一个人或同一个组织的管理，不能同时采用两种不同的方法，不能同时设置两个不同的目标，甚至每一个人不能由两个人同时指挥，否则将使这个企业或这个人无所适从。手表定理所指的另一层含义在于，每个人都不能同时选择两种不同的价值观，否则，你的行为将陷于混乱。

（二）定量决策方法

定量决策方法，亦指决策的"硬技术"方法，是建立在数学工具基础上的决策方法，其核心是把决策的变量与变量、变量与目标之间的关系用数学式表示出来（即建立数学模型），然后根据决策条件，通过计算求得答案。这种方法适用于决策过程中的任何一步，特别适用于方案的比较和评价。常见的定量决策方法有：

1. 边际分析法

评价抉择方案可使用边际分析法，即把追加的支出与追加的收入相比较，二者相等时为临界点。若组织的目标是取得最大利润，则当追加的收入与追加的支出相等时，这一目标就能达到。

2. 费用效果分析法

当各个选择方案的数量、目标远不像利润、生产率、费用等所表示的那样具体明确时，费用效果分析法是一种选择方案的好方法。它是传统的边际分析法的进一步完善和变种。其主要特点是：把注意力集中在一个方案或系统的最终效果上，即根据每个方案在为目标服务时的效果，来权衡它们的优缺点。同时还要从效果着眼，比较每个方案的费用。费用效果分析法是解决综合性、非常规决策问题的效益成本分析。

3. 概率方法

概率方法在科学、工商业和许多日常生活问题分析中起重要作用。它分为两个学派：一个是客观派，相信只有经过大量试验后反复出现的事态才能用概率论来分析；另一个是主观派，是二战后才应用于决策的学派，认为决策者根据所能得到的证据，对一件事的发生具有什么样的信念，就是这件事的概率。主观概率以经验推理为基础，推论事情发生的可能性。一般地，主观概率适合于非常规的、不重复的决策，而客观概率却可用于常规的、重复的决策。

4. 效用方法

效用方法主要以决策者要求的最大值为根据。效用的最大值的含义，就是决策者所要选择的目标在于获得最大量的满足。

5. 期望值方法

期望值方法是为了减少决策结果的不可靠性而采用的一种方法。决策者对一个方案可能出现的正反两种结果，分别估计其得失数值，再以其可能实现的概率加权，求得两项乘积的正或负的差额，再把各个方案的这个差额加以比较而作出决定。

6. 博弈论方法

博弈含有冲突的因素。这种决策不能单顾自己一方，还要估计到对手一方，犹如两人对弈，是一个胜负问题。其理论基础是数学。

7. 线性规划方法

线性规划是解决多变量最优决策的方法。它是在各种相互关联的多变量的约束条件下，解决或规划一个对象的线性目标函数最优的问题。其中目标函数是指决策者要求达到目标的数学表达式，用一个极大或极小值表示；约束条件是指实现目标的能力资源和内部条件的限制因素，用一组等式或不等式来表示。

管理名言

世界上每100家破产倒闭的大企业中，85%是因为企业管理者的决策不慎造成的
——世界著名的咨询公司美国兰德公司

（三）计量决策法

决策技术在现实生活中有很多应用，其决策分析方法可以分为静态决策分析法和动态决策分析法。这里主要介绍静态决策分析法，包括：确定型决策方法；风险型决策方法与不确定型决策方法。确定型决策、风险型决策和不确定型决策的关系如表8-1所示。

表8-1 三种不同条件的决策类型

条件 \ 决策分类	确定型	风险型	不确定型
① 决策目标	存在	存在	存在
② 供选择方案（个）	≥2	≥2	≥2
③ 自然状态（个）	1	>2	≥2
④ 状态的概率	$P(A)=1$	已知	未知
⑤ 状态下损益值	可计算	可计算	可计算

注：概率$P(A)=1$，即表示事件肯定会发生。

1. 确定型决策方法

确定型决策法是决策人对未来的情况已有完整、可靠的资料，不存在不确定因素的

决策。在这一类决策中，决策人只需要在已知的资料中，利用直观判断或模型计算，从众多的方案中，选择一个最满意的策略方案即可。作为确定型决策问题，必须具备以下四个条件：①存在着决策人希望达到的一个明确的目标；②存在着比较肯定的自然状态；③存在着可供决策人选择的两个或两个以上的决策方案；④各个方案的损益是可以计算出来的。

确定型决策最常用的方法有：直观判断法、盈亏平衡点法、ABC 分析法、线性规划法、经济批量法、投资效果分析法等。确定型决策的质量，取决于决策资料的搜集、整理，对具体情况的深入了解，采用的模型以及决策人本身的经验与素质等；因此，要使确定型决策能在企业的经营管理中起到应有的作用，企业领导者必须加强基础工作的建设，熟悉各种优化方法的应用，经常研究市场动态，深入生产实际，以充实自己的管理经验。

举例说明：

【例 8-1】王先生大学毕业后，工作几年一直是单身，苦于单位没有住房，只有自己购买商品房才能结婚。但购房目前手头资金不足，拟向银行贷款或向亲戚举债。各方案还款期相同，但利率各不同。

第一方案，向银行申请住房贷款，月利率 6.5‰；

第二方案，向亲戚或朋友借款，年利率 10%；

第三方案，向单位借款，年利率 12%。

这就是一个很典型的确定型决策问题，即有目标（付息最少）；有三个方案；只有一个自然状态；必须还债；每个方案应付的利息可以计算出来。

确定型决策的方法有以下几类：①线性规划、库存论、排队论、网络技术等数学模型法；②微分极值法，即利用微分求导的方法确定极大（小）值；③盈亏平衡分析法，即借助盈亏平衡点进行分析的方法。这里主要介绍盈亏平衡分析法。

（1）盈亏平衡分析的基本模型。

它是研究生产、经营一种产品达到不盈不亏时的产量或收入决策问题。这个不盈也不亏的平衡点即为盈亏平衡点。显然，生产量低于这个产量时，则发生亏损；超过这个产量时，则获得盈利。如图 8-1 所示，随着产量的增加，总成本与销售额随之增加，当到达平衡点 A 时，总成本等于销售额（即总收入），此时不盈利也不亏损，对应此点的产量 Q 即为平衡点产量；销售额 R 即为平衡点销售额。同时，以 A 点为分界，形成亏损与盈利两个区域。此模型中的总成本是由固定成本和变动成本构成的。按照是以平衡产量 Q 还是以平衡点销售额 R 作为分析依据，可

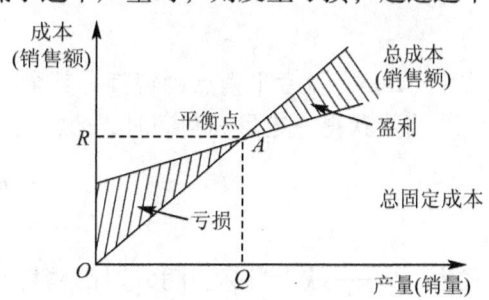

图 8-1 盈亏平衡分析基本模型

将盈亏平衡分析法划分为盈亏平衡点产量（销量）法和盈亏平衡点销售额法。

（2）盈亏平衡点产量（销量）法。

以盈亏平衡点产量或销量作为依据进行分析的方法。其基本公式为：

$$Q = \frac{C}{P-V} \tag{8-1}$$

式中　Q——盈亏平衡点产量（销量）；

　　　C——总固定成本；

　　　P——产品价格；

　　　V——单位变动成本。

当要获得一定的目标利润时，其公式为：

$$Q = \frac{C+B}{P-V} \tag{8-2}$$

式中　B——预期的目标利润额；

　　　Q——实现目标利润 B 时的产量或销量。

【例 8-2】广州市有一保健食品厂准备推出新产品。该产品总固定成本为 200 000 元；单位产品变动成本为 10 元；单件产品销价为 15 元。求：①该厂的盈亏平衡点产量为多少？②如果要实现利润 20 000 元时，其产量应为多少？

解　① $Q = \dfrac{C}{P-V} = \dfrac{200\,000}{15-10} = 40\,000$（件）

即当产量为 40 000 件时，处于盈亏平衡点上。

② $Q = \dfrac{C+B}{P-V} = \dfrac{200\,000 - 20\,000}{15-10} = 44\,000$（件）

即当生产量为 44 000 件时，企业可获利 20 000 元。

（3）盈亏平衡点销售额法。

即以盈亏平衡点销售额作为依据进行分析的方法。其基本公式为：

$$R = \frac{C}{1-\dfrac{V}{P}} \tag{8-3}$$

式中　R——盈亏平衡点销售额；其余变量含义同前。

当要获得一定目标利润时，公式为：

$$R = \frac{C+B}{1-\dfrac{V}{P}} \tag{8-4}$$

式中　R——获得目标利润 B 时的销售额；其余变量含义同前。

2. 风险型决策方法

风险型决策也叫统计型决策或随机型决策，是指已知决策方案所需的条件，但每一方案的执行都有可能出现不同后果,多种后果的出现有一定的概率,即存在着"风险",所以称为风险型决策。风险型决策必须具备的条件:①存在着决策者企望达到的目标;②有两个以上方案可供决策者选择;③存在着不以决策人的意志为转移的几种自然状态;④各种自然状态出现的概率已知或可估计出来;⑤不同行动方案在不同自然状态下的损益值可以估算出来。

(1) 期望收益决策法。

此方法依各备选方案的期望值的大小进行决策分析,一般选取期望收益最大的备选方案。其分析过程为:

① 计算各方案的期望收益值 EMV (A_i)。

$$\text{EMV}(A_i) = \sum_{j=1}^{n} p_j a_{ij} \quad (j = 1, 2, \cdots, m) \tag{8-5}$$

式中　EMV (A_i)——备选方案 A_i 的期望收益值;

p_j——第 j 个自然状态的发生概率;

a_{ij}——备选方案 A_i 在第 j 种自然状态下的收益值。

② 求最大期望收益值 $\text{EMV}_{\max}$ (A_k)。

$$\text{EMV}_{\max}(A_k) = \max\{\text{EML}(A_i) \mid i = 1, 2, \cdots, m\} \tag{8-6}$$

则第 k 个备选方案为最佳方案。

(2) 期望损失值决策分析法。

这种方法的决策目标是选取备选方案的最小期望损失值 EML (A_i)。方法与期望收益值法相似。

① 计算各方案的期望损失值 EML (A_i)。

$$\text{EML}(A_i) = \sum_{j=1}^{n} p_j l_{ij} \quad (i = 1, 2, \cdots, m) \tag{8-7}$$

式中　EML (A_i)——备选方案 A_i 的期望损失值;

p_j——第 j 个自然状态的发生概率;

l_{ij}——备选方案 A_i 在第 j 种自然状态下的损失值。

② 求最小期望损失值 $\text{EMV}_{\min}$ (A_k)。

$$\text{EMV}_{\min}(A_k) = \max\{\text{EML}(A_i) \mid i = 1, 2, \cdots, m\} \tag{8-8}$$

则备选方案 A_k 为最佳方案。

(3) 期望机会损失值决策分析法。

这是利用机会损失值引进期望决策解析。取最小期望机会损失值的备选方案为最佳方案。机会损失值的计算参见完全不确定型决策中的"后悔值"计算方法。得到各备选方案在各种自然状态下的机会损失值后,决策分析过程如下:

① 计算各方案的期望机会损失值 EOL (A_i)

$$\text{EOL}(A_i) = \sum p_j \cdot o_{ij} \tag{8-9}$$

式中　EOL(A_i)——备选方案 A_i 的期望机会损失值；

　　　p_j——第 j 个自然状态的发生概率；

　　　o_{ij}——备选方案 A_i 在第 j 种自然状态下的机会损失值。

② 求最小期望机会损失值 $\text{EOL}_{\min}(A_k)$：

$$\text{EOL}_{\min}(A_k) = \min\{\text{EOL}(A_i) \mid i = 1, 2, \cdots, m\} \quad (8-10)$$

则备选方案 A_k 为最佳方案。

【例 8-3】广州市某旅游服务公司在"五一"黄金周拟向旅游者推销花式冰激凌。从厂家进货后，每箱冰激凌售价 180 元，成本 130 元，利润 50 元；若每天积压一箱，则因电费、厂租、人工、溶化等因素要损失 30 元。根据往年资料，每天销售量在 100～130 箱之间。现需决策：今年黄金周每日进货冰激凌为多少箱，才能有最大利润？

根据往年同期销售资料，进行统计分析，确定不同状态下的概率值。如表 8-2 所示。

表 8-2　不同状态下的概率值

冰激凌日销量/箱	达到此销售量的天数/天	概率值
100	18	$P(100) = 0.2$
110	36	$P(110) = 0.4$
120	27	$P(120) = 0.3$
130	9	$P(130) = 0.1$
合　计	90	1

这就是典型的风险型决策问题。

上表中这种用统计数据计算出来的概率称为统计概率。

如日销售量为 100 箱的概率　$P(100) = \dfrac{18}{90} = 0.2$。

在本例中：

目标是希望利润最大，满足风险型决策的条件之一；

有四种生产方案供选择，即满足风险型决策条件之二；

存在着冰激凌销售的四种可能状态，即可能销出 100 箱、110 箱、120 箱和 130 箱，满足风险型决策的条件之三；

已经知道四种销售状态的统计概率，即满足风险型决策条件之四；

四种方案在四种状态下的损益值可以计算出来，即满足风险型决策的条件之五。

这里介绍损益值的计算方法，以日产 120 箱冰激凌为例。

若日销量为 100 箱，收益值为

$$V_{100} = (100 \times 50) - (20 \times 30) = 4400 \text{（元）}$$

若日销量为 110 箱，收益值为

$$V_{110} = (110 \times 50) - (10 \times 30) = 5200（元）$$

若日销量为 120 箱，收益值为

$$V_{120} = 120 \times 50 = 6000（元）$$

若日销量为 130 箱，收益值为

$$V_{130} = 120 \times 50 = 6000（元）$$

其余类推，逐一填入表 8-3 中。

表 8-3　冰激凌生产决策收益表

损益值\决策方案	状态概率\日销售量/箱				期望利润/元
	100	110	120	130	
	0.2	0.4	0.3	0.1	
100	5000	5000	5000	5000	5000
110	4700	5500	5500	5500	5340
120	4400	5200	6000	6000	5360
130	4100	4900	5700	6500	5140

上例属于最大利润期望值标准。此外，还有最小机会损失期望值标准，即选择期望值损失最小的方案为最优方案。

决策技术：

（1）风险型决策问题以最大利润为决策标准。

例 8-3 的决策表如表 8-3 所示。表中第 6 栏为期望利润，即求最大期望值。

当采用生产 100 箱的方案时，期望值为

$$E_{100} = 5000 \times 0.2 + 5000 \times 0.4 + 5000 \times 0.3 + 5000 \times 0.1 = 5000（元）$$

当采用生产 110 箱的方案时，期望值为

$$E_{110} = 4700 \times 0.2 + 5500 \times 0.4 + 5500 \times 0.3 + 5500 \times 0.1 = 5340（元）$$

其余类推，计算结果填入表 8-3 的第 6 栏。

很明显，日产 120 箱冰激凌可望获得最大利润为 5 360 元。

（2）风险型决策问题以最小损失为决策标准。

上例决策如表 8-4 所示，表中第 6 栏为期望损失值。表内数值是每列之报废损失和机会损失。容易看出，表内对角线下为报废损失，对角线上为机会损失。如生产量为 110 箱、日销售量为 100 箱时，报废损失为：$10 \times 30 = 300$（元）；机会损失则为 500 元（需求为 120 箱时）和 1 000 元（需求为 130 箱时）。

表8-4 不同方案的期望损失值

决策方案/箱	自然状态 概率 损益值	日销售量/箱				期望损失/元
		100	110	120	130	
		0.2	0.4	0.3	0.1	
100		0	500	1000	1500	650
110		300	0	500	1000	310
120		600	300	0	500	290
130		900	600	300	0	510

计算表8-4不同方案的期望损失值：

100箱方案：$0 \times 0.2 + 500 \times 0.4 + 1000 \times 0.3 + 1500 \times 0.1 = 650$（元）

其余类推，其结果依次填入表8-4第6栏。显然，期望损失值以290为最小，所以应选对应的120箱生产方案。

3. 不确定型决策方法

不确定型决策指各种可行方案发生的后果是未知的，决策时无统计概率可依据的决策问题。与风险型决策问题相比，该类决策缺少第四个条件，无法应用期望值标准，因此对不同心态的人，用决策表时可以考虑如下几种准则：

（1）大中取大准则。大中取大准则称为乐观准则，乐观准则也叫最大收益法。这种准则是基于追求最大收益，对客观情况总是抱乐观态度。它的方法是首先找出各方案的最大收益值，然后从中选出最大者所对应的方案，该方案为最优方案。这种方法以最大收益作为评价方案的标准。决策者认为收益最大的客观状态肯定是会发生的，决策时选择"最有利中之最有利"的方案。

（2）小中取大准则。小中取大准则称作悲观准则，悲观准则，亦称最大最小收益法。它与大中取大准则刚好相反，是从每一个方案中选择一个最小的收益值，然后再从其中选择最大值所对应的方案，该方案为最优方案。这种方法以最小收益作为评价方案的标准。决策者认为，收益最小的客观状态是必然出现的，决策时只求在最差的情况中找一个相对较好的方案，即期望收益值不低于一定限度。这种方法思路较保守，是在最差的结果中选好的。

【例8-4】广州天马啤酒厂推出新产品蓝天牌啤酒。新啤酒的销售有畅销、一般和滞销三种可能的销售状态。因是新产品，厂方无销售历史记录资料。经过核算，在畅销、一般和滞销三种状态下若采用不同规模生产，获利则不同。详见表8-5的损益数据。试用乐观准则和悲观准则进行决策，从中优选方案。

显然，采用乐观准则决策，则选择"大批生产"方案；采用悲观准则决策，选择

"中批生产"方案。

表8-5 不同状态下的损益表   单位：百元

损益值\销售\不同方案	销售状态			最大收益	最小收益
	畅销	一般	滞销		
大批生产	180	110	20	180	20
中批生产	90	80	70	90	70
小批生产	65	40	30	65	30

（3）最大后悔值准则。亦称作最小最大后悔值法。所谓后悔值（θ），可以看成是一种机会损失。即由于某种选择而放弃了另一种选择可能带来的收益。在任何客观状态下，都有一个最佳的行动方案，使方案达到本状态的最大收益值。如果决策者没有采取这个方案，则其收益值肯定小于本状态的最大收益，这个差额就称为该方案的"后悔值"。后悔值现象存在于经济生活的许多现象之中，如炒股票等。

例如利用表8-5中数据，得后悔值表8-6。

表8-6 各方案的后悔值

方案	θ_1	θ_2	θ_3	max
A_1	0	0	20	20
A_2	15	5	5	15
A_3	25	5	0	25

$b_{\min\max}=15$，取方案 A_2。

仍以例8-4来证明，如果遇到好的市场需求，又大批生产蓝天牌啤酒，则收益最大，为18 000元的最大收益，此时后悔值为零，没什么可后悔的。假如做出中批、小批生产蓝天牌啤酒的决策到时厂长就要后悔了，后悔值分别是9 000元和11 500元。同样，按此法可求出在一般和滞销状态下的各方案后悔值，然后列表，如表8-7所示。

表8-7 生产啤酒各方案的后悔值   单位：百元

生产方案	畅销	一般	滞销	各方案的最大后悔值
大批生产	—	—	50	50←选中
中批生产	90	30	—	90
小批生产	115	70	40	115

从表8-7中可以看出，大批量生产蓝天牌啤酒的最大后悔值仅为5 000元，比其他两个方案小，故以此方案为最优。

（4）折中决策准则，亦称为折中系数决策法或乐观系数决策法。鉴于乐观准则和悲观准则都趋向于走极端，前者盲目乐观，后者一味保守，因此管理学家赫维茨提出"乐观系数"的概念，建议对乐观准则和悲观准则进行折中。其具体做法是，决策者根据对形式的判断确定一个系数 α，$0 < \alpha < 1$，然后像计算期望值一样，对各方案最大收益值（或损益值）和最小收益值（或损益值）进行折中计算，得出折中的收益值，然后选择最大折中收益值的方案为最优方案。这种方法在一定程度上加入了决策者的"偏好"。这里用折中系数 α，$\alpha \in [0, 1]$ 表示这种"偏好"。具体步骤如下：

① 求各方案的折中值 CV_i（在确定了的 α 值以后）

$$CV_i = \alpha \max\{\alpha_{ij} \mid j = 1, 2, \cdots, n\} + (1 - \alpha) \min\{\alpha_{ij} \mid j = 1, 2, \cdots, n\} \quad (8-11)$$

② 求各方案折中值中的最大值

$$CV_k = \max\{CV_i \mid i = 1, 2, \cdots, m\} \quad (8-12)$$

α 所表现的决策者的"偏好"是指决策者对自然状态的势态及最大/最小的收益值的重要性的判断。α 的取值不同，很可能会影响决策分析结果。

例如，若取 $\alpha = 0.6$，则由表 8-6 数据得表 8-8。

表 8-8 不同方案的折中值

方案	max	min	折中值
A_1	50	-10	24
A_2	35	5	23
A_3	25	10	19

取方案 A_1。

各方案的折中收益值如下：$V_i = \alpha A_{i\max} + (1 - \alpha) A_{i\min}$ （8-13）

式中 α——乐观系数，$0 < \alpha < 1$；

$A_{i\max}$——第 i 个方案的最大收益值；

$A_{i\min}$——第 i 个方案的最小收益值；

$i = 1, 2, \cdots, n$，n 为方案个数。

决策目标为：

$$S = \max(V_i) \quad (8-14)$$

显然，取 $\alpha = 1$，就是"乐观准则"，取 $\alpha = 0$，则是"悲观准则"。

以下仍以例 8-4 来说明：

若取 $\alpha = 0.3$，则各方案的折中收益值分别为：

大批生产蓝天牌啤酒 $V_大 = 0.3 \times 180 + 0.7 \times 20 = 68$（百元）

中批生产蓝天牌啤酒 $V_中 = 0.3 \times 90 + 0.7 \times 70 = 76$（百元）

小批生产蓝天牌啤酒 $V_小 = 0.3 \times 65 + 0.7 \times 30 = 40.5$（百元）

应选择中批生产方案。

若是选择 $\alpha = 0.5$,也许就不是这种决策结果了。我们可以很简明地确定出乐观系数 α 的转折值。

事实上,设 α 为待定参数,由上式,则三个方案的收益值可表示如下:

$$V_{大} = 20 + 160\alpha$$
$$V_{中} = 70 + 20\alpha$$
$$V_{小} = 30 + 35\alpha$$

容易看出:

当 $0 < \alpha < 0.08$ 时,决策依次为:中批、小批、大批生产;

当 $0.08 < \alpha < 0.36$ 时,决策依次为:大批、中批、小批生产;

当 $0.36 < \alpha < 1$ 时,决策依次为:大批、中批、小批生产。

又由 α 的取值范围知道,采用赫维茨的"折中准则",本例不会选小批量生产为最优方案。

在平面坐标上分别代表三条直线,如图 8-3 所示。

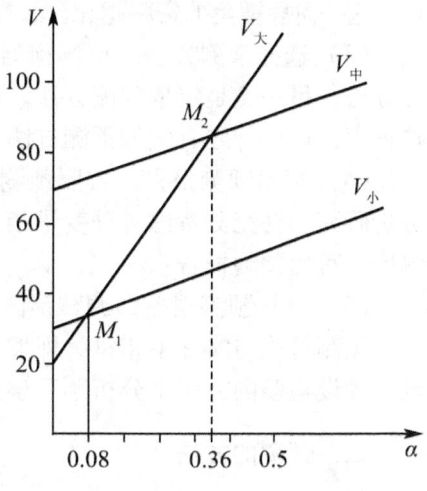

图 8-3 不同 α 值下的折中收益值决策

(5)等可能性准则。这也是一种掺入了决策者"偏好"的方法。由于很难判定某种自然状态的出现,法国数学家拉普拉斯则给予其同等可能性($1/n$)。然后按损益期望值的大小来进行决策分析(从另一个侧面亦可以看成是决策者认为在各自然状态下,方案收益值对其决策的影响重要性是相同的,分别给予各状态下收益值相等的权重,用各方案的加权平均值进行决策分析)。

第二节 预测方法

预测是根据现在和过去的信息推测未来的时间或情况。预测是计划的前提和基础,没有科学的预测就不会有成功的计划,更谈不上有成功的管理。

思考题 8.2

有人说,外部环境变化越来越快,预测不预测没有多大必要。你的看法呢?

一、预测过程应遵循的程序

为了保证市场预测工作的顺利进行,必须按预测工作的过程加强组织工作,以利于各环节的相互协调,进而取得成效,预测一般应遵循如下程序:

(1)确定预测目标。企业进行市场预测首先要确定预测的对象和目标,因为只有

明确预测目标，才能根据预测目标制定预测工作计划，搜集资料，组织预测工作。要求预测目标具体、准确、清楚。

（2）收集分析资料。根据预测目标的要求，对市场调查所获得的资料进行整理、分析。这一阶段搜集的资料越充分、准确，分析研究越详细、深刻，预测的准确度就越高。

（3）选择预测方法。市场预测的方法很多，一般可以分为两大类。一类是定性预测方法，另一类是定量预测方法。应根据企业的实际情况和预测的要求，以及资料的掌握程度，选择行之有效的预测方法。

（4）提出预测报告。按照预测的方案和选择好的预测方法，对已搜集的资料进行分析研究，在充分考虑各种变量相互影响的基础上，进行预测计算和分析判断，求出预测值，写出预测报告。

（5）分析预测误差，调整预测结果，做出最终预测。

预测可能与实际不相符，即发生预测误差。因此对各种定量预测结果，运用相关检验、假设检验的方法来分析预测误差，进行可行性分析是必要的。

二、预测的方法

市场预测中使用的预测方法很多，预测一般有如下几种分类：按预测方法分，有定性预测和定量预测，前者常见的有调查式预测，后者又分为历史趋向预测和统计分析预测。按预测的时间范围分，有长期预测、中期预测和短期预测。按预测的空间范围分，有宏观预测和微观预测。按预测的内容分，有政治形势预测、经济形势预测、市场形势预测、军事预测，等等。下面主要介绍定性预测与定量预测方法。

（一）定性预测方法

（1）个人判断法。个人判断法也称个人专家意见法，是由决策人凭个人经验对客观事物进行分析判断，预测未来的情况。个人判断法的优点是能综合考虑各方面的因素，简单快捷。其缺点是可能会因个人经验限制、客观依据不足使判断失误。

（2）综合判断法。综合判断法也称组织专家会议，是由企业负责人召集各部门负责人或营销人员，广泛交换意见，预测未来的情况，然后将不同人员的预测值进行综合，得出预测结果。

（3）头脑风暴法。头脑风暴法也称 BS 法，是在组织专家会议的基础上，遵循以下两个规定：一是谁也不反对谁的意见；二是谁提出新的建议都要给予赞扬。这种方法的优点是会议气氛轻松，参加会议的专家思维活跃，而且比一般的组织专家会议效率高。其缺点是对主持人要求比较高，如果组织不当，可能会使会议偏离主题。

（4）使用者期望法。使用者期望法是指某些企业只有少数大顾客，以这些顾客的预期需要为基础，可以做出有效的预测。这种方法的优点是可以较低的预测费用取得有益的资料，同时使消费者感到热忱服务，能够增加企业的信誉；其缺点是当顾客太多，或不愿合作时，预测效果较差。

(5)专家调查法。专家调查法也称德尔菲法。专家调查法是调查式预测的代表,属于定性预测。

> **📖知识链接**
>
> 德尔菲是古希腊地名,相传为神渝灵验的阿波罗神殿,古希腊很多人都要到那里朝拜,预示祸福。亦有说法是希腊神在德尔菲公司进行一项研究,即苏联如果对美国发动核攻击,其攻击目标可能会选在何处。该课题是难以用数学模型来描述的。
>
> 兰德公司想出采用专家估计预测法,做到通过有控制的反馈使得收集专家的意见更为可靠。由于是保密项目研究,因此代号取为"德尔菲"项目。
>
> 结果预测结论是苏联攻击的目标将是美国的五大湖地区,美国因此建立了著名的北美防空系统。德尔菲法开始用于技术发展预测,而后推广应用于其他预测领域,国外使用十分广泛,据统计,在20世纪70年代,德尔菲法的使用率占各种预测方法的75%,已成为经济预测和市场预测最常用的方法之一。

(二)定量预测方法

定量预测是指运用数学方法对历史资料和现实资料进行科学的加工处理,分析预测对象的数量关系,建立数学模型,揭示有关变量之间的规律性联系,获得预测结果的方法。在经济活动中常见的定量预测方法体系大致如图8-4所示。

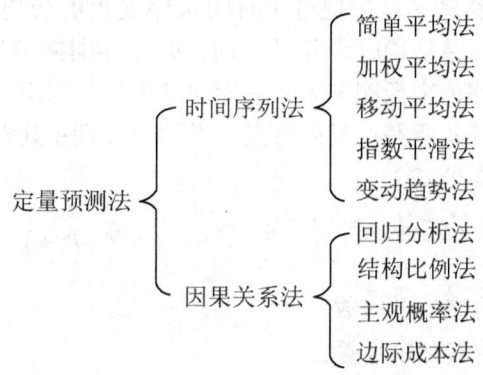

图8-4 定量预测方法

1. 时间序列法

(1)简单平均法。简单平均法是将按时间顺序发生的历史数据求简单平均值,以简单平均值作为预测值。

简单平均法也叫算术平均数法,是日常工作中最常用的一种平均数,根据所拥有的资料的不同,把总体各单位的标志值相加,得出总体标志总量,再除以总体单位数,所

得的平均数就是简单算术平均数。其计算公式如下

$$\bar{x} = \frac{x_1 + x_2 + x_3 + \cdots + x_n}{n} = \frac{\sum_{i=1}^{n} x_i}{n} \tag{8-15}$$

式中　　$\bar{x}$——算术平均数；

　　　　x_i——总体各单位的标志值（$i = 1, 2, 3, \cdots, n$）；

　　　　n——总体单位数。

（2）加权平均法。加权平均法是对距离预测期远近不同的历史数据赋予不同的权数，然后求加权平均值，以加权平均值作为预测值。根据已分组的资料，用各组标志值或各组组中值乘以各组次数，相加得出总体标志总量，然后再除以各组单位数之和，所得的平均数就是加权算术平均数。其计算公式如下

$$\bar{x} = \frac{x_1 f_1 + x_2 f_2 + x_3 f_3 + \cdots + x_n f_n}{f_1 + f_2 + f_3 + \cdots + f_n} = \frac{\sum x_i f_i}{\sum f_i} \tag{8-16}$$

式中　　$\bar{x}$——加权算术平均数；

　　　　x_i——代表各组的标志值或各组的组中值（$i = 1, 2, 3, \cdots, n$）；

　　　　f_i——代表各组的次数或频数（$i = 1, 2, 3, \cdots, n$）；

　　　　$\sum$——代表总和符号。

从公式中可以看出，各组次数具有权衡轻重的作用，所以又将其称为权数。

（3）移动平均法。移动平均法是将按时间顺序发生的历史数据，先分段，再移动求每一段的平均值，把简单平均改为分段平均，即按各期销售量的时间序列逐点推移，然后根据最后的移动平均值来预测未来某一期的销售量。利用这种方法可以看出数据变化的过程和演变趋势，其实质是取段内各点求平均值，且令其权数相等，而将以前数据点的权数视为零。其基本公式为：

$$\bar{Q}_t = \frac{Q_t + Q_{t-1} + \cdots + Q_{t-N+1}}{N} \quad (t = N, N+1, T) \tag{8-17}$$

式中　　$\bar{Q}_t$——第 t 周期的移动平均数；

　　　　Q_t——第 t 周期的实际销售量；

　　　　N——每一分段内的数据点的数目；

　　　　t——时间序列下标；

　　　　T——时间序列的最后一点。

在上式中，当 N 为 1 时，每一分段内仅有一个数据点，$\bar{Q}_t = Q_t$。

当 N 为所有数据点总数时，所求的平均数就是简单算术平均值，即：

$$\bar{Q}_t = \frac{1}{N} \sum_{t=1}^{N} Q_t$$

当分段内数据总数 N 为 4 时，移动平均法的具体公式为：

$$\overline{Q}_4 = \frac{Q_4 + Q_3 + Q_2 + Q_{4-4+1}}{4}$$

$$\overline{Q}_5 = \frac{Q_5 + Q_4 + Q_3 + Q_{5-4+1}}{4}$$

$$\overline{Q}_t = \frac{Q_t + Q_{t-1} + \cdots + Q_{t-4+1}}{4}$$

为使用计算机进行计算，还可推导出计算移动平均值的递推公式：

$$\begin{aligned}\overline{Q}_t &= \frac{Q_t + Q_{t-1} + Q_{t-2} + \cdots + Q_{t-N+1}}{N} \\ &= \frac{Q_t + Q_{t-1} + Q_{t-2} + \cdots + Q_{t-N+1} + Q_{t-N} - Q_{t-N}}{N} \\ &= \frac{Q_{t-1} + Q_{t-2} + \cdots + Q_{(t-1)-N+1}}{N} + \frac{Q_t - Q_{t-N}}{N} \\ &= \overline{Q}_{t-1} + \frac{Q_t - Q_{t-N}}{N}\end{aligned} \qquad (8-18)$$

式（8-18）是式（8-17）的改进形式，如已知上期的平均值，则只需计算 $\frac{Q_t - Q_{t-N}}{N}$ 便可得到 $\overline{Q}_t$。

举例说明移动平均法的应用。

【例 8-5】某企业 2003—2008 年的销售额统计资料如表 8-9 所示，试用移动平均法预测 2009 年、2010 年的销售额。

表 8-9 某企业的销售额统计资料（万元）

年 份	销售额 x_i	三期平均数	变动趋势值	年均趋势值
2003	40			
2004	44	44		
2005	48	46	2	
2006	46	48	2	2
2007	50	50	2	
2008	54			

预测过程如下：

第一步：计算相邻三年的销售平均数。一般说来，选择的期数少，则反映波动灵敏，但预测误差大；选择的期数多，则反映波动平滑，预测较为精确。由此前三年的销售额平均值为 $x_1 = \frac{40+44+48}{3} = 44$，依此类推，求出 x_2，x_3，x_4 填入表中。

第二步：计算相邻两个平均值的差，即平均值的变动趋势，如 x_1 和 x_2 之差为：

$$46 - 44 = 2$$

依此类推，计算其余变动趋势值，填入表中。

第三步：计算变化趋势值的平均值，即三期平均发展趋势：$\dfrac{2+2+2}{3}=2$

第四步：预测 2009 年和 2010 的销售额。最后三年的平均销售额为 50 万元，加上最后一期平均发展趋势值乘以间隔期的积，即为预测期的预测值。

如此，2009 年的预测值 = 50 + 2 × 2 = 54（万元）

2010 年的预测值 = 50 + 2 × 3 = 56（万元）

移动平均法的优点是其较接近实际情况，并消除了季节性、周期性和随机性变动因素的影响，使异常数据被"修匀"，因而预测结果更为可靠。该方法的缺点是不适用于预测具有非线性趋势的变量。

（4）加权移动平均法。移动平均法虽然考虑了销售量增减的趋势，但却没有考虑到各期资料的重要性是不同的。加权移动平均法就是在计算平均数时，再把每期资料的重要性考虑进去。具体地说，就是把每期资料的重要性用一个权数来代表，然后求出每期资料与对应的权数乘积之和。计算公式是：

$$Q = \sum_{i=1}^{t} C_i Q_i \qquad (8-19)$$

式中　Q——销售量预测值；

Q_i——资料第 i 期的实际销售量；

C_i——第 i 期资料的权数，$\sum_{i=1}^{t} C_i = 1$。

权数的选择可按需要加以判断，一般情况下，越近期的资料权数越大，因为其实际销售额正是最近发生的状态。资料期中各期权数之和应等于1。

（5）指数平滑法。指数平滑法实际上是移动平均法的特殊形式，也称指数移动平均法。指数平滑法为美国人 R. G. 布朗所创，在美国多年来得到普遍采用。其计算公式为：

$$Q_t = \alpha \cdot S_{t-1} + (1-\alpha) \cdot Q_{t-1} \qquad (8-20)$$

式中　Q_t——本期预测值；

S_{t-1}——前期实际销售量；

Q_{t-1}——前期预测值；

α——平滑指数，$0 \leq \alpha \leq 1$。

平滑指数 α 是新旧数据在平滑过程中的分配比率，其数值大小反映了不同时期数据在预测中的作用高低，α 愈小，则新数据在平滑值中所占的比重愈低，预测值愈趋向平滑，反之则新数据所起的作用愈大。

确定 α 值时，应注意以下几点：

① 当对初始值有疑问时应取较大的 α 值，以便扩大近期数据的作用，减少初始值的影响，一般取 0.4～0.7。

② 当时间序列有迅速且明显的变动趋势时，宜取较大的 α 值，以使新数据对平滑结果有较大的作用，一般取 α = 0.3～0.6。

③ 当时间序列变化较小时，宜取较小的 α 值，一般取 0.1～0.3。

采用指数平滑法进行预测时需要考虑的另外一个问题是确定合适的初始值。一般说来，如果给定的时间序列足够长，如数据点在 20 以上，这时初始值要经过较长的平滑链，对平滑结果的影响很小，可令其等于时间序列的第一个数据值。其次，可取时间序列前几项的算术平均值作为初始值，而对较短的时间序列，则应该用统计估计法计算出初始值。

举例说明：

【例 8 - 6】某公司某月电器销售额如表 8 - 10 所示，用指数平滑法求 12 月份用电器销售额，其中表 8 - 10 的第 4 列给出了用电器三个月移动平均值。

表 8 - 10　某公司某月电器销售额及三个月移动平均值

月　份	期　数	实际销售额	三个月移动平均值
1	1	200	—
2	2	135	—
3	3	195	—
4	4	197.5	176.7
5	5	310.0	175.8
6	6	175.0	234.2
7	7	155.0	227.5
8	8	130.0	213.3
9	9	220.0	153.3
10	10	277.0	168.3
11	11	235.0	209.2
12	12	—	244.2

表 8 - 11 为 α = 0.1, 0.5 和 0.9 时对某月用电器销售额的平滑结果。

表8-11　某月电器销售的平滑结果

月　份	销售额	指数平滑值		
		$\alpha=0.1$	$\alpha=0.5$	$\alpha=0.9$
1	200.0			
2	135.0	200	200.0	200
3	195.0	193.5	167.5	141.5
4	197.5	193.7	181.3	189.7
5	310.0	194.0	189.4	196.7
6	175.0	205.6	249.7	298.7
7	155.0	202.6	212.3	187.4
8	130.0	197.8	183.7	158.2
9	220.0	191.0	156.8	132.8
10	277.5	193.9	188.4	211.3
11	235.0	202.3	233.0	270.9
12		205.6	234.0	238.6

例如，当 $\alpha=0.1$ 时，取 $Q_0=200$（1月分销售额），则得：

$$Q_1 = \alpha \cdot S_0 + (1-\alpha) Q_0$$
$$= 0.1 \times 200 + 0.9 \times 200$$
$$= 200$$
$$Q_2 = \alpha \cdot S_1 + (1-\alpha) \cdot Q_1$$
$$= 0.1 \times 135 + 0.9 \times 200$$
$$= 193.5$$
$$Q_3 = \alpha \cdot S_2 + (1-\alpha) \cdot Q_2$$
$$= 0.1 \times 195 + 0.9 \times 193.5$$
$$= 193.7$$
$$\vdots$$
$$Q_{11} = \alpha \cdot S_{10} + (1-\alpha) \cdot Q_{10}$$
$$= 0.1 \times 235 + 0.9 \times 202.3$$
$$= 205.6$$

与上述过程类似，可以分别计算出 $\alpha=0.5$ 和 $\alpha=0.9$ 时的平滑结果，我们可以把 S_1 作为2月份预测值，S_2 作为3月份预测值……S_{11} 作为12月份预测值。

由上可见，指数平滑法既不像算术平均值那样需要全部历史数据，也不像移动平均法那样需要一组数据，只要合理确定 α 值，它只需一个最新数据和前一期的预测值就可以进行计算，同时可大量减少数据的存储量。对比表 8 – 10 和表 8 – 11 可知，当 α 取 0.5 时，用指数平滑法计算的结果与三期移动平均值较为接近。

（6）变动趋势预测法。变动趋势预测法又称曲线模型预测法，它是根据预测对象具有各种函数曲线变动趋势的历史数据，拟合成一条曲线，通过建立曲线模型进行趋势预测的方法。

它是根据预测对象具有线性变动趋势的历史数据，拟合成一条直线，通过建立直线模型进行预测的方法。它是定量预测中最常用、最基本的方法。

① 直线预测法的模型特征和适应性。直线预测模型为：

$$\hat{y} = a + bt \tag{8-21}$$

式中　$\hat{y}$——理论预测值；

　　　t——时间变量，亦称时间序数；

　　　a,b——模型参数，即决定直线的参数。

显然，直线预测模型是截距为 a，斜率为 b，变量（时间）为 t 的直线方程，其特征是随着 t 的变化，$\hat{y}$ 值增加或减少，且逐渐增加量相同。直线模型预测法适用于历史数据呈直线变化的预测对象，即逐期改变量大致相同的预测对象。

② 参数 a、b 的确定。

确定了参数 a、b，就确定了直线预测模型。求参数的方法，最常用的是最小二乘法，或称最小平方法。其思路是：拟合一条直线，也就是要求合适的参数 a、b，使代表各期的实际值的点对到这条直线的纵向距离的平均和为最小。如图 8 – 4 所示。

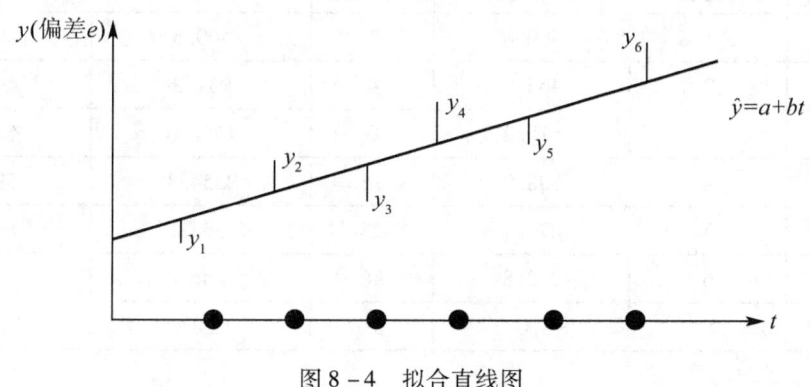

图 8 – 4　拟合直线图

方法如下：设 y_i（$i = 1, 2, \cdots, n$）为各期的实际值，则与逐期预测值的偏差的平方和为：

$$Q = \sum_{i=1}^{n}(y_i - \hat{y}_i)^2 = \sum_{i=1}^{n}[y_i - (a + bt_i)]^2 = \sum_{i=1}^{n}(y_i - a - bt_i)^2$$

简记为：
$$Q = \sum (y - a - bt)^2$$

根据极值定理，要使误差 Q 最小，得满足：
$$\frac{\partial Q}{\partial a} = 0, \frac{\partial Q}{\partial b} = 0$$

即
$$\begin{cases} \frac{\partial Q}{\partial a} = -2\sum(y - a - bt) = 0 \\ \frac{\partial Q}{\partial b} = -2\sum(y - a - bt)t = 0 \end{cases}$$

整理得：
$$\begin{cases} \sum y = na + b\sum t \\ \sum ty = a\sum t + b\sum t^2 \end{cases}$$

求解 a、b 得：
$$\begin{cases} a = \bar{y} - b\bar{t} \\ b = \dfrac{\sum ty - n\bar{t}\bar{y}}{\sum t^2 - n\bar{t}^2} \end{cases}$$

其中 $\bar{y}$、$\bar{t}$ 分别表示实际值和期序数的平均数，n 为期数。

【例 8-7】1997—2002 年，世界来华旅游的外国人入境人数如表 8-12 所示。计算 2004—2009 年的理论预测模型，并预测 2010 年来华旅游的外国人数。

表 8-12　2004—2009 年来华旅游的外国人数　　　　　单位：万人次

年	年序数	实际值	t^2	ty	预测值 $\hat{y}$
2004	1	400.6	1	400.6	393.05
2005	2	465.6	4	931.2	461.85
2006	3	518.2	9	1554.6	530.65
2007	4	588.7	16	2354.8	599.45
2008	5	674.4	25	3372	668.25
2009	6	742.8	36	4456.8	737.05
∑	21	3 390.3	91	13 070	3 390.30

解　作 2004—2009 年来华外国人数散点图如下：

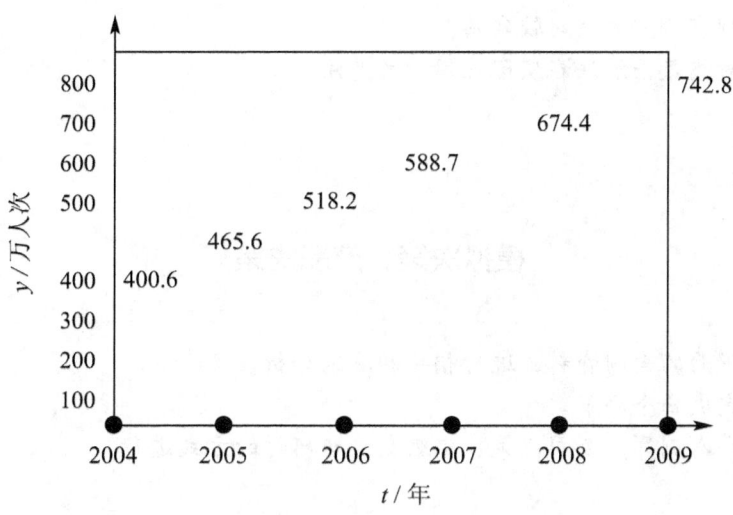

图 8-5 来华外国人数散点图

$n = 6$，$\sum t = 21$，$\sum y = 3390.3$

$\sum ty = 13070$，$\sum t^2 = 91$，填入表 8-12。

所以 $b = \dfrac{\sum ty - n\bar{t}\bar{y}}{\sum t^2 - n\bar{t}^2} = \dfrac{13070 - 6 \times 3.5 \times 565.05}{91 - 6 \times 3.5^2}$

$a = \hat{y} - b\bar{t} = 565.05 - 68.80 \times 3.5 = 324.25$

即 $\hat{y} = 324.25 + 68.80t$ 为所求预测模型。

令 $t = 7$，则 2003 年预测值为

$$\hat{y} = 324.25 + 68.80 \times 7 = 805.85 \text{（万人次）}$$

人类预测未来的能力可以说是有限的，也可以说是无限的。说有限是因为我们不可能百分之百地精确预见未来，说无限是指我们的预测可以无限地接近未来的现实。在预测经济发展趋势方面，人们已经设计出了一些专用的方法，许多管理人员依靠自己的直觉对未来事件进行推测。凭借工作经验，他们能够做到这一点。但随着商情变化节奏和工艺技术革新速度的不断加快，凭直觉来预测不再是一种有效的方法，对预测工作的要求还是远远超过了人们的预测能力，而且由于发展趋势常常偏离历史趋势，这就使得对短期或长期的预测变得越来越困难。因此，对预测方法的研究还有很长的路要走。

课后思考与练习

1. 在决策过程中，需要注意哪些问题？
2. 关于决策与计划的关系，你是怎样认识的？
3. 确定型决策方法、风险型决策方法和不确定型决策方法各有哪些？

4. 定量预测有哪些方法比较实用？

5. 谈谈你对指数平滑法在实际应用中的看法。

模拟决策：产品决策

实训内容：

(1) 阅读下面的案例资料，进行相关的决策分析。

(2) 分步完成三个决策。

(3) 采取个人测算、公司决策、班级交流与研讨的方式进行。

实训目的：

(1) 培养学生团队合作能力。

(2) 加深学生对决策有关知识的理解。

(3) 培养学生初步的决策能力。

(4) 考核学生能够正确地运用盈亏平衡分析法、风险型决策方法（决策树法）、不确定型决策方法为依据进行决策。

实训指导：

案例材料：某公司的激光美容设备分厂，正在同一家具有美容资质的三甲医院洽谈一笔组建新美容科室业务。作为一种全新光子嫩肤设备，未来的市场行情难以预测，因此，医院也带有试开张的性质，他们激光美容设备厂只订购 10 套设备。如果医院新开美容业务好，他们将向该厂大批订货。有关数据如表 8-13 所示。

表 8-13 激光美容设备厂相关生产数据　　单位：万元

项目	金额
相关固定资产折旧费	30
其他固定成本或费用	30
生产一套设备原材料费用	4
生产一套设备其他变动成本或费用	3
一套设备订购价格	12

请进行如下决策：

(1) 运用盈亏平衡分析法，确定几家分厂是否应接受这批订货，在综合分析各种因素后你的决策是否有变化？

(2) 如果能预测该产品销售的概率，请运用决策树法帮助激光美容设备厂进行决策。有关数据如表 8-14 所示。

表8-14　各种方案损益值表　　　　　　单位：万元

方案 \ 自然状态及其概率 \ 损益值	畅销 (0.3)	一般 (0.4)	滞销 (0.3)
大批量生产	80	40	-20
中批量生产	55	46	20
小批量生产	30	26	20

（3）如果不能预测到该产品的市场销路各种状况出现的概率，你将选择哪种非确定性决策准则进行决策，其结果如何？

（4）在完成上述三项决策之后，可就此案例进行研讨，交流各自的观点与体会。

实训组织：

（1）上完理论课后，将本实训任务作为课后作业布置下去。

（2）管理没有最优决策，只有满意方案，本题可由各小组讨论拿出几种方案？

（3）上课时，请每组派代表阐述自己的决策依据。

实训考核：

（1）首先作出一个考核标准，包括代表小组发言的同学及小组其他同学的得分。

（2）发言同学成绩，根据个人发言表现作为作业评估成绩，其他同学视各小组与个人在班级交流研讨会上的表现。

安通公司的投资决策

　　安通公司是一家特种机械制造公司。该公司下设10个专业工厂，分布在全国10个省市，拥有20亿元的资产，8万名员工，其中本部员工200人。本部员工中60%以上为技术管理人员，基本都是学特种机械专业的。该公司所属企业生产的产品由政府有关部门集中采购，供应全国市场。

　　改革开放以来，安通公司的生产经营呈现较好的局面，在机械行业普遍不景气的情况下，该公司仍保持各厂都有较饱和的产品生产。但是，进入20世纪90年代以后，国内市场开始呈现供大于求的趋势。政府有关部门的负责人曾透露，如果三年不买安通公司的产品，仍可维持正常生产经营。面对这样的新形势，安通公司领导连续召开两次会议，分析形势，研究对策。

　　第一次会议专门分析形势。刘总经理主持会议，他说："安通公司要保持良好的发展趋势，取得稳定的效益，首先必须分析形势，认清了形势，才能适应形势。我们的产

品在全国市场已经趋于饱和。如果不是有政府主管部门干预和集中采购，我们的生产能力一下子就过剩30%，甚至更多。我们应该对此有清醒的认识。"负责经营的李副总经理说："改革开放以来，全公司的资金利润率达到了8%左右，居全国机械行业平均水平之上。但是现在产品单一，又出现供大于求的趋势，今后再保持这样的发展水平很难。目前，公司本部和各厂都有富余资金和富余人员，应该做出新的选择。"分管技术工作的赵副总经理说："总公司和各厂的产品特别是有一部分产品通过近几年引进国外先进技术，基本能满足国内市场目前的需要，总公司和各厂的专业技术力量很强，如果没有新产品持续不断地开发出来，单靠现有老产品很难使本行业有较大发展，专业人员也要流失。"其他的副总们也都从各自的角度分析了安通公司所面临的形势，大家都感到这次会议开得及时，开得必要。

第二次会议仍由刘总经理主持。他说："我们上次会议全面分析了形势，使我们大家头脑更清醒，认识更加一致，这就是总公司要适应新形势，必须研究自己的发展战略。"分管经营的李副总经理说："我们应该充分利用富余人员和富余资金，寻找新的门路，发展多种经营。要敢于进入机械行业外的产品。现在，国家不是提倡发展第三产业吗？我们应该利用国家的优惠政策，开展多种经营，取得更好的经济效益。"分管技术的赵副总经理谈到：

"安通公司的产品虽然经过引进国外先进技术已经升级换代，但是与国际先进水平相比还有相当差距。我们现在应该充分利用技术力量和资金，进一步引进技术，开发新产品，为国内市场做一些储备，以适应未来市场的需要，同时争取把产品打到国际市场上去。"其他各位老总也都一致认为，安通公司必须发展，不能停滞不前。大家认为，安通公司是一个专业化很强的企业，虽然现在主产品呈供大于求的趋势，但现在特别是将来还是有比较稳定的市场的，这个主业绝不能放松，但是单靠这个主业要想得富裕是不行的，而要不断地开辟新的经营领域，开展多种经营。基于这样的认识，安通公司提出了适应市场的新的经营战略："一业为主，多种经营；立足本业，面向全国，走向世界。"

两次会议统一了思想，提出了新的经营战略。各个分厂和本部各个部门都积极行动起来，研究自己今后的发展方向和目标。这时，大家听到这样两个市场信息：一是山东省有一家饭店正在建设之中，由于缺乏资金已面临停工，该饭店投资100万元，地处市中心，据预测年利润率可达25%以上，4年就可全部收回投资，是一个投资少、见效快的项目。二是辽宁省有个年产40万吨的煤矿，正在筹资，寻求合作伙伴，该矿允诺投资回报率至少20%，目前煤炭正供不应求，市场前景看好。

听到这两个市场信息后，总公司派出两队人马分别到山东省和辽宁省了解情况。几天后，两队人马回到总部，证实了这两个市场信息是真实可靠的，而且经营者都是国营单位，投资前景看好，并写了向山东省饭店和辽宁省煤矿分别投资50万元的请示。请示报告很快批了下来，资金迅速划了过去。由于有了这笔资金的注入，山东省的饭店得以顺利施工,并于第二年开始营业,饭店开始营业以后,安通公司的有关领导出差路过,也到饭店看过,看上去饭店经营得还不错,也上档次。到第三年的年底,传来消息,山东省饭店全年亏损10万元,辽宁省煤矿亏损5万元,都没有利润可分。第四年也是这种局面,饭店和煤矿都是小亏,没有利润可分。安通公司对此感到很棘手,一下子拿不出有效策略。

思考题

1. 安通公司的投资决策是否正确?如果存在问题,主要问题是什么?
2. 安通公司应对饭店和煤矿采取什么对策?
3. 金融危机之后,对许多企业的经营决策都带来了难度,你如何帮助安通公司决策?

第四篇 实务篇

管理学原理与应用

"管理是一种实践，其本质不在于'知'，而在于'行'；其验证不在于'逻辑'，而在于'成果'；其唯一权威就是成就。"

——著名管理学家彼得·德鲁克

　　管理就是对工商企业、政府机关、人民团体以及其他各种组织的一切活动的指导。它的目的是要使每一行为或决策有助于实现既定的目标。管理已成为现代人类生活中最重要的领域之一。企业是现代社会经济的最基本单位。企业管理最基本的任务是合理地组织生产力，合理配置人、财、物等资源，保证生产力的不断发展。

　　本篇对企业管理内容、方法、生产管理以及财务管理的基本原理作了简单介绍。企业管理是一个复杂的系统工程，它包含许多内容，希望在今后的工作和学习过程中，因地制宜，学习与实践相结合，不断进步。

第九章 企业管理

任一人之力，则乌获不足恃；乘众人之制者，则天下足有。
——《淮南子·主术训》

企业中不仅存在市场配置效率，还存在一类非配置效率，即"X效率"。
——美国经济学家哈维·莱宾斯坦

学习目标

知识目标：
- 了解企业的特征与类型；
- 理解企业的概念，掌握现代企业制度，特别是法人治理结构；
- 掌握企业管理的主要内容；
- 了解生产类型与生产过程的组织；
- 掌握生产计划与控制的要领；
- 了解企业财务管理的基本内容，掌握财务管理的基本要领。

能力目标：
- 能够根据实际情况分析企业属性、界定企业类型；
- 能够对企业管理过程进行初步系统的思考；
- 能简单编制生产作业计划，具有初步参与生产组织与控制的能力；
- 具有简单分析企业财务状况的能力；
- 能从管理的角度客观地评价一个企业。

开卷有益

羊群效应

"羊群效应"在管理学和经济学上，是描述某些"跟从型"企业的典型行为。我们先来到一个大草原上看一群羊是怎样做的。一个羊群往往是个比较散乱的组织，所有的羊都会被头羊以及自己的伙伴所影响。平时许多羊在一起懵懵懂懂地跟随头羊，盲目地

左冲右撞。假设头羊在偶然中发现了一大片肥沃鲜美的青草场,然后在那儿甜美地吃着新鲜的青草,其他的羊就会一哄而上,其他的羊群可能也会"羊视眈眈",想争抢那些青草。假如不远处有觊觎的狼群潜伏,或者是翻过一座小山坡还有更大更好的一片青草,它们也不会在意,它们会尽力抢着吃饱吃好,迷恋于眼前大家争夺的草地。

管理启示

在竞争激烈的"兴旺"行业,很容易产生"羊群效应",看到一个公司做什么生意赚钱了,所有的企业都蜂拥而至,进入这个行当,直到该行业供应大大增长,生产能力饱和,供求关系失调。大家都热衷于模仿领头羊的一举一动,有时难免缺乏长远的战略眼光。

对于我们即将进入职场的学生而言,也往往可能出现"羊群效应"。做IT赚钱,大家都想去做IT;做管理咨询赚钱,大家都一窝蜂去做;在外企干活,成为一个嘴里常蹦出英语单词的小白领,看上去挺风光,于是大家都去学英语;现在做公务员很稳定,收入也不错,大学毕业生都去考公务员……

引导案例

20世纪80年代初,日本经济学家小宫隆太郎来到中国考察后,宣布了一个当时几乎让所有人吃惊的观点:中国没有企业。而今天,一批真正市场化运作的企业如海尔、联想、华为、万科、正泰等都跨过了二十岁门槛,向三十岁的而立之年迈进。回顾20年的历程,柳传志说"历史是一本书",它是由一页一页装订成的,20年的每一天都是将土夯实后的前行。在众多的有关中国企业20年的纪念文字中,柳传志下面的一段话更是给人留下了深刻的印象:"20年的中国企业剩下的已经不多了,被淘汰的要么是适应不了环境,要么是在管理方面出了问题。现在能找到的、说话有一席之地的,都是花了很大的力气在研究真正的企业管理、企业运行规律,我觉得这才是人间正道。"它们中的佼佼者——海尔,创造了中国第一个1 000亿元的企业。无可否认的是,海尔正以自己的不懈实践撰写一部中国式的管理教科书,这部教科书追求达到的境界,正是柳传志所说的"人间正道"。

◆ 讨论题:

1. 为什么当年日本经济学家小宫隆太郎来到中国考察后说"中国没有企业"?
2. 相对于"短寿"的企业,那些优秀企业是靠什么生存下来并不断发展壮大的?

第一节　企业与企业管理

一、企业的概念

企业是一种从事生产、流通或服务等经济活动，为社会提供商品或劳务，满足社会需要并获取盈利，实行自主经营、自负盈亏、独立核算，具有法人资格的经济组织。

按照这一定义，企业可分为工业企业和商业企业两大类。对企业概念的基本理解：①企业是在社会化大生产条件下存在的，是商品生产与商品交换的产物。②企业是从事生产、流通与服务等基本经济活动的经济组织。③虽然企业的基本职能是为社会提供产品与服务，但就其本质，它属于追求盈利的营利性组织。

作为一个企业，必须具备以下基本要素：

（1）拥有一定的资源，既拥有一定数量、一定技术水平的生产设备和资金，又拥有一定技能、一定数量的生产者和经营管理者；

（2）拥有开展一定生产规模和经营活动的场所；

（3）从事社会商品的生产、流通或服务等经济活动；

（4）生产经营的目的是获取利润，在经济上必须独立核算、自负盈亏，具有自我发展和自我改造的能力；

（5）法律上具有法人地位，有一定的义务和权利。

任何企业都应具有这些基本要素，其中最本质的要素是企业的生产经营活动必须获取利润。

小思考

如果你毕业后想创业成立一家企业，你知道依法成立的流程吗？

二、企业的产生和发展

1. 企业的产生

企业是社会生产力发展到一定水平的结果，是商品生产与商品交换的产物。在资本主义社会之前，虽然也有一些具有一定规模的手工作坊，但它们并未形成社会的基本经济单位，而且生产的产品大多为奴隶主、封建皇室享用，不发生商品交换等经济活动。到了资本主义社会，随着社会生产力的提高和商品生产的发展，社会的基本经济单位才发生根本的变化，才产生严格意义上的企业。

2. 企业的发展

企业既是生产力发展到一定历史阶段的产物，又是一个动态变化的经济单位，它随着人类社会的进步、生产力的发展、科学技术水平的提高而不断发展、进步。纵观企业的发展历史,大致经历了以下几个时期。

(1) 手工业生产时期。手工业生产时期主要是指从封建社会的家庭手工业到资本主义初期的工场手工业时期。封建社会后期,随着生产力的发展,社会分工的深化,家庭手工业开始发展起来。在城市,家庭手工业主要是行会手工业;在农村,家庭手工业则是小工业和小地产的联合。随着生产的发展,家庭手工业又逐渐向手工业作坊过渡。

(2) 工厂生产时期。19世纪30~40年代,英国各主要工业都采用了机器生产。随后,西方各国也相继进入工业革命时期,实现了大机器生产,工场手工业逐步发展到建立工厂制度。工厂制度的建立是工场手工业发展的质的飞跃,它标志着企业的真正形成。

(3) 现代企业时期。从工厂生产时期过渡到成熟的现代企业时期,乃是企业作为一个基本经济单位的最后确立和形成。在该时期普遍建立了科学的管理制度,形成了一系列科学管理理论。从而使企业走向成熟,成为现代企业。

随着世界性的新技术革命的发展,科学技术一系列优异成果迅速而有成效地应用到社会和经济发展的各个领域,一大批现代新兴企业正在蓬勃崛起,它们代表着现代企业的发展方向,显示出无穷的生命力。

三、企业的构成与特征

1. 企业的构成

企业是生态有机体。企业作为一个由人组成的、发挥特定功能的系统,是一个能动适应外部环境变化,自我运作与发展,具有诞生、成长、成熟与衰亡寿命周期的生命有机体。

下面通过一个系统模型,对企业生态有机体进行简要描述,如图9-1所示。

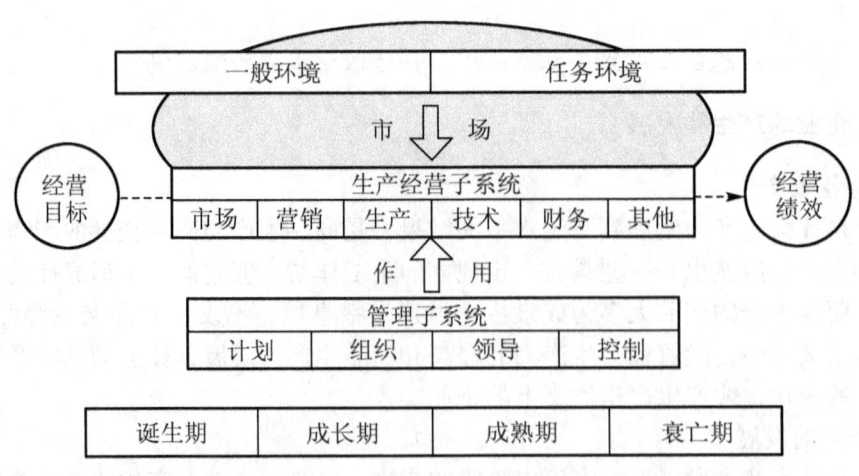

图9-1 企业生态系统模型

（1）企业的基本运营链是：经营目标—生产经营—经营绩效。

（2）企业是在一定的环境下存在的，包括一般环境与任务环境。

（3）企业有明确的经营目标，这是由其特定职能决定的，通过企业的各种经营管理活动，最后要取得预期的绩效。

（4）企业系统可划分为两大子系统：生产经营子系统与管理子系统。

（5）管理子系统作用于生产经营子系统，是促进生产经营效率化、效益化的功能系统；其作用主要通过计划、组织、领导、控制四大职能实现。

（6）生产经营子系统是企业最基本的系统，是企业发挥基本职能的主体系统，主要由市场调研与经营定位、营销、生产、技术、财务及其他子系统构成。

（7）企业作为生命有机体，也像人一样，有诞生期、成长期、成熟期和衰亡期等生存发展阶段。企业处于不同的生命周期，表现出不同的属性与特征，相应地要有不同的管理策略。

思考题9.1

你认为上面介绍的企业生态系统模型是否有不完善之处？就你接触的企业情况，请具体分析说明企业生态系统模型的构成。

2. 企业的特征

从企业的定义中，我们不难发现企业具有如下特征：

（1）经济功能性。企业是一个经济组织，它与行政组织或政权组织不同，它的主要任务是执行政策法令和发展规划，直接从事生产、流通等经济活动。

（2）组织系统性。企业也是一个社会组织，是一个向社会全面开放的系统，它的经济活动必然受到社会环境、政治环境等的影响和制约，它对社会发展、文化繁荣会产生重大影响，企业是国民经济的微观基础。

（3）经济盈利性。企业必须是盈利性的经济组织，是一个基本核算单位，实行独立核算，自负盈亏，那些虽然也从事生产和服务活动，但是非盈利性的组织，则不是企业。

（4）经济法人性。企业必须经过政府批准设立，在法律上取得"法人"地位，企业直接承担在经济活动中的法律责任，法律也同时保护企业的合法经济权益。

3. 企业的目标

企业为了生存和发展，不仅要满足本企业的目标，而且要满足范围更大的社会需要和期待。因此企业的目标具有两重性，既要追求自身的经济效益，谋求自身发展；又要满足社会的需求，承担社会责任。

（1）获取利润。追求生产利润和扩大企业规模，是每个企业理所当然的发展目标。任何企业一旦问世，不论谁是企业资产的所有者，其首要任务就是要实现利润。没有利

润，企业员工的工作条件和生活条件就难以改善，甚至企业本身也无法继续生存。只有获得一定的利润，企业才可望生存得更好，企业才有能力追加投资去扩大生产规模，取得更好的经济效益。

(2) 承担社会责任。企业不仅是一个经济组织，而且是一个微观的社会组织。企业必须生产和提供人们所需的物品，满足社会需要才能存在。企业的正常生产秩序也必须由社会、由国家提供服务和保证。因此，企业与社会密切相关。企业必须自觉承担一定的社会责任，向国家缴纳税金，满足社会公益活动和公益设施的需要；必须同政府一道共同设法解决面临的社会问题，例如不断创造和提供更多的就业机会，保护自然环境等。

(3) 获取利润与承担社会责任的关系。企业的双重目标在整个企业发展过程中其分量是不同的、变化的。企业需要利润，同时必须承担社会责任。企业从单纯追求利润最大化，到获取适当利润的同时承担社会责任，体现了企业价值观的转变和进步。事实上，承担社会责任与获取利润的关系并非相互排斥，而是互为条件、互相补充的。

因此，利润和承担社会责任是相辅相成的。只有满足社会需要，承担社会责任，企业才能获取利润；同时，只有获取一定利润，企业才能更好地满足社会需要，承担社会责任。

四、现代企业的类型

现代企业是多种多样的，可以根据不同的标志对企业进行如下分类：

(1) 按照生产资料所有制的性质和形式划分为：国有企业、集体企业、私营企业、个体经济、"三资"企业、混合所有制企业等。

国有企业是指企业生产资料属于社会全体劳动人民所有，经济上相对独立的经济单位，过去又称为全民所有制企业。它是我国国民经济的主导力量。

集体企业是指生产资料归企业全体劳动者集体所有的企业。它有权独立支配企业的财产和产品，在国家的统一领导下，根据市场需要独立进行生产经营活动，自负盈亏。企业依照法律规定实行民主管理。

私营企业通常是指生产资料归经营者私有或其家庭所有，主要依靠雇佣劳动从事生产经营活动的企业。我国现阶段的私有企业是以公有制为主体的社会主义市场经济的重要组成部分，对国民经济起着必要的补充作用。

个体经济是指生产资料归劳动者个人或家庭所有、以个人或家庭劳动为主的生产经营单位。我国目前主要包括城乡个体工商户、农村专业户、农业承包者等。

"三资"企业是指外商独资企业、国外合资企业、中外合作企业，是依据平等互利、共同投资、共同经营、共享红利、共担风险的原则，由外商独立投资或与国内企业共同投资在我国境内兴办的企业。

(2) 按照企业所属的经济部门划分为：工业企业、农业企业、建筑安装企业、交通运输企业、商品流通企业、金融企业、服务企业等。

（3）按照企业的经营规模划分为：大型企业、中型企业和小型企业。企业生产经营规模主要体现在企业的生产经营能力、设备的数量、固定资产原值和职工人数等几个方面，国家对此公布了一个具体的标准。

（4）按照企业生产要素所占比重的不同划分为：劳动密集型企业、技术密集型企业、知识密集型企业。

劳动密集型企业指技术装备较少，用人较多，生产过程主要靠人工劳动，产品成本中劳动者工资等报酬占有较大比重的企业。

技术密集型企业指需要投资较多，技术装备程度较高，用人较少，生产过程主要依靠机械化、电气化设备加工，产品成本中固定成本占较大比重的企业。

知识密集型企业主要是指拥有较多中高级科技专家，综合运用国内外先进科学技术成果进行生产经营的企业。

（5）按照企业投资者结构的不同划分为：独资企业、公司企业、合伙企业。

独资企业是指个人或者某一投资者全额出资经营，自己管理或委托他人管理，资产所有权与经营权完全统一的企业。

公司企业是指依据公司法中规定程序设立的、由两个以上股东共同出资组建、或由两个以上企业出资组建，共同经营、风险共担、利润按出资额分配的企业。

合伙企业是指由两个以上企业共同出资组建，完全由双方共同经营与管理、共享收益和共担风险的企业形式。

十大管理经典理论之九

奥卡姆剃刀定律

12世纪，英国奥卡姆的威廉主张唯名论，只承认确实存在的东西，认为那些空洞无物的普遍性概念都是无用的累赘，应当被无情地剔除。他主张如无必要，勿增实体。这就是常说的奥卡姆剃刀。这把剃刀曾使很多人感到威胁，被认为是异端邪说，威廉本人也因此受到迫害。然而，并未损害这把刀的锋利，相反，经过数百年的岁月，奥卡姆剃刀已被历史磨得越来越快，并早已超载原来狭窄的领域，而具有广泛、丰富、深刻的意义。奥卡姆剃刀定律在企业管理中可进一步演化为简单与复杂定律：把事情变复杂很简单，把事情变简单很复杂。这个定律要求，我们在处理事情时，要把握事情的主要实质，把握主流，解决最根本的问题，尤其要顺应自然，不要把事情人为地复杂化，这样才能把事情处理好。

第二节 企业制度与改革

一、现代企业的特点及其组织形式

1. 现代企业的特点

现代企业是现代市场经济社会中代表企业组织的最先进形式和未来发展主流趋势的企业组织形式。所有者与经营者相分离、拥有现代技术、实施现代化和企业规模呈扩张化趋势的管理是现代企业的四个最显著的特点。

（1）所有者与经营者相分离。随着公司制成为现代企业的重要组织形式，由于公司以特有方式吸引投资者，公司资本所有权出现多元化和分散化，同时也由于公司规模的大型化和管理的复杂化，那种传统的所有权和经营权集于一身的管理体制再也不能适应生产经营的需要了，因此出现了所有权与经营权相分离的现代管理体制和管理组织。

（2）拥有现代技术。技术作为生产要素，在企业中起着越来越重要的作用。传统企业中生产要素的集合方式和现代企业中生产要素的集合方式可用如下关系式来概括：

传统企业生产要素 ＝场地 ＋劳动力 ＋资本 ＋技术

现代企业生产要素 ＝（场地 ＋劳动力 ＋资本）×技术

在现代企业中，场地、劳动力和资本三个生产要素都要受到技术这个要素的影响和制约，主要表现在：①现代技术的采用，可以开发更多的可用资源，并可寻找替代资源来解决资源紧缺的问题；②具有较高技术水平和熟练程度的劳动者，以及使用较多高新技术的机器设备，可以使劳动生产率获得极大的提高。因此，现代企业一般都拥有先进的机器设备和工艺装备，集中了大批专业技术人员和工程技术人员，实行精细的劳动分工和协作，组成复杂的、连续的生产经营活动。

> **名人名言**
>
> 企业管理的一个根本任务，就是不断降低成本，"在企业内部，只有成本。"加强成本控制与管理，树立全方位的成本意识，提高企业竞争力是企业最紧迫、最核心的问题之一。
>
> ——美国管理大师 彼得·杜拉克

（3）实施现代化的管理。现代企业的生产社会化程度空前提高，需要更加细致的劳动分工、更加严密的劳动协作、更加严格的计划控制，形成严密的科学管理。现代企业必须实施现代化管理，以适应现代生产力发展的客观要求，创造最佳的经济效益。

（4）企业规模呈扩张化趋势。现代企业的成长过程，就是企业规模不断扩大、不断扩张的过程。实现规模扩张主要有以下三种方式：

① 垂直型或纵向型扩张：即收购或合并在生产或销售上有业务联系的企业；

② 水平型或横向型扩张：即收购或合并生产同一产品的其他企业；

③ 混合型扩张：即收购或合并在业务上无大联系的企业。

随着企业规模的扩大，分权的事业部制的公司管理结构也开始出现了，并奠定了公司制的基本模式。

2. 现代企业组织形式

企业的组织形式是指企业具体采用的管理组织结构。企业管理的组织结构主要是由生产力的水平和科学技术的进步所决定的，它反映一个企业的生产经营模式和与社会发生联系的方式。企业的组织形式一般受以下因素制约：

（1）企业的行业特点以及生产分工与协作关系；

（2）企业的生产规模以及人员、设备的构成；

（3）企业生产技术的复杂程度和专业化水平；

（4）企业的地理位置及其生产经营场所的分布；

（5）企业产品的市场需求变化与市场竞争情况；

（6）企业的经营管理能力和管理水平。

在企业规模小、管理水平低、社会分工与协作关系简单的时期，一般采取比较单一的工厂制。随着社会化大生产的快速发展和科学技术进步的加快，企业的规模以及协作关系、管理模式等发生了很大的改变，公司制也就应运而生了。以后又进一步发展成资本高度集中的垄断型企业、跨国公司等。

二、现代企业管理制度

何春鸣实在不知道如何回答

宏泰股份有限公司技术部的何春鸣工程师正在同一家可能成为合作伙伴的客户商谈一个项目的合作意向。何春鸣原是某家国有工厂的工程师，后来，工厂改制为有限责任公司。不久前，他又应聘来到宏泰股份有限公司。在相关技术问题大致谈妥后，这位过去与何春鸣打过交道的客户竟向他提出一个意想不到的问题："现在的股份有限公司，与原来你工作过的有限责任公司以及国有工厂有何区别？这些差别对我们的合作与交易有什么影响？"何春鸣实在不知道如何回答，他真的弄不清这三个单位的差别，特别是不知道对他们的合作有何影响。

◆ 讨论题：
1. 你知道股份有限公司、有限责任公司以及国有工厂这三者有何区别吗？
2. 这些差别会对他们之间的交易有影响吗？

1. 现代企业制度的概念

现代企业制度是以企业产权制度为核心，以企业法人制度为基础，按照产权明晰、责权分明、政企分开、管理科学的要求，建立的有利于社会资源合理配置，企业能高度自主经营并承担有限责任的企业组织和运营管理制度。现代企业制度是企业制度创新的产物，是以完善的法人财产权为基础，以有限责任为基本特征，以专家为中心的法人治理结构为保证，以公司制为主要形态的企业制度。

现代企业一般不应按所有制性质来区分，而应按出资方式和出资者承担债务风险等法律责任的性质来划分企业。依据现代企业制度建立起来的有限责任公司是当今企业组织或制度的主流。

📖 知识链接

"屁股决定脑袋"定理

此话听来不雅，但却形象地描述了一种现象，即"人的立场不同（或经验不同，思维方式不同），一定会影响他的研究结果"。

即使同是著名管理学家，他们的研究也有相当大的区别，因而孔茨曾将近代不断涌现的众多管理理论流派称之为"管理理论丛林"。这一"丛林"枝叶繁生。尽管各种学派彼此相互独立，但他们的基本目的是相同的。这种情况恰似盲人摸象。也许聪明人会说，我退后几步，一看就知道大象的模样了。但洞察管理理论整体绝不像退后几步观察大象那样简单。现实中的管理者总是因为自己的经验领域、思维方式与价值观不同，从而提出不同的管理观点。实践者和研究者都是从不同角度去努力观察管理这头"大象"，在不断为描述和凸现"管理大象"的真面目作出自己的一份贡献。

2. 现代企业制度的基本内容

现代企业制度的基本内容主要包括以下四方面：

（1）产权制度是现代企业制度的核心。产权指财产权，包括占有权、所有权、处置权和收益权等。现代企业制度主张终极所有权与法人财产权分离，即股东拥有公司股权，公司完全拥有法人财产权。现代企业制度既尊重股东的股权，也尊重公司的法人财产权。

（2）企业法人制度是现代企业制度的基础。企业法人是得到法律承认，能以自己独立的人格化的组织名义，享有法律赋予的权利，也承担相应义务的经济组织。企业法人依法享有充分的经营自主权,并以其全部财产对其债务负责。

(3) 有限责任制度是现代企业制度的重要标志。有限责任制主要表现在,出资者只以其出资额为限对企业承担责任;企业以其全部资产对其债务承担责任。有限责任制度解除了出资人对无限责任的忧虑,形成了激励人们出资办企业的机制,有利于企业的发展。

(4) 公司企业是现代企业制度的典型形式。现代企业以公司企业为最主要的形式,而公司企业中最为典型的企业形式又是股份有限公司和有限责任公司。当然,还有其他企业形式也属于现代企业制度的形式,人类社会在企业制度方面将会永不停息地探索。

思考题9.2

你认为本书对现代企业制度所下的定义是否科学?请在互联网上搜索关于企业制度的有关资料,对现代企业制度及其构成作出进一步说明。

3. 现代企业制度的基本特征

现代企业制度的基本特征主要表现在:

① 产权明晰。即明确企业出资人与企业组织的基本财产关系。现代企业制度下,所有者与企业的关系变成了出资人与企业法人的关系。这种关系与其他企业制度下所有者与企业法人的关系的主要区别在于:将出资人所有权与企业法人财产权进行合理分解,使出资人与企业法人各自拥有独立的财产权利。

② 权责分明。指在产权关系明晰的基础上,企业通过法律确立了出资人与企业法人各自应履行的义务和应承担的责任。出资人应履行的义务是必须依法向企业注入资本金,并在企业的正常存续期内不得随意撤回其出资,但可以依法转让;企业法人的义务是依法自主经营、自负盈亏,以独立的法人财产对其经营活动负责,以其全部资产对企业的债务承担责任。

③ 政企分开。指在产权明晰的基础上,实行企业与政府的职能分离,理顺政府与企业的关系。政府可以通过经济手段、法律手段,对企业的生产经营活动进行调节、引导和监督,但不能直接干预企业的经营管理活动;企业是盈利性的经济组织,是市场活动的主体,它必须按照价值规律办事,按照市场的要求进行生产经营。

④ 管理科学。指企业内部的管理制度必须既能体现市场经济的客观要求,又能体现社会化大生产的客观要求,形成决策权力机构、业务执行机构、监督机构这三者之间责权分明、相互分离、相互制约的权利运作系统。

4. 我国企业制度的改革

(1) 我国企业制度改革的方向。我国原有的国有企业是在高度集中的计划经济体制下形成的。国有企业只是国家实行统一经营管理的生产单位,是"工厂制"的企业制度。国有企业没有法人所必须具有的法人财产权,不具有法人地位,也无法以企业财

产对其债务真正负责,更不是作为独立享有民事权利和承担民事责任的法人实体。这种企业制度,已不符合现代企业制度的要求,必须进行改革。《中共中央关于建立社会主义市场经济若干问题的决定》指出:"继续深化企业改革,必须解决深层次矛盾,着力进行企业制度创新。"而建立"产权明晰、权责明确、政企分开、管理科学的现代企业制度",正是发展社会化大生产和社会主义市场经济的必然要求,是我国国有企业制度改革的方向。这是一场深刻的变革,其实质是调整生产关系,进一步解放和发展生产力。

(2) 我国企业制度改革的历程。1956年,毛泽东同志在《论十大关系》一文中便指出了前苏联在建设社会主义过程中出现的一些问题,同时提出要正确处理好国家、生产单位和生产者个人三者的关系,正确处理好中央和地方的关系。自此,中国便开始了企业体制改革的漫长历程。

① 我国企业制度改革的准备阶段:1956年5月~8月在经济体制会议上,对中央集权过多的情况作了检查,对如何改革体制进行了讨论。此后经过一系列的中央工作会议和通过一系列中央文件,对商品生产和商品交换作了专门论述,并明确国营工业企业是社会主义全民所有制的经济组织,又是独立的生产经营单位。

② 我国企业制度改革的发动阶段:1978年12月党的十一届三中全会决定对国有企业广泛进行恢复性整顿和建设性整顿,之后,我国开始以实行分配制度改革为切入点,按照发展商品经济和促进社会化大生产的要求,自觉运用经济规律,推行工业企业经济责任制,提出"企业财产属于全民所有,国家依照所有权和经营权分离的原则授予企业经营管理,""企业依法取得法人资格,以国家授予其经营管理的财产承担民事责任。"但这一阶段,理论上仍不提"市场经济",行政对企业的干预仍然很强烈,市场的发展仍受到很多限制。

③ 我国企业制度改革的深入发展阶段:1992年1月18日至2月21日邓小平同志南巡时提出,计划经济不等于社会主义,资本主义也有计划;市场经济不等于资本主义,社会主义也有市场;计划和市场都是经济手段的论断。1992年10月,中共中央召开的十四大会议,正式宣布,中国经济体制的最终目标是建立社会主义市场经济。国务院颁布的《全民所有制工业企业转换经营机制条例》,赋予企业十四项自主权;《企业财务通则》、《企业会计准则》从根本上确立了国有企业作为国家财政预算单位的地位,并且将国家行政部门由企业的所有者转变为投资者,由直接拥有企业的财产转变为拥有所有者权益,使企业制度改革走向更加深入,为进行国有企业制度创新做了充分准备。

④ 企业探索和建立现代企业制度的阶段:随着我国经济体制改革的深入发展,我国企业特别是国有企业的改革进入了一个新阶段。1994年11月2日,国务院在北京召开了全国建立现代企业制度试点工作会议,从而拉开了实施制度创新的序幕,从此,我国企业进入了探索和建立现代企业制度的阶段。

创办企业申请营业执照的条件和材料

1. 申请条件

到工商行政管理部门进行登记申请，应当具备以下条件：

（1）有符合规定的企业名称和章程。

（2）有国家授予的企业经营管理的财产或者企业所有的财产，并能够以其财产独立承担民事责任。

（3）有与生产经营规模相应的经营管理机构、财务核算机构、劳动组织，以及法律或章程规定必须建立的其他机构。

（4）有必要的与经营范围相适应的经营场所和设施。

（5）有与生产经营规模的业务相适应的从业人员，其中专职人员不得少于8人。

（6）有健全的财会制度，能够实行独立核算，自负盈亏，独立编制资产负债表。

（7）有符合规定数额并与经营范围相适应的注册资金。

（8）有符合国家法律、行政法规和政策规定的经营范围。

（9）法律、行政法规规定的其他条件。

2. 提交的材料

经营者应当向工商行政机关提交下列文件、证件，以待其进行审核。

（1）组建负责人签署的登记申请书。

（2）主管部门或者审批机关的批准文件。

（3）经主管部门审查同意的企业章程。

（4）资金信用证明、验资证明或者资金担保。

（5）企业主要负责人的身份证明，包括任职文件、附照片的个人简历（由人事关系所在单位或者乡、镇、街道出具）。

（6）住所和经营场所使用证明，包括产权证明、租赁期一年以上的房屋租赁协议等。

（7）其他有关文件、证件。

三、现代企业的法律形式

现代企业主要是指公司制企业。何谓公司？我国《公司法》第2条指出："本法所称公司是指依照本法在中国境内设立的有限责任公司和股份有限公司。"该法第3条规定："有限责任公司，股东以出资额为限对公司承担责任，公司以其全部资产对公司的债务承担责任。股份有限公司，其全部资本分为等额股份，股东以其所持股为限对公司承担责任，公司以其全部资产对公司的债务承担责任。"

公司按照筹资方式与股东承担责任的不同，可分为无限责任公司、有限责任公司、两合公司、股份有限公司等。

（1）无限责任公司：指由两个以上股东出资组建、股东必须对公司债务负连带无限责任。这种公司由于股东承担责任和风险过大，因而在国内外已很少见。

（2）有限责任公司：指由两个或两个以上股东共同出资组建、每个股东以其出资额为限，对公司承担责任，公司以其全部资产对其债务承担责任。

（3）两合公司：指由无限责任股东与有限责任股东共同出资组建的公司，公司中两种股东责任有别，无限责任股东必须对公司债务负连带无限责任，有限责任股东以出资额为限对公司的债务负有限责任。

（4）股份有限公司：指将注册资本分为等额股份，通过发行股票筹集资本，股东以其所持股份为限对公司承担责任，公司以其全部资产对公司的债务承担责任。

上述组织形式中，有限责任公司与股份有限公司是国内外的常见企业形式。现代企业除了上述基本组织形式外，还有控股公司及其子公司、关联公司、跨国公司、股份合作制等。

第三节　企业生产管理

生产是社会生活中最为普遍的活动，生产一般是指将一系列的输入按照特定的要求转化为某种输出的过程。这是一个增值的过程，通过物态、功能和价值的转化而实现增值。生产管理是研究和提高生产过程的有效性和效率。

> **管理的十大经典理论之十**
>
> **华盛顿合作规律**
>
> 华盛顿合作规律说的是一个人敷衍了事，两个人互相推诿，三个人则永无成事之日。多少有点类似于我们三个和尚的故事。人与人的合作，不是人力的简单相加，而是要复杂和微妙得多。在这种合作中，假定每个人的能力都为1，那么，10个人的合作结果有时比10大得多，有时，甚至比1还要小。因为人不是静止物，而更像方向各异的能量，相互推动时，自然事半功倍；相互抵触时，则一事无成。我们传统的管理理论中，对合作研究得并不多，最直观的反映就是，目前的大多数管理制度和行为都是致力于减少人力的无谓消耗，而非利用组织提高人的效能。换言之，不妨说管理的主要目的不是让每个人做得更好，而是避免内耗过多。

一、生产管理的内容和任务

1. 生产类型

生产类型是企业根据产品结构、生产方法、设备条件、生产规模、专业化水平、工艺和技术水平等方面的情况，按照一定的标志所进行的分类。生产类型是影响生产过程组织的主要因素之一，是研究生产管理首先要明确的重要问题。按工作地的专业化程度划分，企业的生产类型有：大量生产、成批生产和单件生产三种类型。

（1）大量生产。大量生产是指生产产品的产量大而品种少、生产条件稳定、专业化程度较高、经常不断重复生产同样产品的生产类型。其优点是可以采用高效率的专业设备和专用工艺装备，生产过程的机械化、自动化水平较高，可采用流水作业线等生产组织形式，因而在生产效率、生产成本、技术水平等方面具有一定优势，但生产的应变能力较弱。

（2）成批生产。成批生产是指相对大量生产而言，产品产量较小而品种较多、生产相对稳定、经常成批地轮换生产几种产品的生产类型。这种类型的生产虽然稳定性和重复性不如大量生产类型，但仍保持定期重复、轮番生产的特点；在生产效率、生产成本、技术水平等方面的优势不如大量生产类型，但应变能力却得到相应提升。

（3）单件生产。单件生产是指产品品种繁多，而每一种产品的数量少，工序多又很少重复，专业化程度很低，如生产大型发电设备、重型机械的企业。

不同的生产类型对设计、工艺、生产组织和生产管理以及对企业的技术经济指标有着不同的影响。采用何种生产类型应由企业主导的产品产生过程来确定，一个企业内也可同时存在三种不同的生产类型。

2. 生产管理的概念

生产管理是以企业内部生产活动为中心、以提高效率为目标的执行性管理活动，是企业管理的主要组成部分之一。其定义有广义与狭义之分。

广义的生产管理是指对生产活动进行计划、组织和控制，以保证能高效、低耗、灵活、准时地生产合格的产品和提供顾客满意的服务，也就是指与产品制造或服务提供密切相关的各个方面管理活动的总称。生产作为一个有效的转化过程，其系统可由图 9-2 所示。

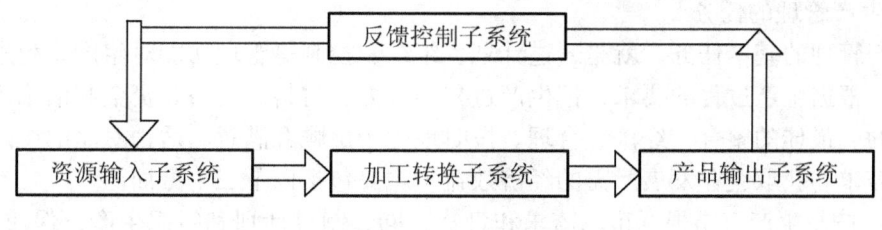

图 9-2　生产系统

生产管理系统就是对生产系统的输入、转换、输出和反馈进行科学的计划、组织和控制,以达到生产目的的管理活动系统。现代有效的生产管理,应该使生产系统不仅是一个单纯的产品输出系统,而且是一个自行完善的系统,即在完成转化之后,在得到有效输出的同时,还应该得到有用的经验和更好的方法,使之成为学习型的系统。

狭义的生产管理是指以生产产品或提供服务的过程为对象的管理,如生产技术准备、生产过程组织、生产计划、生产作业计划、生产调度、生产进度控制等。本章主要介绍狭义生产管理的内容。

3. 生产管理的内容

生产管理是企业管理系统中的一个子系统,与经营管理、技术管理、销售管理等其他子系统有着密切的、相辅相成的关系。生产管理主要是保证和维持企业的生产活动与企业内部的人力、材料、设备、资金等资源的静态与动态的平衡,充分利用企业内部的条件,按要求、按计划、最经济地完成生产的转化。生产管理的内容,按其概念可概括为以下5项工作。

(1) 计划管理:主要是根据预测和经营计划制订生产计划和生产作业计划。如确定产品的品种、产量、质量、产值计划;生产进度计划;具体的生产作业计划以及实现计划所需的资源等计划的生产计划工作。

(2) 生产准备:主要包括工艺技术方面的准备、人力的准备、物料和能源的准备、设备及运输方面的准备等。这些准备工作是正常生产活动所必要的基本条件。

(3) 生产组织:主要是进行生产过程与劳动过程的组织。生产过程组织主要是解决产品生产过程各阶段、各工序之间在空间和时间上的衔接协调;劳动过程组织是在此基础上正确处理劳动者之间,劳动者与劳动工具、劳动对象之间的关系。它们既要保持相对稳定,又要适应市场需求的变化而变化。

(4) 生产控制:主要是围绕完成生产计划任务,对生产过程实行的全面控制,包括对生产作业进度、产品质量、物资消耗、成本、资金占用和设备运行等各方面的控制。

(5) 现场管理:主要是对从事产品生产、加工有关活动的场所进行现场调度、质量分析、安全监督等,使生产活动有秩序、按计划地进行。现场管理是生产控制的重要手段,是收集反馈信息的重要来源。

4. 生产管理的任务

生产管理的基本任务,就是通过计划、组织、控制等管理功能对生产系统进行有效的管理,根据生产过程的要求,把生产过程的人力、材料、设备、资金和信息等要素进行有机的、最佳的整合,经济、合理、按时地生产出顾客满意、适销对路的产品,满足社会的需求和获取企业发展所需的经济效益。主要包括以下三个方面。

(1) 按需生产:指根据市场需求和订货合同,制订计划和组织生产,保质、保量、按期提供用户所需的产品和服务。

(2) 均衡生产：指按照生产计划规定的进度，使各个环节和各个工序均衡生产，以建立正常、高效的生产秩序，提高设备利用率和工时利用率，降低消耗，减少在制品占用，加速资金周转，提高经济效益。

(3) 安全文明生产：指建立各项科学合理的生产管理制度和良好的生产秩序，做到文明生产、安全生产，保证生产过程顺利进行。

简而言之，生产管理的主要任务，就是使产品的质量、生产成本和交货期达到企业的预期目标。这是衡量企业生产管理成效的三大指标。

二、生产计划与控制

1. 生产计划的概念与作用

生产计划是企业在计划期内应完成的产品生产任务和进度的计划。它具体规定企业在计划期内应完成的产品品种、质量、产量、产值、利润和进度等指标。

在社会主义市场经济条件下，生产计划应通过市场调查和市场预测的需求结果来确定，应根据销售计划来编制，因此生产计划是企业生产联系市场需求的纽带。企业的生产计划是企业经营计划的重要组成部分，是企业年度综合计划的核心，是编制其他企业计划的依据，也是企业在计划期内全体员工实现生产目标的行动纲领，它对于挖掘企业内部潜力、合理利用企业资源、科学组织生产活动、生产适销产品、提高企业经济效益，有着十分重要的作用。

2. 生产计划工作的内容

企业生产计划工作的内容主要包括：调查和预测社会对产品的需求；核定企业的生产能力；确定企业经营目标，制定经营策略；选择制订计划的方法，正确制订生产计划、库存计划、生产进度计划和计划工作程序，以及计划的实施与控制策略。

生产计划一般为年度计划，它是企业年度经营计划的重要组成部分，是编制物资材料采购、供应计划、库存计划、外协计划、人员计划、设备计划和资金计划的主要依据。

3. 生产计划编制的原则

生产计划是企业计划管理工作的一部分，生产计划编制工作必须遵循计划管理的基本原则，同时还应结合生产计划工作自身的特点，贯彻以下原则。

(1) 以需定产，以产促销的原则。以需定产，就是企业在制订计划、安排任务时，应按照市场调查与预测的结果，根据市场对产品品种、质量、数量与交货日期的需要来进行。市场的需求是不断变化的，企业的生产计划必须根据市场的变化而不断地调整，这样才能满足市场需要和用户要求。

(2) 合理利用生产能力原则。生产能力是指企业在一定时期内，在一定的组织技术条件下，一定的资源投入所能获得的最大产出量。生产能力代表着企业内部的生产条件，因此生产能力是编制生产计划的一个重要制约因素。

(3) 综合平衡原则。生产计划指标既涉及产、供、销，又涉及人、财、物等各方面因素的制约。综合平衡就是要弄清楚企业内部生产的可能性和潜在能力，以生产任务为中心，以设备能力、技术装备、物资供应、资金和劳动力等方面进行综合比较，发现存在的不足和困难，及时提出措施加以解决，保证生产计划的顺利完成。

(4) 计划安排最优化原则。所谓生产计划安排最优化，是指在一定的资源条件下，对生产进行合理安排，求得最佳经济效益。生产计划安排最优化包括企业生产各产品的产量最优配合和计划安排的动态最优化，也就是根据企业的有限资源，既寻求生产数量满足成本与利润指标的要求，又要使生产成本与存货成本最少而设备负荷率最大。

4. 生产计划的指标体系

生产计划的指标体系由产品品种、产量、质量、产值等指标构成。

(1) 产品品种指标。指企业在计划期内应当生产的产品品种数。这项指标反映了企业向社会提供多样化产品，满足不同消费需求的能力，也反映了企业的生产技术水平、专业化协作水平和管理水平。

(2) 产品产量指标。指企业在计划期限内应当生产的合格产品数量和工业性劳务的数量。这项指标反映了企业生产经营有效成果的数量和规模，也反映了企业生产能力及生产发展水平，它是企业进行产销平衡、物资平衡、计划成本和利润，以及编制生产作业计划和组织日常生产活动的重要依据。

(3) 产品质量指标。指企业在计划期内生产的每种产品应该达到的质量标准。这项指标反映了企业在使用价值上满足社会需要的程度，是衡量企业工作质量的综合指标之一。

(4) 产品产值指标。是综合反映企业在计划期内生产成果的价值指标，实质上是用货币表示企业生产的产品数量。该项指标由商品产值、总产值、净产值等指标表示。

上述各项指标有着相互依存的关系，构成了生产计划的指标体系。确定以上指标时必须遵循价值规律，依据客观数据资料，力求适应市场发展需要和符合企业的实际情况。

三、生产计划的编制

编制生产计划一定要根据企业经营目标的要求，遵循以销定产的原则，合理安排企业在年度计划内生产的产品品种、质量、产量、产值和产品的出产期限等指标。

编制生产计划通常按以下步骤进行：

(1) 进行市场调查，收集市场信息。通过市场调查，全面收集与企业经营有关的各种信息资料，为编制生产计划提供全面、准确、可靠的依据。

(2) 核定生产能力。通过生产能力的核定，初步认定企业在计划期内直接参与产品生产的全部生产性固定资产，在一定的组织、技术条件下能够生产合格产品的能力。

(3) 拟定计划指标，制订备选方案。根据掌握的信息和数据，初步拟定各项生产计划指标，提出几个可选的备选方案。

（4）综合平衡，优选计划方案。从企业的实际出发，按照生产经营活动中各种比例关系的要求，对企业生产活动进行系统分析、统筹兼顾，合理考虑企业生产任务与销售计划、与财务计划、与设备能力、与物资供应计划、与劳动力资源、与产品成本的综合平衡，从多个备选方案中优选出最佳的生产方案，确保生产计划任务与企业经营目标的实现。

（5）修改完备，批准实施。通过综合平衡后优选出来的生产计划方案，必须征集有关部门、各生产车间等各方面的意见，进行反复修改、协调，使之完备而成为正式的生产计划，经企业最高决策机构批准再组织实施。

四、生产计划的执行与控制

生产计划的执行与控制是计划管理工作的主体，具体有以下几方面的工作：一是通过生产作业计划将生产计划指标分解落实；二是通过建立考核制度、全面经济核算制度和计量工作制度，科学、客观、全面地对企业的生产计划执行情况进行监督和控制，及时发现问题，采取措施纠正偏差，确保企业生产计划的全面完成；三是计划期结束后对生产计划进行重新评价和整理，总结经验，修正错误，并使生产计划更加标准化、规范化，为下一期计划的制订与执行提供依据。生产计划的执行与控制主要是通过生产作业控制来实现的。

生产作业控制是指在生产作业计划执行过程中，对有关产品生产的数量和进度方面的控制。它主要包括投产前控制、生产过程控制和生产调度等几项内容。

1. 投产前控制

投产前控制是生产作业控制的首要环节，应着重抓好投产前的生产准备工作。投产前的准备工作内容有：原材料及其他物资的准备情况、生产设备的准备情况、劳动力的准备情况、技术文件的准备情况。将这些工作逐项落实才能投产。

2. 生产过程控制

生产过程控制是指对原材料投入生产到制成品入库为止的全过程所进行的控制。这对于按时、按量投入生产和出产产品、保证生产过程的各个环节紧密衔接、做到均衡生产是十分有效的手段。生产过程控制主要应做好以下两方面的工作：

（1）生产进度的时间控制。时间控制是指从时间上控制生产进度，一般包括投入进度控制、出产进度控制和工序进度控制。可以通过线条图和加工工艺过程卡加以控制。

（2）生产进度的数量控制。数量控制是指对某一"时点"各生产环节结存的在制品、半成品的品种和数量变化来掌握和控制生产进度。通常采用ABC法、看板法进行控制。

3. 生产调度

生产调度是企业对各个生产环节、有关生产部门的日常生产活动进行全面检查和指

导，组织并落实生产作业计划的工作。

（1）生产调度工作的任务。生产调度工作的任务是以生产作业计划为依据，合理组织企业的日常生产活动，检查、掌握计划的执行情况，及时处理生产过程中已发现的或可能发生的问题，不断地维持生产过程中各个环节的生产均衡进行，使生产计划得以实施。

由于企业的产品实现过程是一个由许多过程组成的网络状系统，其影响因素多且经常变化，所以生产作业计划在实施中会遇到各种不可预知的问题，干扰着生产作业计划的实施。生产调度的作用正是不断地清除干扰，克服各种由此产生的不平衡现象，使生产过程中的各个环节和各个方面能相互协调，保证各生产作业计划的完成。

（2）生产调度工作的内容。

① 及时准确地将管理层有关生产的指令、调度命令及调度通知转达到相关的车间、作业班组，并协助贯彻执行。

② 检查生产作业计划的执行情况：检查前一天的生产完成情况，了解当天的生产进度，做好次日的生产安排，称作"一天三调度"。对检查中发现的问题应立即分析原因，采取措施尽快解决。

③ 检查生产准备工作：督促并协助各车间、作业班组及时做好各项生产准备工作，为生产的顺利进行创造条件。

④ 检查设备的运行情况：按期（或不定期）检查设备运行情况，并督促各生产单位合理使用生产设备，了解设备的完好率，做好设备的管理工作。

⑤ 检查劳动力配置情况：检查各个生产单位人员的配置情况，协助进行必要的调整和补充。

⑥ 检查对轮班、各种作业及作业进度情况的记录和统计分析工作，及时向上汇报生产进度和存在的问题。

生产调度工作的基本要求是要有计划性、预见性、及时性，要能及时发现各种偏差和问题，快速向有关部门反映，准确地分析原因，采用果断措施进行处理。

（3）生产调度工作的方法。为了满足对生产调度工作的基本要求，常采用以下工作方法：

① 生产调度会。生产调度会是由企业主管生产的负责人召集、各部门的负责人及调度人员参加的会议。调度会上，各部门应汇报对上次调度会议决议的执行情况、生产任务完成情况，提出需要解决的问题，对当前生产中关键的、急需解决的问题进行讨论、分析，作出本次调度会议的决议，布置各部门贯彻执行。这是常规性的生产调度方法。生产调度会按一定的间隔期定期召开。

② 现场调度。现场调度是到生产现场去讨论和解决问题的调度方法，由生产负责人到现场与第一线操作人员、技术人员和调度人员一起讨论研究生产中急需解决的问题，然后由生产负责人作出决定，再由有关部门贯彻执行。这是一种特殊性的生产调度

方法，用于有特殊需要时。

③ 班前、班后会议。利用交接班前后简短的班组会议，在班组内沟通应完成的生产任务及生产任务的完成情况，生产中存在的问题及应注意的事项等，有利于调动员工的工作热情和及时解决问题。

④ 调度值班制度。生产调度工作应与生产同步进行，对全天生产的企业，白天和晚上总调度室都应设专人值班，及时处理全企业生产中出现的问题，调度人员要深入生产车间、作业班组进行生产调度工作。

五、生产现场管理

（一）生产现场管理的概念

生产现场是指从事与产品生产、加工活动有关的场所，是劳动者利用劳动手段对劳动对象进行加工的场所。生产现场管理是指合理地组织生产现场的人、机、料、信息、环境等生产要素，营造一个生产环境整洁有序、生产设备正常完好、生产信息准确及时、生产物料平衡有序、生产过程顺畅安全的生产现场，保证高质量、低消耗，准时按量地完成生产任务。主要工作包括：①生产作业准备和服务；②生产现场的布置；③生产任务的临时调配；④鼓励职工的劳动热情。

生产现场的有效管理，是实施生产作业计划，实现均衡生产的重要保证。

企业不同，生产现场的情况也不相同，生产现场管理的具体方法也不同，但都具有基础性、整体性、群众性、规范性和动态性等特点。下面介绍的看板管理和"5S"活动就是现代企业正在积极推广和开展的一项卓有成效的现场生产管理方法。

（二）看板管理

看板管理是实现JIT生产方式的一种很好的现场管理和控制手段。在生产过程中，管理人员可以通过看板发布生产信息，与现场的员工进行及时的信息交流与沟通。看板管理在现场管理中主要有如下功能：

（1）传递生产与运送的工作指令。公司的生产管理部门将根据市场预测与订货制定的生产指令下达到各有关工序，各工序的生产都根据看板上发布的产量、时间、顺序以及运送数量、运送时间、运送目的地、搬运工具等信息来进行，以便实现"适时适量生产"。

（2）防止过量生产和过量运送。看板管理必须按照"没有看板不能生产，不能运送"的原则来操作。一般看板所表示的只是必要的过量，因此通过看板可以自动防止过量生产与过量运送。

（3）进行"目视管理"的工具。看板管理必须遵循的另一条原则是"看板必须在实物上存放"、"前工序按照看板取下的顺序进行生产"。于是，作业现场的管理人员对生产的优先顺序一目了然，只要一看看板，就能知道后工序的作业进展情况，很易于管理。

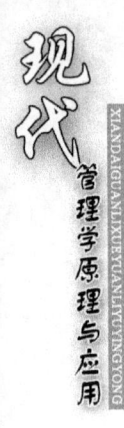

(4) 改善生产管理机能的工具。在看板上制品数量的减少，意味着某工序设备出故障，生产出不良产品，将使下一道工序的需要得不到满足。根据看板显示的数据及时发现生产过程中的问题，便于管理人员及时采取措施解决问题。

实际生产管理中使用的看板形式很多。按照功能和应用对象分类，可以分为生产看板和取货看板。生产看板是指在工厂内，指示某工序加工制造规定数量工件所用的看板。取货看板是指后工序的操作者按照看板上所列型号、数量等信息，到前工序或协作单位领取零部件的看板。

生产流水线在看板的"联系"和"拉动"下协调地运转。在一条生产线上，无论生产单一品种还是多品种，如果均按这种方法所规定的顺序和数量进行生产，既不会延误生产，也不会产生过量的库存，就能做到按照"Just in Time"进行循环。

（三）5S 活动

众所周知，质优价廉的产品是在现场形成和实现的，因而认真抓好现场管理具有十分重要的意义。5S 活动就是用于现场管理的一种有效方法，它在许多国家得到推广应用。

1. 5S 的含义

5S 活动源自日本。所谓 5S，就是整理（Seiri）、整顿（Seiton）、清扫（Seisou）、清洁（Seiketsu）、自律（Sitsuke），因为这五个词在日语中罗马拼音的第一个字母都是"S"，所以把这一系列活动简称为 5S 活动。

（1）整理。指明确区分需要的和不需要的物品，在生产现场保留需要的物品，清除不需要的物品。目的在于充分利用空间，防止误用无关物品，塑造清爽的工作场所。

（2）整顿。指对保留的有需要的物品进行合理、有序的定置摆放，使作业地的物品整齐、有条理，创造整齐的工作环境。

（3）清扫。指对生产现场"看得见"与"看不见"的地方进行清扫，清除垃圾、废物及污垢，使作业地干净、明亮，使生产现场始终处于无垃圾、无灰尘的整洁状态，减少对工人健康的伤害。

（4）清洁。指持之以恒地进行整理、整顿和清扫，保持整理、整顿和清扫的效果，让工作场地使人产生愉快的心情，有利于提高工作效率。

（5）自律。指养成认真、规范、主动工作，自觉执行工厂规章制度的良好习惯，要求全体员工高标准、严要求维护现场的环境整洁和美观，自觉实施整理、整顿、清扫、清洁活动。

这 5 项平常、简单的内容组合起来，循环、连续而持久地进行，就会产生优质、高效、低成本和安全生产的显著效果。

2. 5S 活动的特点及开展 5S 活动的方法

将 5S 活动运用于生产的现场管理之中，对提高企业的生产效率是很有成效的，但是要真正实现 5S，不是一朝一夕能够实现的事，需要长期、大量、细致地做好多方面的工作，必须抓住 5S 活动的特点，实实在在地开展活动。

（1）5S 活动有以下的特点。

① 整体性。5S 活动是由整理、整顿、清扫、清洁和自律五项内容组成的，必须依照顺序逐一实施，切不可简化或跨越其中的任何一项内容。破坏了 5S 活动的整体性，也就违背了这种方法的原理，是不可能取得提升员工品格、提升企业形象、提高效率、减少浪费、降低成本等效果的。

② 持续性。5S 活动不是阶段性、突击性的活动，而是与日常工作融为一体，连续、持久进行的活动，是一个不断循环的过程。要在持续中循环，在循环中提升；要由形式化到制度化再到习惯化。

③ 关键性。5S 活动的 5 项内容中，前 3 个 S 是基础，第 4 个 S 是关键，第 5 个 S 是核心。

充分认识 5S 活动的这些特点，实实在在地开展 5S 活动，才能真正取得成效。日本及我国众多企业的实践经验说明，5S 是进行生产管理，特别是生产过程现场管理的一项行之有效的活动，也是企业成功的重要活动之一。

（2）如何开展 5S 活动。

5S 活动可按以下步骤逐步深入开展，并将目视管理、"红牌"方式、检查表等方式方法与技巧运用其中。

① 领导重视，认识正确，充分发动群众；
② 建立机构，落实职责，细心做好策划工作；
③ 大声造势，耐心做好宣传，使 5S 活动成为群众的自觉行动；
④ 组织实施，开展竞赛；
⑤ 检查评比，总结经验；
⑥ 循环持续。

第四节　企业财务管理

一、财务管理涉及的概念

1. 财务与财务管理的概念

财务，简单地说是指有关社会财产方面的事务。

财务管理主要是指企业的理财行为，是指企业组织财务活动、处理与各方面财务关系的一系列经济管理活动。财务管理是基于企业再生产过程中客观存在的财务活动和财务关系而产生的。

2. 财务活动

财务活动是指资金的筹集、投放、使用、收回及分配等一系列活动的总称。具体包括以下四个方面：

(1) 筹资活动。筹资活动是指企业为了满足生产经营活动的需要，从一定的渠道，采用特定的方式，筹集所需资金的过程，这是资金运动的起点。在筹资过程中，企业一方面要确定筹资的总规模，以保证投资所需要的资金；另一方面，要通过筹资渠道、筹资方式或工具的选择，合理确定筹资结构，以降低筹资成本和筹资风险。

(2) 投资活动。企业投资活动，是指企业把筹集到的资金，合理投放于企业内部及外部的过程。企业投资可分为内部投资和外部投资两种。内部投资主要是企业用筹集的资金购置内部所需的固定资产、流动资产、无形资产等，外部投资是指企业用筹集的资金购买各种证券或与其他企业联营等投资。

(3) 资金营运活动。资金营运活动指企业在正常的经营过程中发生的一系列的资金收支活动（如企业采购材料、支付工资和其他营业费用、销售产品收回资金等收支活动）。

(4) 分配资金活动。资金的分配活动是指企业取得的营业收入补偿营业成本和期间费用、缴纳税金、剩余收益在投资者及再投资者之间进行分配等活动。企业的利润必须按规定的顺序进行分配。

上述财务活动的四个方面是相互联系、相互依存的，它构成了企业完整的财务活动。

3. 财务关系

企业财务关系是指企业在组织财务活动过程中与有关各方面所发生的经济利益关系。企业的财务关系可概括为以下几个方面：

(1) 企业与政府之间的财务关系。企业必须按税法规定缴纳各种税款，这就形成了企业与政府之间的财务关系。这种关系体现一种强制和无偿的分配关系。

(2) 企业与投资者之间的财务关系。这是指企业的投资者向企业投入资金，企业向其投资者支付投资报酬所形成的财务关系。企业的投资者主要包括国家、法人和个人。企业与投资者双方必须按照合同、章程规定，履行权利和义务。

(3) 企业与债权人的财务关系。这主要是指企业向债权人借入资金，并按借款合同的规定按时支付利息和归还本金所形成的经济关系。企业的债权人主要有本企业发行的公司债券的持有人、贷款机构、商业信用提供者、其他出借资金给企业的单位和个人。企业与债权人的财务关系属于债务与债权的关系。

(4) 企业与受资者的财务关系。这主要是指企业以购买股票或直接投资的形式向其他企业投资所形成的经济关系。企业按约定履行出资义务，并依据出资份额参与受资者的经营管理和利润分配，从而体现出所有权性质的投资与受资的关系。

(5) 企业与债务人之间的财务关系。这主要是指企业将其资金以购买债券，提供借款或商业信用等形式出借给其他单位所形成的经济关系。企业出资后，有权要求其债务人按合同约定条款还本付息，体现出债权与债务的关系。

(6) 企业与内部各单位之间的财务关系。这主要是指企业内部各单位之间在生产经营各环节中相互提供产品或劳务所形成的经济关系。在实行厂内经济核算制和企业内部经营责任制的条件下，企业供、产、销各个部门以及各个生产单位之间，相互提供产品和劳务也要计价结算。这种在企业内部形成的资金结算关系，体现了企业内部各单位之间的利益关系。

（7）企业与职工之间的财务关系。这主要是指企业向职工支付劳动报酬过程中所形成的经济关系，企业用其收入向职工支付工资、津贴和奖金等。这种企业与职工之间的结算关系，体现着按劳分配关系。

二、财务管理的目标和内容

1. 企业财务管理的目标

财务管理目标是指企业进行财务活动所要达到的目的，它决定着企业财务管理的基本方向。根据现代化企业财务管理理论和实践，最具有代表性的财务管理目标主要有以下几种观点：

（1）利润最大化。利润最大化目标是以企业在预定时间内实现最大利润作为财务管理的最终目的。以此作为财务管理的目标有合理的一面，即有利于企业经济效益的提高，但在实践中存在以下问题：

① 未考虑资金的时间价值，即资金从投入到实现利润的时间价值；
② 没有反映创造的利润与投入资本之间的关系；
③ 没有考虑风险因素，因为高额利润往往要承担过大的风险；
④ 片面追求利润最大化可能导致企业短期行为。

（2）资本利润率最大化或每股利润最大化。资本利润率是净利润与资本的比率。每股利润是净利润与普通股股数的比值。这种观点虽然考虑了创造的利润与投入资本之间的关系，但仍然没有考虑时间价值和风险因素，也不能避免企业的短期行为。

（3）企业价值最大化或股东财富最大化。企业价值最大化是指通过企业的合理经营，使企业的价值达到最大。企业价值不是账面资产的总价值，而是企业全部财产的市场价值，它反映了企业潜在或预期获利能力。这一目标具有以下优点：

① 考虑了资金的时间价值和风险因素；
② 反映了对企业资产保值增值的要求；
③ 有利于克服管理上的片面性和短期行为；
④ 有利于社会资源的合理配置。

企业价值最大化目标，不仅反映了财务管理的目标，还反映了整个社会的经济利益，因此成为现代财务管理的最优目标。

2. 企业财务管理的内容

财务管理的对象是企业的资金及其流转，财务管理的内容也就是企业资金运动的内容。企业要从事生产经营活动，首先要筹集一定数量的资金，用来进行产品生产。在生产过程中的资金耗费，构成生产费用和成本管理；产品出售收回货币资金，构成资金管理；当企业将产品销售收入抵补生产费用和缴纳税金后所获得的利润，构成利润管理。企业经营活动如此循环下去，形成企业资金的循环和周转。因此财务管理的内容反映了企业资金的运动及循环过程。包括筹资管理、投资管理、资金的回收与分配管理等内容。

（1）筹资管理。资金的筹资是指企业为了满足投资和用资的需要，筹措和集中资金的过程。它是企业资金运动的起点，也是企业进行生产经营活动的前提。筹资管理需解决的主要问题有：

① 确定筹资总额，以保证投资所需的资金；

② 选择合适的筹资渠道和筹资方式，确定合理的筹资结构，从而降低资金成本和筹资风险。

（2）投资管理。投资管理就是资金的投入和使用管理，也可以说是用资管理。企业筹集资金的直接原因是为了投资。企业投资可分为对内投资和对外投资。对内投资是对企业内部投放资金，主要投放于流动资产、固定资产、无形资产和递延资产等；对外投资是对企业外部其他单位投放资金，出资方式包括现金、实物、无形资产或购买有价证券等。投资管理的关键是：

① 确定合适的投资规模，以保证获得最佳的投资效益；

② 选择合适的投资方向和投资方式，确定合理的投资结构，提高投资效益，降低投资风险。

（3）资金的回收与分配管理。当企业完成生产和销售过程后，必然会取得各种收入。企业的收入首先用于弥补生产耗费，缴纳流转税，剩余部分为营业利润。营业利润、对外投资净收益和其他净收入构成利润总额。利润总额先按国家规定缴纳所得税，然后提取公积金和公益金。公积金用于扩大积累和弥补亏损，公益金用于职工集体福利设施。其余利润将作为投资收益分配给投资者。企业必须在国家分配政策的指导下，合理确定分配的规模和分配的方式，使企业的长期利益最大，促使企业再生产和经营活动健康发展。

三、财务管理的环节

财务管理的环节是指财务管理工作的各阶段与工作程序。财务管理一般由财务预测、财务决策与计划、财务控制、财务分析等环节组成。

1. 财务预测

财务预测是根据财务活动的历史资料，考虑现实的要求和条件，对企业未来的财务活动和财务成果作出科学的预计和测算。财务预测的主要任务是为企业财务决策提供可靠的依据。财务预测的程序是：

① 确定预测的目标；

② 收集预测所需的资料；

③ 确定预测的方法；

④ 确定预测的结果。

2. 财务决策与计划

财务决策是指在财务预测的基础上，对提出的各种可行方案进行分析与评价，从而选择最优方案的过程。

财务计划是指运用科学的技术手段和数学方法，对财务目标进行具体的规划。财务计划是财务预测和财务决策的具体化，是财务控制的依据。财务计划主要包括：资金筹集计划、固定资产投资和折旧计划、流动资金占用和周转计划、对外投资计划、收入和利润分配计划等。

3. 财务控制

财务控制是指在企业生产经营过程中，依据财务计划任务和各项定额，对资金的收入、支出、占用耗费等进行监督和检查，以确保财务计划指标的实现。财务控制一般要经过以下步骤：

① 制定控制标准，分解落实责任；
② 实施追踪控制，及时调整偏差；
③ 分析执行情况，做好考核奖惩。

4. 财务分析

财务分析是以核算资料为基础，运用特定的方法，对企业财务活动过程及其结果进行分析和研究，评价计划完成情况，分析影响完成计划的有关因素，并提出改进措施。财务分析的一般程序是：

① 通过对比，找出差异；
② 分析差异原因，抓住关键；
③ 提出措施，改进工作。

四、财务管理的组织

要实现财务管理目标，必须有效地组织财务管理工作。财务管理组织主要是指设立财务管理机构，制定财务管理法规制度等。

1. 财务管理机构

财务管理机构是有效开展财务活动，实现财务目标的重要条件。目前我国企业财务管理机构的组织形式主要有两种：

（1）企业财务、会计合并的财务管理机构。这种机构的特点是将会计管理与财务管理二合为一，同时具备会计核算和财务管理两种职能。这种形式的基本结构如图9-3所示。

（2）企业财务、会计分别设置的财务管理机构。这种机构的特点是实行会计核算职能与财务管理职能分离。财务部门主管财务管理工作，会计部门主管会计核算工作。这种形式的基本结构如图9-4所示。

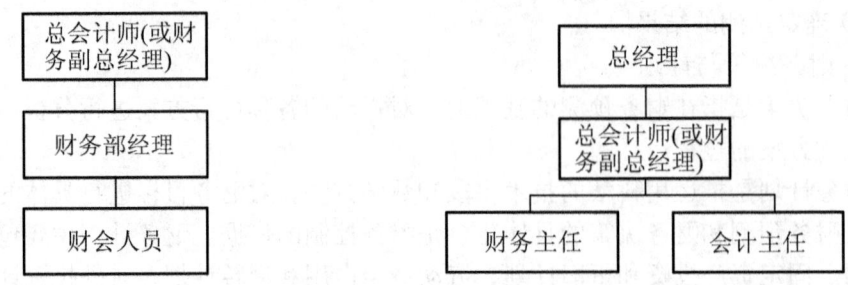

图9-3 企业财务、会计合并的财务管理机构　　图9-4 企业财务、会计分别设置的财务管理机构

典型的公司制财务管理组织机构如图9-5所示。

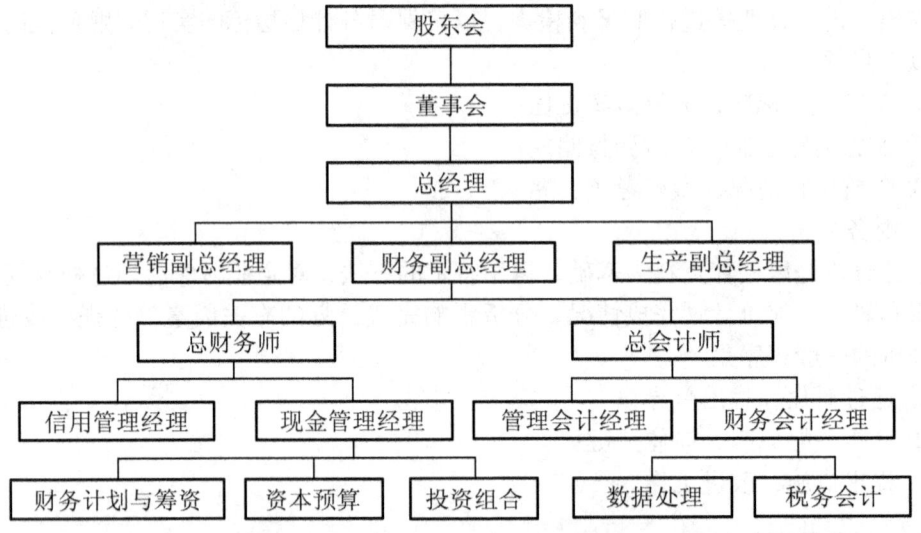

图9-5 典型的公司制财务管理机构

2. 财务管理法规制度

财务管理法规制度，是规范企业的财务行为，协调企业与各方面财务关系的法定文件。我国企业财务管理的法规制度体系主要有如下三个层次：

（1）企业财务通则。企业财务通则是整个财务制度体系的最高层次，是企业进行财务活动必须遵循的基本原则和规范。

（2）行业财务制度。行业财务制度是在财务通则的基础上，根据各行业的特点和管理要求制定的适用于不同行业的财务制度。目前财政部已制定了工业、运输、邮电和通信、农业、商品流通、金融保险、旅游和饮食服务、施工和房地产开发、电影和新闻出版、对外经济合作等十个行业的财务制度。

（3）企业内部财务管理办法。企业根据内部财务管理的需要，按照财务通则和行业财务制度的规定，制定企业内部财务管理办法。如内部控制、内部结算、存货、费用、利润、对外投资等方面的管理制度。

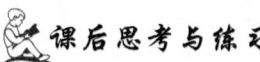

1. 作为一个企业必须具备哪些基本要素？
2. 现代企业具有哪些类型？
3. 简述生产管理的内容和任务。
4. 简述广义的生产过程组成，并举例说明。
5. 简述合理组织生产过程的基本要求。
6. 什么叫财务管理？财务管理的目标和内容是什么？为什么将企业价值最大化或股东财富最大化作为财务管理的最优目标？
7. 简述财务管理的基本环节及其主要工作内容。
8. 我国企业财务管理的法规制度体系主要有哪几个层次？它们之间的关系是怎样的？

社会调查：企业及其改革调研

实训内容：

以模拟公司为单位，到一家改革成功或失败的企业进行调研，或系统搜索一家企业的改革资料。

实训目的：

（1）增强学生对企业及改革的感性认识。

（2）培养学生分析与认识企业类型的能力。

（3）培养学生分析与认识现代企业制度的初步能力。

实训指导：

（1）运用所学企业管理理论，分析所调查或搜索企业的构成及类型。

（2）分析该企业的产权制度、法人治理结构与机制。

（3）对其改革进行简单评价，并提出建议。

实训组织：

（1）分小组深入企业作实地调研，要搞清改革的思路与做法。

（2）老师可以有针对性地给出几个典型中国改革成功的或者失败的企业，由学生去互联网上搜索。

实训考核：

（1）每个人提出一份简要的调研与分析报告。

(2) 根据在班级组织的交流情况进行评估。

课后案例

施玛尔时装店的经营策略

"施玛尔"是中国纺织大学服装系与静安区服装公司联营的服装零售店，地处上海最繁华的商业街南京路，地段很好。当初联营的宗旨是利用大学的研究能力和对服装流行趋势的理解与洞察力，以及静安服装公司的资源、制作技术力量、财务、物资、销售经验和千金难买的地段。另一方面，大学较高的文化层次及"穿在静安"也正符合一部分消费层次较高的顾客的期望。两家联营的协议中写明由静安公司委派一名经理，而中国纺织大学则定期对服装店的管理及销售提出咨询意见。开业之前，两家花了大笔钱将不大的店堂内外装修一新，虽仍不尽如人意，但格调还算高雅。服装店采取开架服务，销售的款式与制作质量不错，至少顾客一进门，总能留下一个深刻的印象。试营业期间，顾客盈门，生意兴隆，可以说是一个开门红。

然而，随着联营进入第二年，一些问题也逐渐暴露出来。该店虽由双方经营，但实际上是静安服装公司在负责日常的管理与决策，双方在一些决策方面存在着某种分歧。如店面的装潢设计，中国纺织大学一方似乎更强调现代艺术情调与高档服装相匹配，另一方则注重实际，偏向实用与节约；在产品线决策方面，服装公司委派的经理主张在销售中高档服装的同时，销售一些热销的利润额较高的产品，如中低档男衬衫，以保证完成利润计划，而中国纺织大学则认为长期下去会降低企业形象。除此之外，员工都是原静安系统的，习惯于传统的售货方式，服务水平也不高，常常不能给顾客以必要的恰当的指导，本身的风度与气质也有差距。中国纺织大学曾建议派一部分学生业余来兼职售货员，一来进行实习，二来学生受过良好的服装专业教育，也能给顾客以切实的帮助。但经理不同意，认为这会影响原来员工的士气。联营第二年，施玛尔服装店的销售额增长幅度不大，而这时的南京街上，国外和国内各种品牌的服装专卖店越来越多，竞争日益激烈。

原经理认为目前营业额不错，而且条件又好，只要双方协调认识及时应变，前景乐观。而上级听取了部分专家的意见后，认为随着服装零售店的不断出现，竞争激烈和消费者水平的提高，潜在问题可能会表面化，影响企业的长远发展。

思考题

1. 施玛尔时装店在经营中出现的问题是不是只是双方协调认识问题？
2. 你如何帮助施玛尔时装店克服经营中出现的问题？

参考文献

[1] 周三多,陈传明,鲁明泓. 管理学——原理与方法 [M]. 第5版. 上海:复旦大学出版社,2008.

[2] 斯蒂芬·罗宾斯. 管理学 [M]. 第5版. 北京:中国人民大学出版社,2008.

[3] 缪兴锋,叶小明. 现代管理学原理与应用 [M]. 第3版. 广州:华南理工大学出版社,1997.

[4] 单凤儒. 管理学基础 [M]. 第3版. 北京:高等教育出版社,2009.

[5] 刘颖民. 管理学基础 [M]. 西安:西安电子科技大学出版社,2010.

[6] 阚雅玲,朱权. 管理基础与实务 [M]. 北京:机械工业出版社,2008.

[7] 王益锋. 管理学 [M]. 西安:西安电子科技大学出版社,2010.

[8] 陈晔. 管理学基础 [M]. 北京:科学出版社,2006.

[9] 芮明杰. 管理学:现代的观点 [M]. 上海:上海人民出版社,1999.

[10] 戴淑芬. 管理学教程 [M]. 北京:北京大学出版社,2000.

[11] 路宏达. 管理学基础 [M]. 北京:高等教育出版社,2000.

[12] 刘秋华. 现代企业管理 [M]. 北京:中国社会科学出版社,2002.

[13] [美] 哈罗德·孔茨,西里尔·奥唐奈. 管理学 [M]. 北京:中国社会科学出版社,1987.

[14] [美] 丹尼尔·A. 雷恩. 管理思想的演变 [M]. 北京:中国社会科学出版社,1986.

[15] [美] 彼得·圣吉. 第五项修炼 [M]. 上海:上海三联书店,1994.

[16] [美] H. A. 西蒙. 管理行为 [M]. 北京:北京经济学院出版社,1987.

[17] [美] 彼得·P. 德鲁克. 管理:任务、责任、实践 [M]. 北京:中国社会科学出版社,1987.

[18] 汪解. 管理学原理 [M]. 上海:上海交通大学出版社,2000.

[19] 杨明刚. 实用管理学 [M]. 上海:华东理工大学出版社,2001.